聚焦『两学一做』若干重要问题深度解析

主编◎冯国权 林瑞华

主　编　冯国权　林瑞华

副主编　刘军民　孙永胜　潘子友　旷文斌

编　委　冯国权　林瑞华　陈汉理　袁佩球
刘军民　曾永家　饶尚立　李孝攀
吴晓燕　杨　波　潘子友　李超生
过　萍　旷文斌　兰　萌　孙永胜
孙津津　廖　婷

国家行政学院出版社

图书在版编目（CIP）数据

聚焦“两学一做”若干重要问题深度解析／冯国权，林瑞华主编．—北京：国家行政学院出版社，2016．3

ISBN 978－7－5150－1710－5

Ⅰ．①聚…　Ⅱ．①冯…　②林…　Ⅲ．①中国共产党－党员－思想政治教育－学习参考资料　Ⅳ．①D261．42

中国版本图书馆 CIP 数据核字（2016）第 002653 号

书　　名	聚焦“两学一做”若干重要问题深度解析
作　　者	冯国权　林瑞华
责任编辑	聂笃克
出版发行	国家行政学院出版社
	（北京市海淀区长春桥路 6 号　100089）
电　　话	（010）68920640　68929037
编 辑 部	（010）68929095
经　　销	新华书店
印　　刷	北京佳顺印务有限公司
版　　次	2016 年 3 月北京第 1 版
印　　次	2016 年 3 月北京第 1 次印刷
开　　本	710 毫米×1000 毫米　16 开
印　　张	20
字　　数	280 千字
书　　号	ISBN 978－7－5150－1710－5
定　　价	68．00 元

目　　录

第一章
“两学一做”的重大意义

第二章
党章是教育全党的教科书

第三章
党章的精神实质

第四章
党员干部必须牢固树立党章意识

第五章
党的规矩是关乎党兴衰成败的生命线

第六章
党的规矩范围大于党纪国法

第七章
党的规矩严于国家法律

第八章
讲规矩是对党员干部党性的重要考验

第九章
把党的规矩立起来严起来

第十章
做政治纪律和政治规矩的明白人

第十三章
习近平总书记系列重要讲话解决党的建设的重大现实问题

第一章

“两学一做”的重大意义

在全体党员中开展“学党章党规、学系列讲话，做合格党员”学习教育（以下简称“两学一做”学习教育），是中共中央面向全体党员深化党内教育的重要实践，是推动党内教育从“关键少数”向广大党员拓展、从集中性教育向经常性教育延伸的重要举措，是加强党的思想政治建设的重要部署。“两学一做”学习教育是通过组织全体党员深入学习党章党规和习近平总书记系列重要讲话精神，教育引导党员自觉按照党员标准规范言行，进一步坚定理想信念，提高党性觉悟；进一步增强政治意识、大局意识、核心意识、看齐意识，坚定正确政治方向；进一步树立清风正气，严守政治纪律政治规矩；进一步强化宗旨观念，勇于担当作为，在生产、工作、学习和社会生活中起先锋模范作用，为党在思想上政治上行动上的团结统一夯实基础，为协调推进“四个全面”战略布局、贯彻落实五大发展理念提供坚强组织保证。

【问题点击】

“两学一做”要抓住问题“牛鼻子”

最可怕的敌人，就是没有坚强的信念。思想教育是建党强党兴党的生命线，2016 年开展“两学一做”学习教育目的只有一个，就是为了“强身健体”，有效清除思想上的“灰尘”和工作中的“病患”。因此，要善于抓住问题“牛鼻子”，强化问题导向，推动党员干部把自己摆进去，查思想、找差距、挖根源，对照党员标准检视和改进自己，花大力气解决理想信念不坚定、党的意识淡化、宗旨意识淡薄等问题，学以致用、以学促行、以学促改，真正拧紧思想上的“总开关”，把好头脑中的“总闸门”，把“两学一做”融入党员教育新常态，避免“走过场”。

带着问题“学”。在现实中，有的党员干部在思想上有懈怠松动，理想信念模糊，缺乏共产主义信仰，精神空虚，不信马列信鬼神；有的党员干部不学习党章，不理解党章，导致行为没有准则，衡量没有标准，做事没有依据，不能明辨是非，立场不坚定，成了“墙头草”。“党员不抓，一盘散沙；党员不优，组织堪忧。”态度决定高度，思想决定行动。各级党委和组织部门要把这次学习教育作为一项政治任务，带着问题学，抓实“学”这个基础，组织全体党员尊崇党章、学习党章、遵守党章、维护党章，时时对标、处处对标、事事对标，把党章刻印在每个党员心中。没有规矩不成方圆，党规党纪是规范党员行为的具体遵循，要引导每个党员读原著、学原文、悟原理，做到学而信、学而用、学而行，补足“精神之钙”，铸牢“党性之魂”，时刻绷紧政治纪律和政治规矩这根弦，把从严治党的要求内化于心、外化于行，使党员干部经常擦拭信仰之灯，永远坚守精神家园。

瞄着问题“做”。这几年从严治党管党让干部作风有明显改善，但作风问题具有顽固性和反复性，抓一抓就好转，松一松就反弹，一些党员干部漠视群众利益，吃拿卡要，与民争利，甚至身居官位尸位素餐，为官不为，平平安安占位子、疲疲沓沓混日子，状如“公堂木偶”，严重影响党员形象。喊破嗓子，不如做出样子。开展“两学一做”学习教育要坚持问题导向，增强针对性，瞄着问题去，带着问题学，对着问题走，针对问题改，要以更加高昂的斗志，更加雷厉风行的作风，更加务实有效的举措，查找制度缺失、工作漏洞、自身不足，盯紧末端硬碰硬，咬紧牙关，集中火力，有的放矢，不断抓好群众反映强烈突出问题的整改，抓好不严不实突出问题的整改，切实整治群众身边的各种不正之风，一件一件落实、一项一项整改，真正把问题抓细、抓实、抓到位。党员领导干部要做“两学一做”的先锋和模范，以身作则，以上率下，层层立标杆、做示范，让人们看到党员干部队伍的新气象。

（摘编自中国青年网2016年2月29日，作者：郑端端）

【深度阐释】

一、“两学一做”是辩证统一的整体

（一）“学”是“做”的前提

学习党章党规、学习习近平总书记系列重要讲话精神是做合格党员的基础和前提，是提高党员素质觉悟的基本途径。一是学习能帮助党员明确合格共产党员的标准和要求。通过学习党章，就能明确：中国共产党党员是中国工人阶级的有共产主义觉悟的先锋战士。中国共产党党员必须全心全意为人民服务，不惜牺牲个人的一切，为实现共产主义奋斗终身。中国共产党党员永远是劳动人民的普通一员，没有任何的特权。二是学习是建设学习型党组织的基本要求。建设学习型党组织是做合格党员的组织要求。广大党员要养成自觉学习、终生学习的习惯。通过加强政治学习，在思想上政治上行动上始终与党中央保持高度一致，不断提高个人的理论修养。通过加强业务学习，努力使自己成为岗位专家、行家里手。要通过不同的岗位，锻炼和丰富自己，多学多看。通过加强文化知识的学习，提高文化修养和综合分析问题、解决问题的能力。三是学习是提高党员综合素质的基本途径。学习是一个永恒的主题，作为一名党员，无论在什么岗位上，都要勤学习、善学习。只有通过认真学习，才能丰富和完善自我，博采众长，不断提高自己。只有善于学习，积极培养热情、乐观、激昂、稳定的基本情绪和坚定的目标、稳定的心态、不懈努力的基本品质，才能不断提高自身综合素质，成为一名合格党员。

（二）“做”是“学”的目的

按照加强党员队伍建设的要求，党员不仅要在学习上当先锋、做表率，更要在行动上以合格党员为标准认真践行。为此，要求每名党员要认真学习，加强思想和世界观的改造，进而明确行动的要求和方向，真正做合格党员。一是端正入党动机要靠学习。一个人的入党动机是不是正确，往往同他对共产主义事业和无产阶级政党的认识正确不正确、深刻不深刻有着直接的关系。马克思主义和它关于党的建设的理论，科学地阐述了入党条件和入党动机等问题，只有认真学习这些理论，才能对这些问题有更加明确的认识，从而使共产主义信念建立在科学的基础之上。二是党员实践活动要学习指引。人们的正确认识，是要经过实践—认识—再实践—再认识这样循环往复的过程，才能获得。要通过学习体会全心全意为人民服务的宗旨和为党为人民而工作的伟大意义，以吃苦在前、享受在后的实际行动，为共产主义不惜牺牲一切。要通过实实在在的共产主义实践活动，来加深对共产主义的认识，强化合格党员意识。三是做合格党员是共产党人的终身任务。人的活动是很复杂的，党员在实践中要通过加强学习、接受党的教育、实际锻炼和自我思想改造，发扬积极因素，抑制消极因素，切实把做合格党员作为一辈子的事情来践行。每名党员都要有一个长期学习、加强思想改造，坚持改正不足、终身努力的思想准备，经常检查自己与合格党员之间的不足和差距，克服不正确思想，始终保持一名共产党员的光荣本色。

（三）“学”与“做”统一于做合格党员的实践中

知行合一是一个哲学命题。对于共产党员来说，“学”与“做”是一个辩证的统一体，只有把“学”与“做”有机地结合起来，才能真正发挥党员的模范表率作用。一要坚定理想信念，在履行宗旨上做表率。社会主义和共产主义理想信念，是共产党人的崇高追求和强大的精神支柱。要把学习作为党员的终身任务，认真学讲话、学党章、学党规，不断强化为共产主义事业献身的精神和信念，牢固树立全心全意为人民服务的宗旨，始终把党和人民的事业放在第一位。二要具有钻研精神，在“两学”上做表率。作为一名共产党员，只有通过不断地学习习近平总书记系列重要讲话精神，学习党章党规，学习党的路线方针政策，才能保持高尚的思想境界，才能具备高度自觉的政治意识，始终保持坚强的党性和共产党人的浩然正气；才能不断提高知识水平，强化纪律观念和党性自觉，增强做好工作的本领；才能为国家的富强、民族的振兴、社会的进步，为实现中华民族伟大复兴的中国梦多作贡献。三要坚持脚踏实地，在履行职责和自我要求上当表率。每名党员都要以高度的责任感和使命感为指引，从本职工作的点点滴滴做起，认真履行自己的职责，尽心尽力做好工作，真正发挥党员的先锋模范作用。作风建设永远在路上，每名党员都要自觉增强法纪意识和法纪观念，廉洁自律、严格要求，做拒腐防变的表率，全面促进自身发展，塑造起先进性形象，真正体现出“一个党员就是一面旗”的形象。

二、“两学一做”是面向全体党员深化党内教育的重要实践

（一）“两学一做”是全面从严治党的必然要求

全面从严治党，是习近平总书记“四个全面”重大战略部署的重要组成部分，是党执政使命的新内涵，是优化治国理政的新要求。在“四个全面”中，全面从严治党是关键环节、是根本保障。开展“两学一做”学习教育，就是要把从严治党作为一个永恒课题，坚持标本兼治，严格按照纪律和法律的尺度，把执法和执纪贯通起来。“两学一做”就是对一些党员领导干部在工作中出现的问题，采取有针对性的措施加以解决。属于能力不足的，要通过培训、实践锻炼，不断改进提高；属于担当精神缺乏的，要区分责任、加强督查、限期改正；属于不作为的，要严肃批评教育，从严执纪问责。“两学一做”学习教育不是一次活动，要突出正常教育，区分主次，有针对性地解决问题，依托“三会一课”等党的组织生活制度，发挥党支部自我净化、自我提高的主动性，真正把党的思想政治建设抓在日常、严在日常。“两学一做”蕴含着严格的政治原则、严明的纪律要求和实事求是的思想路线，是新形势下加强党的建设的重要环节，是全面从严治党、优化党内政治生态对党员领导干部在学习和实践中的具体要求。“两学一做”学习教育对全面推进党的建设新的伟大工程具有长远的指导意义。要通过把“两学一做”贯彻到管党治党的全过程，贯彻到党的建设工作的各个方面，进一步夯实党的执政基础，不断提高党的执政能力和执政水平。要把“两学一做”贯彻到营造良好政治生态环境之中，全面加强党的干部队伍建设，树好党的良好形象，使党在社会主义建设道路上永葆生机和活力。

（二）“两学一做”是深化党员教育管理的重要环节

党的十八来以来，习近平总书记先后要求全党开展群众路线教育

实践活动、“三严三实”专题教育，这些活动的开展全面促进和加强了党员队伍的教育管理，推动了党的建设。开展“两学一做”学习教育是推动党内教育从“关键少数”向广大党员拓展、从集中性教育向经常性教育延伸的重要举措，是加强党的思想政治建设的重要部署，也是严肃党内政治生活、严明党的政治纪律和政治规矩的重要抓手。通过开展群众路线教育实践活动和“三严三实”专题教育，各级领导班子和领导干部作风明显好转。党员领导干部在本职岗位上能够出实策、鼓实劲、办实事，不图虚名，不务虚功，党的建设有了重大进步。但仍有少数党员干部理想信念动摇，宗旨意识淡薄，精神懈怠，贪图名利，弄虚作假，不务实效，脱离群众，脱离实际，不负责任，铺张浪费，奢靡享乐，甚至以权谋私、腐化堕落还在一些党员干部身上存在。这些问题尽管是老问题，尽管是少数，但依然损害党在人民群众中的形象，损害党群干群关系，不仅与我们党的宗旨格格不入，也是党性不强、纪律不严的体现。“两学一做”就是要坚持从严要求，强化问题导向，通过开展“学党章党规、学系列讲话，做合格党员”学习教育，推动各级党员领导干部把“两学一做”作为修身做人用权律己的基本遵循、干事创业的行为准则，争做让人民群众拥护和爱戴的好干部。

（三）“两学一做”是加强党的思想政治建设的重要部署

“两学一做”学习教育是对党的思想政治建设的进一步升华，切中了广大党员在思想、组织、作风、纪律等方面存在问题的要害。“两学一做”把党的思想政治建设放在首位，以尊崇党章、遵守党规为基本要求，以用习近平总书记系列重要讲话精神武装全党为根本任务，教育引导党员自觉按照党员标准规范言行，坚定理想信念，提高党性觉悟。“两学一做”不是一般意义上的准则规范，而是从价值层面对作风建设提出了更高的要求。党员干部要以“两学一做”为标准，用以判断工作的成效、衡量作风的优劣，从而更加准确地聚焦问题、发现差距，进而明确前进方向和改进路径。要按照“两学一做”的要求，坚持党员先进性标准，从更高的层次上加强思想建设、培树优良作风、展示良好形象，不断积聚清风正气、保持先进本色。“两学一做”是为官从政的根本要求。党员干部只有按照“两学一做”的要求，认真学习党章党规、学习系列讲话，瞄准合格党员的标准，才能真正做到严以律己、宽以待人，以高尚的个人修养和人格魅力带动群众一起干事创业奔小康。“两学一做”是打造高素质党员干部队伍的内在要求。党要管党，首先是管好干部；从严治党，关键是从严治吏。“两学一做”就是要通过学与做的有机统一，使全体党员立正身、讲原则、守纪律、拒腐蚀，形成一级带一级、一级抓一级的示范效应，形成风清气正的良好政治环境。“两学一做”确立了反腐倡廉建设的行动指南。共产党人必须始终拥有清廉本色，为政清廉。“两学一做”就是要使党员干部始终慎始、慎微、慎独、慎终，牢固树立清正廉洁的良好形象。

三、“两学一做”是推动全面从严治党向基层延伸的重要举措

（一）“两学一做”关系党的执政基础

习近平总书记指出，人心向背关系党的生死存亡。党只有始终与人民心连心、同呼吸、共命运，始终依靠人民推动历史前进，才能做到坚如磐石。开展“两学一做”学习教育，就是要推动全面从严治党向基层延伸，把党为人民群众谋利益的价值追求深深植根于全党同志的思想和行动中，夯实党的执政基础，巩固党的执政地位，增强党的创造力凝聚力战斗力，使巩固党的执政基础和执政地位具有广泛、深厚、可靠的群众基础。通过学习党的章程，学习党的政策法规，学习习近平总书记系列重要讲话，能够使广大党员深刻认识到人民群众是党的执政之基和胜利之源，群众路线是党的生命线和根本工作路线，只有坚持党的群众路线，才能树好党的形象，提高党的威信，真正赢

得人民大众的支持和拥护。学习是自我净化、自我完善、自我革新、自我提高，增强党性修养、保持党性纯洁的重要途径。做就是实践，就是要始终坚持共产党人的精神追求，牢固树立全心全意为人民服务的公仆意识，解放思想、实事求是、与时俱进、求真务实，以人民公仆的形象去努力提高政治理论和业务知识水平，为强国富民夯实党的执政基础和巩固党的执政地位，为全面建成小康社会和实现中华民族伟大复兴的中国梦而努力奋斗。

（二）“两学一做”能够更好地贴近群众、赢得人心

中国共产党是代表群众利益的党，党和人民群众是鱼和水的关系，是血和肉的关系。中国共产党是立党为公、执政为民的政党，是为人民谋利益的政党，党员干部手中的权力只能用来为人民谋利益、办实事。上述认识的获得离不开学习，也离不开实践。“两学一做”正是基于这样的目的，使广大党员干部在学习中思考，在思考中提高，在提高中更好地践行宗旨意识。人民群众是历史的创造者，也是历史发展的推动者，必须从更加合理的角度做群众工作。不管任何时代群众都是党执政地位最坚实的支撑，是我们党永远立于不败之地的不竭动力。党员领导干部通过“两学一做”，就能深入到群众中去，做群众的知心朋友，把群众当亲人，把改善人民群众的生活作为工作的重中之重。要通过持之以恒地想群众之所想，忧群众之所忧，解群众之所难，真正为老百姓做实事、排忧难，这样就能够凝聚人心，赢得人民群众的衷心拥护和爱戴。社会的稳定发展离不开人心的和谐，人心的和谐程度取决于人民群众的幸福感和对客观环境的认知需求度。开展“两学一做”学习教育，就是要使党员领导干部做到坚持党的群众路线，深入基层服务一线，做到与人民群众沟通无障碍，真正在党和人民群众之间起到桥梁和纽带作用。把工作的着力点放在人民群众身上，达到凝聚人心，树立共同理想，实现个人梦想与国家梦想相统一的目的。让人民群众的生活也越来越美好，从而更好地激发人民群众拥护共产党的领导，坚持永远跟党走的信念与激情。

（三）“两学一做”要从每个党员干部做起

开展“两学一做”学习教育，就是要教育引导党员自觉按照党员标准规范言行，进一步坚定理想信念，提高党性觉悟；进一步增强政治意识、大局意识、核心意识、看齐意识，坚定正确政治方向；进一步树立清风正气，严守政治纪律政治规矩；进一步强化宗旨观念，勇于担当作为，在生产、工作、学习和社会生活中起先锋模范作用。要通过开展“两学一做”学习教育，做到见贤思齐，立足本职，从我做起，从现在做起，从身边事做起，从点滴做起，真正做到为了党的事业，为了人民群众的幸福生活鞠躬尽瘁、死而后已。要把自己全部身心投入到为党和人民事业的奋斗中，始终把解决群众最关心、最直接、最现实的利益问题作为工作的出发点和落脚点，始终把群众是否满意作为本职工作的标准，把群众观念和群众立场落实到实际工作中。要通过开展“两学一做”学习教育，深入学习，转变作风，忠诚履责、勇于担当、敢于负责，在任何时候、任何情况下都自觉弘扬艰苦奋斗精神，厉行节约、勤俭办事的优良作风，保持不畏困难、坚忍不拔、奋发有为的精神状态，为推进党和人民的事业不懈奋斗。要通过开展“两学一做”学习教育，与人民群众共同携起手来，紧紧团结在以习近平同志为总书记的党中央周围，坚持党的群众路线，用实际行动赢得广大人民群众的支持和拥护，保证党的执政基础更加扎实，执政地位更加牢固，确保中华民族伟大复兴的中国梦早日实现。

【专家观点】

人民日报评论员：推动全面从严治党向基层延伸的重大举措

中央办公厅印发《关于在全体党员中开展“学党章党规、学系列讲话，做合格党员”学习教育方案》并发出通知，对“两学一做”学习教育作出安排。这是新形势下加强党的思想政治建设的一项重大部署。

习近平总书记在中央纪委六次全会上明确指出，要推动全面从严治党向基层延伸。党员是党的肌体的细胞，党员合格，党的组织才坚强有力。在党的群众路线教育实践活动和“三严三实”专题教育取得明显成效基础上，今年在全体党员中开展“两学一做”学习教育，就是要推动党内教育从“关键少数”向广大党员拓展、从集中性教育向经常性教育延伸，把全面从严治党要求落实到每个支部、落实到每名党员。

“两学一做”，基础在学。学习党章党规，重在明确基本标准、树立行为规范；学习习近平总书记系列重要讲话，重在加强理论武装、统一思想行动。对一名共产党员来说，自觉尊崇党章、遵守党规，学习领会党的创新理论，是最基本的要求。开展学习教育，须坚持正面教育为主，引导党员通读熟读党章党规，弄清楚该做什么、不该做什么，能做什么、不能做什么，把握共产党员为人做事的基准和底线；引导党员理解掌握习近平总书记系列重要讲话的丰富内涵和核心要义，用以武装头脑、指导实践、推动工作，为党在思想上政治上行动上的团结统一夯实基础。

“两学一做”，关键在做。这次学习教育的着眼点和落脚点，就是要引导广大党员做合格共产党员。坚持学用结合，突出问题导向，才能着力解决党员队伍在思想、组织、作风、纪律等方面存在的问题，特别是理想信念动摇、党的意识淡化、宗旨观念淡薄、组织纪律涣散等问题。党员合格的标准是具体的、明确的。通过学习教育，让广大党员进一步增强政治意识、大局意识、核心意识、看齐意识，坚定理想信念、保持对党忠诚、树立清风正气、勇于担当作为，在任何岗位、任何地方、任何时候、任何情况下，都牢记党员身份，发挥先锋模范作用，做讲政治、有信念，讲规矩、有纪律，讲道德、有品行，讲奉献、有作为的合格党员，在“十三五”规划开局起步、决胜全面建成小康社会、实现第一个百年奋斗目标中奋发有为、建功立业。

“两学一做”不是一次活动。这就要求，突出正常教育，区分层次，有针对性地解决问题，以党支部为基本单位，以“三会一课”等党的组织生活为基本形式，以落实党员教育管理制度为基本依托，对普通党员和党员领导干部分别提出要求，真正把党的思想政治建设抓在日常、严在经常。不同领域不同行业的基层党组织和党员情况差异很大，学习教育的内容安排、方法措施等都需从实际出发，注重分类指导，给基层党组织结合实际开展学习教育留出空间，发挥党支部自我净化、自我提高的主动性。

按照党章规定，每个党员不论职务高低，都必须编入党的一个支部，参加党的组织生活。党员领导干部要严格执行双重组织生活制度，带头参加学习教育。党委（党组）要坚持两手抓，防止“两张皮”，紧紧围绕党的中心工作和全党工作大局组织开展学习教育，把广大党员奋发进取、干事创业的精气神激发出来，为协调推进“四个全面”战略布局、贯彻落实五大发展理念提供坚强组织保证。

（摘编自《人民日报》2016年2月29日第1版，作者：人民日报评论员）

祁晓露：以“三项举措”为抓手把“两学一做”融入干部教育新常态

中央决定要在全党开展以“深入学习党章党规，深入学习习近平总书记系列重要讲话，做合格的共产党员”学习教育。这是党中央在新的大局大势下加强思想政治教育重要举措，是党的群众路线教育实践活动和“三严三实”专题教育之后，深化党内教育的又一次重要实践。我们要把“两学一做”融入干部教育新常态，进一步增强干部教育培训的统筹性、针对性和实效性，切实提升干部教育培训质量，努力培养和造就一支具有铁一般信仰、铁一般信念、铁一般纪律、铁一般担当的干部队伍，为全面脱贫摘帽、建成小康社会奠定扎实的组织基础。

强化领导干部理想信念教育。理想信念是共产党人的精神之“钙”，必须加强思想政治建设，解决好世界观、人生观、价值观这个“总开关”问题。开展干部教育工作，要把学习党章党规和系列讲话作为理论武装的重中之重，引导党员干部读原著、学原文、悟原理，正本清源、固本培元，坚定“三个自信”，补足“精神之钙”，加强“信仰之修”，熔铸“信念之魂”，引导党员干部自觉把党章党规和习近平系列讲话要求转化实际行动，做到学而信、学而用、学而行，做到思想同心、目标同向、工作同力、落实同步，以实实在在的成绩展示学习效果，培养造就一支具有铁一般信仰、铁一般信念、铁一般纪律、铁一般担当的党员干部队伍。

强化领导干部遵规守纪意识。没有规矩不成方圆，要引导党员干部固守纪律规矩之严。党章和党规是党员干部必须遵守的基本行为准则。如果没有铁的纪律，党员干部队伍就会成为一盘散沙，就会丧失战斗力和生命力，更谈不上纯洁性和先进性。“善禁者，先禁其身而后人”，俗话说正人先正己，要把党员干部队伍管好用好，就要通过“两学一做”学习教育，使党员干部明确“红线”、知道不可逾越“底线”，严格“按规则、按程序、按制度”办事，自觉遵守党规。切实维护好党纪党规的严肃性和权威性，始终保持高压态势，使党员干部不想、不敢违规违纪。做到坚持原则不动摇、执行标准不走样、履行程序不变通，使每项工作都能“信得过”、“过得硬”。

强化党员干部模范作用发挥。干部教育工作要紧密结合“两学一做”学习教育，教育广大党员干部切实发挥好先锋模范作用，更好地服务改革、服务发展、服务民生、服务群众。要结合全省脱贫攻坚工作，教育引导广大共产党员干部积极响应党组织的号召，团结和带领基层群众，积极投身脱贫攻坚主战场，充分发挥共产党员的先锋模范作用。特别是要加强农村党员干部作用发挥，着力培养懂经营、善管理、踏实苦干、勇于创新的农村致富“带头人”，积极引导他们在自身致富的同时，发挥辐射、示范和带动作用，成为增收“领头羊”，为打赢脱贫攻坚战奠定坚实基础。

（摘编自人民网2016年2月19日，作者：祁晓露）

李华明：念好“四字诀”助力“两学一做”

党中央决定，2016年在全体党员中开展“学党章党规、学系列讲话，做合格党员”学习教育，这是继党的群众路线教育实践活动、“三严三实”专题教育之后，深化党内教育的又一次重要实践，也是面向全体党员从集中性教育活动向经常性教育延伸的重要举措。笔者认为，各级党委和组织部门要开展好“两学一做”学习教育，就要精心组织、统筹安排，念好“两学一做”“四字诀”。

深化认识，念好“思”字诀。凡事预则立不预则废。开展好“两学一做”学习教育是推动学习教育从“关键少数”向全体党员拓展、从集中性教育活动向经常性教育延伸的重要举措。各级党委和组织部门应该及早思考，提前谋划，研究起草“两学一做”学习教育实施方案，做好向上对接，按照中央和省委部署，结合实际迅速启动。首先要建立学习制度，做到学习“有时可依”，形成学习的良好氛围；其次要规范学习机制，认真制定学习计划，明确学习的重点和内容，并及时整理学习文字、影像资料，做到学有记录、学有成效。再次要扎实组织落实，认真组织教学过程，及时反馈学习效果，定期报告学习心得，切实增强党员解决实际问题的能力。

打牢基础，念好“学”字诀。开展“两学一做”学习教育，要把学习系列讲话作为理论武装的重中之重，深入学习党章党规和习近平总书记系列重要讲话精神，不仅要经常捧读、认真领会，更要内化于心、外化于行，把党章这个总规矩立起来，刻印在每一个党员的心头，落实到每一天的行动中，做到学而信、学而用、学而行。同时引导党员干部读原著、学原文、悟原理，正本清源、固本培元，要弄清楚该做什么、不该做什么，能做什么、不能做什么，坚定“三个自信”，补足“精神之钙”，加强“信仰之修”，熔铸“信念之魂”，守住共产党员为人做事的基准和底线，培养造就一支具有铁一般信仰、铁一般信念、铁一般纪律、铁一般担当的党员干部队伍。

把实要义，念好“严”字诀。“善禁者，先禁其身而后人”。如果没有铁的纪律，党员干部队伍就会成为一盘散沙，就会丧失战斗力和生命力，更谈不上纯洁性和先进性。作为执政党，正人先正己，必须要把党员干部队伍管好用好。深入学习党章党规，是“两学一做”学习教育的重点内容之一。党章是管党治党的总章程，是党内的根本大法，党规党纪是对党章的延伸和细化。新修订的《中国共产党廉洁自律准则》和《中国共产党纪律处分条例》，为全面从严治党立德立规，树起道德高标准，划清纪律“底线”，做合格共产党员，就要把政治纪律和政治规矩摆在首位，要时刻、自觉、坚决向党中央看齐，把看齐意识扎根于思想上、落实在行动上，确保党的集中统一、团结一致。

抓牢关键，念好“做”字诀。做一名合格党员是这次学习教育的着眼点、落脚点。正所谓党员是标杆、是引领，党员怎么做，群众就跟着怎么学。党员只有树立清风正气，校准思想之标，调整行为之舵，绷紧作风之舷，才能引领群众，才能在社会上弘扬一股正气，才能让各行各业的工作者光明磊落、坦坦荡荡。具体来说，就要做到心存敬畏、手握戒尺，珍惜荣誉名声，常修为政之德，力戒权力滥用；珍惜家庭亲情，常思贪欲之害，力戒见利忘义；珍惜平凡生活，常怀律己之心，力戒放纵自我。带着感情、责任，切实解决好人民群众最关心、最现实、最直接的利益问题，时刻把人民群众的利益放在第一位，特别是各级党员领导干部要发挥好示范带头作用，带动广大党员坚定政治意识、大局意识、核心意识、看齐意识。

（摘编自中国共产党新闻网2016年2月23日，作者：李华明）

【视野拓展】……

习近平：依靠学习走向未来

我们党历来重视抓全党特别是领导干部的学习，这是推动党和人民事业发展的一条成功经验。

首先要认真学习马克思主义理论，这是我们做好一切工作的看家本领，也是领导干部必须普遍掌握的工作制胜的看家本领。毛泽东同志曾经提出，“如果我们党有一百个至二百个系统地而不是零碎地、实际地而不是空洞地学会了马克思列宁主义的同志，就会大大提高我们党的战斗力量。”这个任务，今天依然很现实地摆在我们党面前。只有学懂了马克思列宁主义、毛泽东思想、邓小平理论、“三个代表”重要思想、科学发展观，特别是领会了贯穿其中的马克思主义立场、观点、方法，才能心明眼亮，才能深刻认识和准确把握共产党执政规律、社会主义建设规律、人类社会发展规律，才能始终坚定理想信念，才能在纷繁复杂的形势下坚持科学指导思想和正确前进方向，才能带领人民走对路，才能把中国特色社会主义不断推向前进。

学习党的路线方针政策和国家法律法规，这是领导干部开展工作要做的基本准备，也是很重要的政治素养。不掌握这些，你根据什么制定决策、解决问题呀？就很可能会在工作中出这样那样的毛病。各级领导干部还要认真学习党史、国史，知史爱党，知史爱国。要了解我们党和国家事业的来龙去脉，汲取我们党和国家的历史经验，正确了解党和国家历史上的重大事件和重要人物。这对正确认识党情、国情十分必要，对开创未来也十分必要，因为历史是最好的教科书。

领导干部学习，要正确把握学习的方向。忽视了马克思主义所指引的方向，学习就容易陷入盲目状态甚至误入歧途，就容易在错综复杂的形势中无所适从，就难以抵御各种错误思潮。没有正确方向，不仅学不到有益的知识，还很容易被一些天花乱坠、脱离实际甚至荒唐可笑、极其错误的东西所迷惑、所俘虏。学习的目的全在于运用。领导干部加强学习，根本目的是增强工作本领、提高解决实际问题的水平。“空谈误国，实干兴邦”，说的就是反对学习和工作中的“空对空”。战国赵括“纸上谈兵”、两晋学士“虚谈废务”的历史教训大家都要引为鉴戒。

兴趣是激励学习的最好老师。“知之者不如好之者，好之者不如乐之者。”讲的就是这个道理。领导干部应该把学习作为一种追求、一种爱好、一种健康的生活方式，做到好学乐学。有了学习的浓厚兴趣，就可以变“要我学”为“我要学”，变“学一阵”为“学一生”。学习和思考、学习和实践是相辅相成的，正所谓“学而不思则罔，思而不学则殆。”你脑子里装着问题了，想解决问题了，想把问题解决好了，就会去学习，就会自觉去学习。要“博学之，审问之，慎思之，明辨之，笃行之”。领导干部一定要把学习放在很重要的位置上，如饥似渴地学习，哪怕一天挤出半小时，即使读几页书，只要坚持下去，必定会积少成多、积沙成塔，积跬步以至千里。

总之，好学才能上进。中国共产党人依靠学习走到今天，也必然要依靠学习走向未来。我们的干部要上进，我们的党要上进，我们的国家要上进，我们的民族要上进，就必须大兴学习之风，坚持学习、学习、再学习，坚持实践、实践、再实践。

（摘编自人民网－中国共产党新闻网 2014 年 10 月 25 日，作者：习近平）

第二章

党章是教育全党的教科书

党的十八大以来，以习近平为总书记的党中央高度重视党章党规的学习贯彻，多次要求“认真学习党章、严格遵守党章”。“学而不思则罔，思而不学则殆。”全体党员应按照习近平总书记关于认真学习党章、严格遵守党章的重要指示精神，认真搞好党章学习，不断增强党性观念，坚持用党章武装头脑，充分体现全体党员学习尊崇党章的责任和义务。开展“两学一做”学习教育，学党章党规就是着眼明确基本标准、树立行为规范，逐条逐句通读党章，全面理解党的纲领，牢记入党誓词，牢记党的宗旨，牢记党员义务和权利，引导党员尊崇党章、遵守党章、维护党章，坚定理想信念，对党绝对忠诚。

【问题点击】

心有党章行不乱

曾经有落马官员反省，刚走上仕途时，也很想做些好事、实事，对贪官、恶官也深恶痛绝，但就是在觥筹交错和迎来送往中，渐渐忘却了初心，丢掉了底线。从“激情燃烧的岁月”到“铁窗牢笼的生活”，从“好同志”到“阶下囚”，究其原因，根子在于党章党规党纪意识淡漠，理想、信念任由欲望践踏。

早在党的十八届一中全会，习近平总书记就向全党发出“认真学习党章、严格遵守党章”的号召，要求把党章学习教育作为经常性工作来抓。党章是党的根本大法，集中代表了全党的意志，是立党、治党、管党的重要法宝。学习党章党规党纪，就是夯实思想基础，就是筑牢信念防线，就是点亮指路明灯。对于我们这样一个有着430多万个基层党组织、8 700多万名党员的大党，更要把学习贯彻党章党规党纪摆在突出位置来抓，让办事遵守党纪、解决问题依据党规成为党员领导干部的自觉行动。但从现实看，有些党员领导干部在学习贯彻党章党规党纪时“睡着了”，对党章缺乏必要了解，对党规党纪认识模糊不清、一片茫然，对违反党章党规党纪的行为习以为常、见怪不怪。有的甚至将纪律防线退至法律底线，认为只要不违法就行。种种现象表明，党要管党、从严治党，就要在全党上下树立起党章的权威，用党章凝聚人心，用党规党纪汇聚力量。唤醒党员领导干部的党章党规党纪意识，内化于心、外化于行，使之成为行动指南和行为准则。

作为党员领导干部，不仅要在入党培训时学习党章党规党纪，更要随时随地践行党章党规党纪，要坚持问题导向、坚持学思践悟，不仅“知其然”，更要“知其所以然”，自觉用党章党规党纪约束自己的言行举止。要通过学习认识到，党规党纪是对党组织和党员干部的要求，国家法律是对全体公民的要求，党只有以更严的标准、更严的纪律要求和约束各级党组织和广大党员干部，才能永葆先进性和纯洁性。要纠正认识上的误区，绝不能认为违反纪律是“小节”。领导干部“破法”者，无不从“破纪”开始，党的十八大以来查处的党员领导干部违纪违法案例，没有一个不是在违法之前首先违纪的。只有把纪律和规矩挺在前面，真正把党章党规党纪学到位、悟到家，做到“打铁自身硬”，才能真正做一个遵章守纪的“明白人”和“清白人”。

（摘编自人民网－中国共产党新闻网2015年10月13日，作者：周群丽）

【深度阐释】……………………………………

一、党章是教育党员增强党性的纲领性文献

（一）党章是教育党员增强党性的根本遵循

当前，党规意识淡薄，法治思维缺失，党性原则不强，导致党内“有章不依、执章不严、违章不纠”的现象依然存在，党章对党员和党组织的规范、引导力下降。党章作为教育党员增强党性的根本遵循，在某种程度上变成了写在纸上、贴在墙上、挂在嘴上却没有落实到行动上的一纸空文。党章在党内法规体系中处于核心地位，是党的总章程和根本大法，具有最高的权威和效力，是党员加强党性修养的根本遵循。

建立健全党内的制度体系，要以党章为根本依据。党内的所有其他法规，都是在符合党章规定的基础上，为保证党章的实施而制定

的，党章在党内犹如宪法在国家中的地位一样至高无上。要以党章为基本标准，判断各级党组织和党员干部的综合表现。在实际工作中，党员干部的作用发挥得怎么样，履职尽责的情况，是优秀的还是合格的等，都要坚持用党章的标准来衡量。要以党章为根本规则来解决党内矛盾。党内生活是我党在领导国家和人民群众建设社会主义事业中的重要内容，党内生活的矛盾是不可避免的，如何解决这些矛盾，党章是依据，是解决这些矛盾的根本规则。要以学习党章为抓手来增强党员党性修养。党员干部的党性原则强不强，党性修养高不高，要看党员干部对党章的学习和贯彻落实情况，看党员干部是不是遵守党章为人民群众办实事，看党员干部责任和义务的履行情况。教育党员增强党性，要以学习党章为根本遵循。

（二）党章为教育党员增强党性规定了基本内涵

中国共产党党章是全体党员举手宣誓为之共同奋斗终身的誓言，凝聚了中国共产党90多年建设历史、奋斗历史，传承着一代又一代共产党人共同的理想信念，体现了全国各族人民实现中华民族伟大复兴中国梦。党章作为体现和保障党的先进性、引领党的建设方向、凝聚全国各族人民的力量、展示党员干部形象的一面旗帜，规定了教育党员增强党性的基本内涵。

党章作为教育党员增强党性的纲领性文献，规定的都是党内生活中重大的根本的问题，涵盖了党的基本理论，党的政治主张和党在思想、政治、组织和作风建设上的所有基础性内容，体现了党的整体意志、利益和共同理想。党章规定了党领导全国各族人民建设国家的科学纲领、路线、方针和政策，以及担当时代赋予的历史使命；要求各级党组织和党员干部宣传群众、组织群众、带领群众为实现党的纲领、路线、方针、政策而奋斗；发挥党员干部的先锋模范作用，成为社会的表率、群众的表率。总的来说，党章为教育党员增强党性提供了根本标准和尺度。

（三）党章为教育党员增强党性提供了重要方法

党章强调党员干部要讲党性、重品行、作表率，在生产、生活、工作和学习中起先锋模范作用，要以身作则，为教育党员增强党性提供了重要方法。党章对党员干部需要掌握的党的基本知识、党内生活特别是党的基层组织基本任务、党员条件和权利义务等作出了明确阐述规范，是党员干部进行自我净化、自我完善、自我革新、自我提高的最好教材。

党员干部要以党章为教材，在人生价值、人格形象方面，要讲尊严、惜荣誉、知廉耻、重人格；在工作生活中，要运用批评与自我批评方法，自我反思、自我检查、自我解剖、自我监督；在道德情操修养上，要慎独、慎微、慎交友，以警句名言作为“座右铭”、以反面典型警示自己；在理想信念事业奋斗上，要强调自我激励、自我勉励，用远大的理想、先进典型来鞭策、激励自己。党员干部在践行党章，履职尽责上要切实做到“三个经常想一想”，即经常想一想党员的权利和义务，看看自己履行了多少，履行得如何；经常想一想自己肩负的责任，看看完成了哪些工作，绩效如何；经常想一想自己言行举止是否符合党员标准，看看同志们是怎么评价的，形象如何。坚持用党章来检验自己，始终做到自重要慎微，自省要慎思，自警要慎权，自励要慎行。

二、党章是规范党员言行的基本依据

（一）要把坚定理想信念作为最根本的要求

理想信念是党性的制高点。当前，党员干部队伍在党性观念、理想信念上总体是清醒坚定的，重要关口、重大是非面前能站稳立场、经受住考验。但一些同志精神上“缺钙”，嘴上说着马克思主义的话，心中不信马克思主义的理，只听表态紧跟，不见行动跟进等现象也客观存在。作为党员干部必须坚定马克思主义信仰，而有的却对理论学习缺乏兴趣，热衷于烧香拜佛、卜卦算命；作为党员干部必须坚定完成党的历史任务不懈奋斗的信念，而有的却缺乏应有的事业追求，不思进取、得过且过，甚至及时行乐。党员干部要加强理论武装头脑，首要的就是铸牢理想信念这个安身立命之本。

理论是行动的指南。党员干部强化党的意识，严守党的纪律，最终要体现在行动上，要正确看待和行使手中的权力，解决好为谁当官、怎样用权的问题。现实中，有的党员干部贪污腐化，甚至走上违法犯罪道路，其根本原因就是理想信念发生动摇，只讲“信钱”不讲“信仰”，只要“实惠”不要“主义”。各级党员干部必须正确处理好权力与私利、制度与私情、责任与私心的关系，做到手中有权不谋私利，坚持制度不徇私情，立党为公不存私心。自觉用科学发展观武装头脑、指导实践、推动工作。

（二）要把严守党的纪律作为最经常的课题

党的纪律是党的生命，是党员干部必须严格遵守的行为规范，是听党指挥的重要保证。在十八届中央纪委三次全会上，习近平总书记深刻指出：“遵守党的纪律是无条件的，要说到做到，有纪必执、有违必查，不能把纪律作为一个软约束或是束之高阁的一纸空文”。

党员干部要加强理论武装头脑，严守党的纪律。一要严守政治纪律。这是最重要、最根本、最关键的纪律，把政治纪律放在首位，才能确保全党在思想上政治上行动上同党中央保持高度一致。各级党员干部要把党的纪律作为最高行为准则来遵守，确保不发生任何政治性问题。二要严守组织纪律。要切实增强贯彻力、执行力，努力在掌握党章精神实质上下功夫，切实做到融入思想、规范行动，指导实践、推动工作。各级党员干部尤其是领导干部要注重防止和克服“三种倾向”：一种是防止和克服“形式化”，做样子，走过场的问题；一种是防止和克服“片面化”，打折扣，搞变通的问题；再一种是防止和克服“庸俗化”，看来头，凭好恶的问题，确保党的指示决策得到坚决贯彻落实。三要严守群众纪律。群众纪律无小事。当今社会信息高度透明，舆情扩散迅速，网络炒作难控。中国共产党是无产阶级的党，代表最广大人民群众的利益，要坚持走群众路线，从群众中来，到群众中去。党员干部要在服务群众的同时务必严守群众纪律，努力在提高执政为民的能力上下功夫，不断增强领导和推动全面建成小康社会的本领，增强贯彻群众路线、为民服务的实效。

（三）要把从严执纪作为最关键的环节

古人讲：“舞弊者得利，则效仿者至；舞弊者受罚，则接踵者绝。”坚持从严治党、从严治官、从严执纪，既是维护党纪的重要手段，也是遏制违法违纪的最后一道防线。

当前，党和国家法规制度越来越健全，党纪的“高压线”却屡有人触碰，究其原因，通常与组织监督不力、执纪不严有直接关系，表现为不缺法律缺法治，不缺纪律缺自律，不缺制度缺制约，致使一些小问题变成大问题。为此，各级党员干部要充分认清从严执纪的重要性，认真查纠问题，切实维护党纪的严肃性和权威性。一要严肃查办案件。对群众举报、单位自查中出现的不良倾向和问题，要敢于较真碰硬，一查到底，不回避矛盾、照顾情面、偏袒护短；对违反政治纪律、组织纪律、群众纪律的问题，要快查严办，及时处理，不能拖出新问题、宽成大问题。二要坚持从严执纪。俗话讲，法纪是铁，谁碰谁流血。在执纪过程中，要坚持“严”字当头，对违规违纪的人和事，不论是谁，都必须依据党纪党规严肃追究责任，绝不能姑息迁就。切实通过严格执纪，让违反纪律者受到惩处。三要坚持纠建结合。定期对查处的违纪违法案件进行汇总分析，对一般性、个别性的问题，明确纪律要求，及时加以防范；对带有普遍性和倾向性的问题，采取专项治理的方式进行整风肃纪；对一些纠而复生的违纪违法现象，从长效机制上拿出实在管用的办法。党员干部要用党章武装头脑，严格党规党纪。

三、学习尊崇党章是全体党员的责任和义务

（一）学习尊崇党章是学习贯彻党的十八大以来中央精神的重要内容

习近平总书记在《认真学习党章、严格遵守党章》一文中讲道：“认真学习党章、严格遵守党章，是学习贯彻党的十八大精神的重要内容。要把党章学习教育作为经常性工作来抓，通过日常学习、专题学习、专题培训等形式，组织党员学习党章。通过学习教育，使全党同志对党章内化于心、外化于行。”要把学习党章同学习党的十八届三中、四中、五中全会精神紧密结合起来，同学习中国特色社会主义理论体系紧密结合起来。

党员干部在学习尊崇党章上，一要深刻领会党章把科学发展观同马克思列宁主义、毛泽东思想、邓小平理论、“三个代表”重要思想一道确立为党的指导思想的重大意义。学习领会科学发展观和习近平总书记系列重要讲话精神深刻内涵和精神实质，全面把握深入贯彻落实科学发展观的新要求，增强贯彻落实科学发展观的自觉性和坚定性，坚定不移走科学发展之路，坚持把发展作为党执政兴国的第一要务，把科学发展新要求和当前发展阶段新特征结合起来，加快形成符合科学发展要求的发展方式和体制机制，牢牢把握发展主动权。二要深刻理解中国特色社会主义道路、中国特色社会主义理论体系、中国特色社会主义制度的重大意义，要高举中国特色社会主义伟大旗帜，深入领会在新世纪新阶段经济和社会发展的战略目标，努力实现“两个一百年”，坚定党的基本路线，坚持四项基本原则，坚持改革开放，构建社会主义和谐社会，增强道路自信、理论自信、制度自信，坚定不移推进中国特色社会主义伟大事业。三要深刻理解把生态文明建设纳入中国特色社会主义事业总体布局的重大意义，深入领会生态文明

建设的指导原则和发展道路，把生态文明建设融入经济建设、政治建设、文化建设、社会建设各方面和全过程，全面落实“五位一体”总体布局，坚持生产发展、生活富裕、生态良好的文明发展道路。四要深刻理解党章增写党的建设总体要求新内容和关于党员、党的基层组织、党的干部新要求的重大意义，深入领会各项新内容新要求的科学内涵，深刻理解党的思想建设、组织建设、作风建设、反腐倡廉建设、制度建设的相互关系，坚持用党章指导和规范党的建设各项工作，坚持用党章武装头脑，坚持用党章作为全体党员的行为规范，全面提高党的建设科学化水平。

（二）学习尊崇党章是加强党的建设的基础性、经常性工作

学习尊崇党章，是加强党的建设的一项基础性经常性工作，也是全党同志的应尽义务和庄严责任，更是义不容辞的一项政治责任，对增强党的创造力、凝聚力、战斗力具有极为重要的作用。党员干部要自觉学习党章、遵守党章、贯彻党章、维护党章，自觉加强党性修养，增强党的意识、宗旨意识、执政意识、大局意识、责任意识，切实做到为党分忧、为国尽责、为民奉献。

党员干部要深学、学懂、学通、学透党章，要严格遵守党章各项规定，要把学习尊崇党章作为民主生活会的主要内容，要牢固树立党章意识，真正把党章作为加强党性修养的根本标准，作为指导党的工作、党内活动、党的建设的根本依据，把党章各项规定落实到实际工作上，落实到各项事业中。各级党组织要建立健全学习尊崇党章的制度机制。各级党委要加强对学习尊崇党章的督促检查。要充分发挥党的各级纪律检查机关在维护党章权威方面的作用。要坚决查处各种违反党章的行为，切实维护党章的严肃性、权威性。对党章意识不强，不按党章规定办事要及时提醒，对严重违反党章规定的行为要坚决纠正，全党共同来维护党章的权威性和严肃性。

（三）学习尊崇党章要全面掌握党章的基本内容

习近平总书记指出：“要全面掌握党章基本内容。”党员干部在学习党章、尊崇党章上，要全面掌握党章的基本内容以及党章对党员的基本要求。

学习尊崇党章要深刻理解党的先锋队性质、全心全意为人民服务根本宗旨和党的指导思想，坚持发挥先锋模范作用，坚持把人民群众摆在心中最高位置，坚持用发展着的马克思主义指导实践；学习尊崇党章要深刻理解党的纲领和奋斗目标，坚定共产主义的理想信念，坚定中国特色社会主义道路、理论和制度，坚持协调推进“四个全面”的战略布局，为实现中华民族伟大复兴而奋斗；学习尊崇党章要重点理解党章新论述、新要求，深刻认识党章对改革开放内容的阐述，全面把握党章对中国特色社会主义事业总体布局的内容，深刻理解党章关于党的建设总体要求等方面的表述，提高贯彻执行党的路线方针政策的自觉性和坚定性；学习尊崇党章要在对照党章上查找问题、改进不足，要把学习党章与推进当前工作紧密结合起来，与个人思想和工作实际紧密结合起来，各级党组织和全体党员要通过学习党章，查找自身存在的问题和不足，深刻剖析原因，坚持以党章的规定为戒尺来改正问题和不足，明确今后的努力方向。

【专家观点】……………………………………………………

仲祖一：党章是全面从严治党的总遵循

党章是党的总章程和根本大法。党章提出了全面从严治党的基本要求，明确了全面从严治党的基本内容。主要包括，对党的性质、宗旨、指导思想、奋斗纲领和重大方针政策作出明确规定，对党员权利和义务作出明确规定，对党的制度和各级党组织的行为规范作出明确规定，对党的各级领导干部的基本条件作出明确规定，对党的纪律作出明确规定。

“人不以规矩则废，党不以规矩则乱。”不遵守党章、不贯彻党章，全面从严治党就没有出发点和落脚点，就会带来严重后果，党的事业就会遭受损失。典型的例子，比如周永康、薄熙来、徐才厚、令计划、苏荣等人，是怎么从党的高级领导干部走到人民的对立面上去的？他们自认为身居高位，谁也管不了，在他们眼里，哪里还有党章，哪里还有规矩？正是这个原因，他们与党离心离德、结党营私、卖官鬻爵、为所欲为，最终倒在反腐铁拳之下，成为党和人民的罪人。其结局可悲，其教训深刻。

党章在党内具有最高权威性和最强约束力。按照党章要求全面从严治党，根本在全面，核心在从严，重点在治吏。根本在全面，就是要把党章要求具体落实和体现到党的思想建设、组织建设、作风建设、制度建设和反腐倡廉建设的各个方面，每一个党的组织、每一名党员、干部，都要把党章作为最根本的行为规范，内化于心、外化于行。核心在从严，就是要以党章为基本标准，严格要求、严格教育、严格管理、严格监督，发扬共产党人最讲认真的精神，对不符合党章要求的，严肃查处惩治，使“严”成为新形势下党的建设最鲜明的特点。重点在治吏，就是要抓住领导干部这个“关键少数”，坚持党章面前人人平等、遵守党章没有特权、执行党章没有例外，让领导干部知所为知所不为，以自己的行动积极营造良好政治生态，发挥好领导干部在党的事业中的骨干作用和在党员、群众中的示范作用。

（摘编自人民网－中国共产党新闻网 2015 年 6 月 30 日，作者：仲祖一）

胡军：把党章刻印在党员干部心上

中共中央政治局 10 月 12 日召开会议，提出全面从严治党首先要尊崇党章。新修订的《准则》和《条例》是对党章规定的具体化。要认真落实和严格执行这两项法规，树立高尚道德情操，严明党的纪律戒尺，把党章权威立起来。

党章作为党的总章程和根本大法，明确了从严治党的基本要求，规定了从严治党的基本内容，在党内具有最高权威性和最强约束力。当前，把纪律挺在法律前面，最根本的就是要唤醒党章意识，恪守全党必须遵循的总规矩，增强执行党章的自觉性和坚定性。

不可否认，少数党员干部的党章意识有所弱化，平时对党章学习抓得不紧，没有原原本本学党章，对党章缺乏全面了解，把党章束之高阁，对党章漠然置之，对党章缺乏应有的敬畏之心。一些党组织在日常工作中执行党章不严，存在大而化之的现象，对少数违背党章、丧失党性的党员干部教育不够、处置不力，甚至避重就轻、得过且过，导致一些党员干部错误越犯越大，最终从违纪走上违法的泥潭，好同志变成了阶下囚。

唤醒党章意识，前提是要加强党章学习。各级党组织要把党章学习作为经常性工作来抓，采取日常学习、专题培训、交流研讨、考试督查等多种形式，激发党员学习党章的主动性和有效性。树立党章权威，不仅要靠自律，还要靠他律。各级党组织要以执行党章为基本标尺，严格要求、严格管理、严格监督，引导党员干部时时用党章要求自己、事事用纪律稳住自己、处处用规矩把握自己，从小处做起，从点滴抓起。

把党规党纪刻印在全体党员特别是党员领导干部的心上，最重要的是把党章刻印在心上；把纪律挺在法律前面，就要把党章挺在党规党纪最前沿。各级党组织要坚持一手抓教育、一手抓监督，切实把党章作为党员教育的必修课，作为监督执纪的总遵循，督促党员干部自觉地学习党章、遵守党章、贯彻党章、维护党章，自觉地把党章作为最根本的思想防线和行为规范，融入到工作和生活的全过程和各方面。

（摘编自人民网－中国共产党新闻网2015年10月14日，作者：胡军）

林蔚文：把握党章的义务价值取向

党员的基本权利与义务构成党章的重要组成部分。从条文排序来看，义务在前、权利在后，这一点值得深入体味。它表明：作为工人阶级先锋队的一员，党员应将对党、对人民的责任和义务摆在第一位。同时，与义务内容相统一，也是党员权利的一大特点：党员八项基本权利指向的功能都是为了开展党内政治活动，如参加党的会议、阅读党的文件、接受党的教育与培训，是为了思想上能够与党中央保持一致、贯彻执行党的基本路线和各项方针政策；在党的会议和党报党刊上参加关于党的政策问题的讨论、对党的工作提出建议和倡议、行使表决权和选举权等，则体现了党员积极为党排忧解难的责任和义务。此外，为强调党章的严肃性、严明党的纪律，党章对党员基本权利的行使作出了合理限制。如党员有权批评党的任何组织和任何党员，但必须在党的会议上有根据地提出；对党的决议和政策如有不同意见，可以声明保留并把自己的意见向上级组织提出，但前提是坚决执行党的决议和政策。这种限制，也体现了权利与义务有机统一的特点和要求。

党的根本宗旨决定了党章的义务价值取向。我们党的根本宗旨是全心全意为人民服务，这是我们党取得执政地位的基础，也是我们党与资产阶级政党或一般社会团体的本质区别。我们党取得执政地位后，党章是党在运用国家权力过程中保持党性、自我约束、保证全党思想一致和行动统一的总规矩。只有遵守党章宣示的根本宗旨，才能保持党的先进性，确保党的执政地位长期稳定。个人加入中国共产党是为人民群众谋利益，绝不是为了取得普通公民以外的特权。根据党章誓词“随时准备为党和人民牺牲一切”，党员相对于普通群众来说还承担着更多、更大的责任和义务。入党不是为了个人权利的实现，而是要为党分忧、为国尽责、为民奉献。认真学习党章、坚决贯彻党章要求，是全党同志的应尽义务和庄严责任。

（摘编自《人民日报》2015 年 10 月 20 日，作者：林蔚文）

【视野拓展】……………………………………………………

何虎生等：二大党章是严明纪律的开始

二大党章第一次明确党的全国代表大会及由此产生的中央执行委员会是党的最高领导机关。

对于少数服从多数、下级服从上级、全党服从中央等民主集中制的组织原则，中共二大党章有开创之功。

就在中共中央积极筹备第二次全国代表大会期间，蔡和森、向警予、刘少奇、袁达时、陈为人等人纷纷回国，他们都曾受到过共产国际运动的影响，得到过锻炼，都准备在中国革命中大显身手。然而回国后，他们却发现党的实际工作情况并非想象中那么“虎虎有生气”，组织纪律相当松懈。对此，他们提出要“统一意志和思想训练”，强调集中、严明纪律被放在了更为突出的位置。

在过去一年总结工人运动经验的基础上，鉴于刚回国的同志们的意见、党内的激烈交锋，陈独秀等人更加坚定了加强党的纪律的决心。1922 年 7 月 16 日至 23 日，中共二大在上海英租界南成都路辅德里 625 号（现成都北路 7 弄 30 号）召开，会议通过了首部《中国共产党章程》，共有六章二十九条。其中“纪律”作为单独章节，共有九个条款，占整部党章篇幅的近三分之一。

1921 年 10 月 4 日，法租界警察在渔阳里 2 号陈独秀寓所，将陈独秀、包惠僧、杨明斋、柯庆施和高君曼五人带走。在巡捕房受审时，陈独秀报名“王坦甫”，其中共创始人的身份并未暴露。陈独秀被捕后，党组织迅速展开营救。一切在秘密中进行，法租界当局并不知道陈独秀的真实身份，但张国焘不知出于什么目的，擅自以中央局的名义发表关于营救陈独秀的宣言、传单，暴露了陈独秀的政治身份，将他置于险地。事后，张国焘绕过中央、自行其是的做法引发了党内的不满，党内同志就此事纷纷质询，而陈独秀采取了息事宁人的态度，没有追究张国焘的责任。

然而事情并没有就此结束，中共二大召开前后，在会议分组讨论时，张国焘的小组不仅人数最多，而且清一色都是他领导的中国劳动组合书记部的成员，讨论的议题也由规定的劳工问题扩展到国共合作等重大问题。由于中共建党初期，党主要开展工人运动，张国焘领导下负责此项工作的中国劳动组合书记部拥有较大权力，甚至在许多领域与党的职能重叠。许多同志对此表示不满，有人公开指责张国焘的一些错误做法，称他企图将中国劳动组合书记部独立或凌驾于党之上，甚至对党中央有取而代之的嫌疑。刚刚诞生的中国共产党面临分裂的危险。

二大党章的颁布和随后西湖会议的召开，虽然在一定程度上遏制了“小组织”问题，但张国焘并未认识到自己行为的不妥。在中共三大上，还是这个张国焘反对中央关于与国民党合作，建立统一战线的决策，张国焘为此没有被选上中央执行委员会委员，要知道张国焘是中国共产党的主要创始人之一，这可以说是对张国焘肆意破坏党的政治纪律和组织纪律的惩戒。

中共二大党章作为中国共产党首部正式党章，对纪律的强调具有重大意义和深远影响。从结构上看，将“纪律”单独作为其中一章的结构形式被继承沿用，突出体现了中国共产党对纪律的重视，有利于保证党的集中统一领导和全党行动的一致性。从内容上看，二大党章中关于纪律的一些规定，蕴含了民主集中制的主要思想，奠定了党的基本组织原则的基础。首部党章的诞生，是中国共产党在开展各项活动中严明纪律、有章可循的开始，有力地保证了早期党组织的迅速发展壮大。

（摘编自人民网－中国共产党新闻网2015年7月29日，作者：何虎生、张琳珏）

第三章

党章的精神实质

习近平总书记指出，“党章是党的总章程，集中体现了党的性质和宗旨、党的理论和路线方针政策、党的重要主张，规定了党的重要制度和体制机制，是全党必须共同遵守的根本行为规范。”他强调，“没有规矩，不成方圆。党章就是党的根本大法，是全党必须遵循的总规矩。坚定理想信念，坚守共产党人精神追求，始终是共产党人安身立命的根本。”学习党章，必须深刻理解党章的精神实质，认真领会党章的每一条规定，以党章为党的总章程和根本大法，用党章规范自身行为，全体党员要遵循党章这个总规矩。

【问题点击】

党章学习不可一知半解

近日，笔者与一位老党员闲聊，谈及党章学习，这位老党员说，感觉党章大概内容自己已经知道了，就没有真正花精力去认真学习。但问及这位老党员关于党员的权利义务，他一时间竟然说不出。

党员入党时都参加党课学习，对党的纲领、宗旨、奋斗目标等基本知识都有所了解，加上平时通过读书看报听新闻，广大党员对党的大政方针也不会陌生。然而，党章是党内的“根本大法”，具有系统性、全面性，其中规定了党员的权利义务、党组织设置、党的纪律等重要内容，只有经过系统学习、深入研究，才能理解其精髓。“党章党章，章章重要”，党章学习满足一知半解要不得。

党员不仅入党时应学党章、考党章，入党后对党章学习更应常抓不懈。首要的一点，就是从党组织书记抓起，结合书记述职考党章、述党章，通过“抓书记、书记抓”强化各级党组织的党章意识。同时，还可通过组织生活会、党章考试、知识竞赛、学习积分制等形式推动党员学党章用党章。

（摘编自《人民日报》2015 年 9 月 1 日，作者：黄岩、宋瑞）

【深度阐释】

一、党章是党的总章程和根本大法

（一）党章是立党、管党、治党的总章程

党章是党在理论上和政治上的基石，也是党在组织上和制度上的

基石。党章是立党、管党、治党的总章程。中国共产党从成立之日起，就是一支有信仰有组织有纪律的马克思主义政党，一直用党章来管理党组织和党员干部，一个党员合不合格、优不优秀，一个党组织有没有发挥组织作用，最根本的就是有没有贯彻党章、遵守党章。

中国共产党作为执政党，在国家政治生活中发挥着领导核心作用，决定了党章必定严于宪法，党的纪律规矩必定严于国家法律法规。中国共产党章程不仅规定和指导着党的自身建设，而且还规范和引领着党的执政活动，治国必先治党，治党务必从严。党章规定了党内生活的原则、程序和办法，体现了党的组织规律和组织规矩，规范了党的组织原则和各级组织职责、党员的权利与义务，指明了党的建设方向，为党的工作建章立制，规定具体的法规条例，使党的各项工作有章可循、有法可依。党章是共产党和全体党员的魂，只有认真学习和积极践行党章，组织作用、党员作用才能发挥好，党员才能更好地履职尽责。所以说，党章不仅仅是立党之本，更是管党、治党的基本依据。

（二）党章是最根本的党规党法

党章规定，中国共产党是中国工人阶级的先锋队，是中国人民和中华民族的先锋队，是中国特色社会主义事业的领导核心。党章的性质、内容和产生程序决定了党章在党内生活中具有非常重要的地位及作用，是中国共产党最根本的党规党法。党章的特性决定了它必然是党的根本大法，是各级党组织、全体党员必须遵守的章程。

党章是全党整体意志的体现。党章内容包括了党的活动和党的建设的基本规定，包括了党领导全国各族人民建设国家、协调推进“四个全面”的基本准则，代表了全党和全国各族人民的最高利益和最大利益，是实现中华民族伟大复兴的基本依据。党章从党的建设和国家的发展建设中集中体现了全党和全国各族人民的意志、信念和愿望。党章是党内活动的普遍行为规范。党章所规定的都是党内生活中重大的根本的问题，涵盖了党的理论基础、政治主张以及党在思想、政治、组织和作风建设上的全部基础性内容，最集中又最有权威地体现了党的整体意志、利益和共同理想。政党是一种社会，是一种政治的社会。党内活动关系着党的肌体的健康发展，党员干部要履行好权利、承担好义务，在党的内部为了维护正常的活动秩序，正确调整党内关系，需要确定一种适用于所有党员的普遍行为规范，以指导和约束党员干部的行为。党章就是这种规范的根本体现，是党内活动的根本大法。党章是具有最高权威、最根本的党内法规。根据不同层次、不同范围、不同对象的党组织和党员干部，党内法规有不同的种类，有相应的规则、规章、条例、制度。在众多党内法规中，党章是具有最高权威的，可以说党章是“党内的基本法”，是党的所有法和制度的总来源，是最根本的党规党法，所有的其他法规，都是它的延伸或补充，同时必须服从服务于党章。

（三）党章是党公开树立的一面旗帜

“一个党员是一面旗帜”，那么党章就是党向全社会、全世界公开树立的一面旗帜。恩格斯指出，党的纲领“是一面公开树立起来的旗帜，而外界根据它来判断这个党”。党章对党的性质、宗旨、指导思想、奋斗纲领和重大方针政策作出了明确规定，对党员权利和义务作出了明确规定，对党的制度和各级党组织的行为规范作出了明确规定，对党的各级领导干部的基本条件作出了明确规定，对党的纪律作出了明确规定。这些规定充分反映了广大人民群众的利益和愿望，得到了广大人民群众的支持和拥护，为全体党员干部提供了谋事、办事、干事的根本方针政策。党章阐述了中国革命和中国特色社会主义建设、改革的性质特点，明确了党在新的历史时期的总任务、总要求和基本方针，提出了党的思想路线、组织路线、群众路线，规定了党的领导和党的建设必须实现的基本要求，等等。使得党章成为党团结群众和吸引群众的一面鲜红旗帜。各级党组织和党员干部在党章这面旗帜的引领下，坚定理想信念、坚持实事求是、推动科学发展、密切联系群众、加强道德修养、严守党的纪律，为全面建成小康社会和实现中华民族伟大复兴的中国梦而努力奋斗。

二、党章是全体党员必须遵循的总规矩

（一）学习党章，坚守党性原则

习近平同志就任总书记后，公开发表的第一篇署名文章就是《认真学习党章　严格遵守党章》。他指出：“党章是党的总章程，集中体现了党的性质和宗旨、党的理论和路线方针政策、党的重要主张，规定了党的重要制度和体制机制，是全党必须共同遵守的根本行为规范。没有规矩，不成方圆。党章就是党的根本大法，是全党必须遵循的总规矩。”中国共产党是中国工人阶级的先锋队，同时是中国人民和中华民族的先锋队，是中国各族人民利益的忠实代表，是中国特色社会主义事业的领导核心。这是中国共产党的性质。党性与党的性质密切相关，是党的目标、宗旨、作风、纪律等各方面要素在党员个体身上的综合反映。党性原则是共产党员在党的实际活动中为保持党性而必须坚持的基本准则。

习近平总书记指出，“党性是党员干部立身、立业、立言、立德的基石，必须在严格的党内生活锻炼中不断增强。”“党性说到底就是立场问题。”树立党章意识，要解决好如何坚守党性原则。每一名共产党员首先要坚持用党的科学理论武装头脑，笃定“革命理想高于天”的追求，始终坚守“共产党人安身立命的根本”，学习马列原著经典，坚定理想信念，加强创新理论武装，坚定“道路自信、理论自信和制度自信”；要严守纪律，领悟“没有规矩，不成方圆”的深刻内涵，自觉做到“立规矩、讲规矩、守规矩”，严守政治规矩，把握社交原则，管好生活小节；要严格党内生活，拿起“批评与自我批评这个利器”，切实在严肃的党内生活中“抵抗政治灰尘和政治微生物”；要增强党内生活的政治性、原则性、战斗性，使各种方式的党内生活都有实质性内容，都能有针对性地解决问题，坚决纠正党内生

活庸俗化现象。

（二）贯彻党章，强化党纪观念

习近平总书记在不同场合反复要求党员干部要在坚定信念、密切联系群众、加强道德修养、严守党的纪律等方面作出表率。只有强化每一名党员的党纪观念，才能使每一名党员树立好党章意识。贯彻党章，强化党纪观念，既是新形势下对于党员个体的要求，也是对党组织的要求。

严明的纪律是我们党的优良传统和独特优势。讲规矩是对党员干部党性的重要考验，是对党员干部对党忠诚度的重要检验。强化党纪观念，要始终牢记政治纪律和政治规矩，党员干部在政治上出问题，对党的危害不亚于腐败问题，有的甚至更严重。作为一名共产党员，讲政治不论什么时候都要摆在第一位，没有政治纪律意识，就没有党纪观念，更无法树立党章意识。强化党纪观念，要全方位、无条件地遵守党纪，要全面遵守党的政治纪律、组织纪律、廉洁纪律、群众纪律、工作纪律和生活纪律，要全面执纪、抓早抓小，即使对轻微违纪行为，也要动辄则咎、及时处理。纪律面前人人平等，遵守纪律没有特权，执行纪律没有例外。党员无论党龄长短、职务高低、功劳大小，都毫无例外地要遵守党的纪律。强化党纪观念，要加强修身立德，坚定理想信念，党员干部要把自己的品行修养贯穿于生命的全过程，时刻用共产党人的道德标准约束自己，使得自己的品行修养和人格魅力能经受住时间的考验和社会的考验。强化党纪观念，要加强党性修养，增强党员意识，牢记党员称号，党员是党的肌体的细胞和党的活动的主体，党员队伍的先进性是党的先进性的重要基础，作为执政党党员肩负着“对国家实施领导管理和建设”的历史责任和使命，这是我们每一名共产党人责无旁贷、当仁不让的权利、义务和职责。

（三）践行党章，恪守党规职责

国有国法，党有党规。没有规矩，不成方圆。欲知平直，则必准绳；欲知方圆，则必规矩。党规将国家的政治生活和党内政治生活推向制度化、规范化、法治化，党章是党的根本大法，是为一个政党设计关系这个政党的前途命运的根本制度安排。政党的政治主张、组织形态都在党章中得到集中表达。

作为党员干部，务必自觉践行党章，恪守党规职责，把学习贯彻党章作为终身必修课。当前，党规意识淡薄，法治思维缺失，导致党内“有章不依、执章不严、违章不纠”现象依然存在，党章对党员和党组织的规范、引导力下降。恪守党规职责的根本是严守党章，树立党章意识必须从遵守维护党章入手，在严守党章中找准支撑点，形成推动力；恪守党规职责关键要强化党纪，严明政治纪律、组织纪律、廉洁纪律、群众纪律、工作纪律、生活纪律；恪守党规职责的重点要遵守国法，全体党员要用国家法规来约束和衡量自身的行为；恪守党规职责的保障是继承和发扬我党的优良传统，切实理论联系实际，切实密切联系群众，切实开展批评与自我批评。恪守党规职责归根到底就是要贯彻党章，遵循党章这个总规矩。

三、党章是全党必须共同遵守的根本行为规范

（一）要端正四种观念

党员干部要端正义利观、苦乐观、财产观和是非荣辱观。一要端正义利观。孔夫子讲“君子喻于义，小人喻于利”。作为党员干部，理应做君子，不能以一己私利，出卖国家和民族利益，更不能为谋取蝇头小利，出卖党性和人格。党员干部在国家经济建设中处于重要地位，发挥着重要作用，要处理好“公”和“私”的关系，坚持公私分明，界限清楚。二要端正苦乐观。西方哲学家博洛尔说：“简朴和适度的饮食，是一种正常的生活和庄重节制，这是防止政治腐败最好的防腐剂。”党员干部在生活上要坚持清苦、辛苦、艰苦，要保持勤俭节约的美德，少索取、多奉献，少攀比、多节约，少比待遇、多比

工作，严格遵守党章这个行为规范。三要端正财产观。要明白生活幸福的指数与财产的多少并不成正比。不能因为自己是领导干部，利用自己的方便为自己谋取利益，要用党章来加强自身的清正廉洁、品行修养，党员干部要有党员干部的样子。四要端正是非荣辱观。当前社会上残余着一些是非颠倒、黑白混淆、荣辱错位的现象，把遵纪守法、真抓实干当成是老实无能，把闯红灯、踩红线看成是思想解放、敢闯敢冒，党员干部要头脑保持清醒，不能见钱眼开，必须遵纪守法，不能毫无顾忌、无所不为。要坚持一份执着，确保政治上的坚定性、思想上的纯洁性、道德上的自律性、行为上的先进性，常思贪欲之害，常怀律己之心。要坚持堂堂正正做官，清清白白做人，干干净净做事，在做官、做人、做事上时时刻刻用党章来规范自身的行为。

（二）要克服四种心理

党员干部要克服自满心理、攀比心理、贪占心理和侥幸心理。一要克服自满心理。部分党员干部存在自满心理，工作标准不高，自以为是，稍有成绩便沾沾自喜，对待工作不求进取，自己觉得先进，其实所作所为甚至落后于一般群众。造成这种状态的原因主要是不能正确估价自己，存在骄傲自满。作为一名党员干部，在任何时候都不能放松对自身的要求，要自觉克服自满心理，始终以昂扬的斗志、永不懈怠的作风、拼搏进取的精神投身工作，改造自我，努力做到在思想上先人一步，工作上身体力行，作风上率先垂范，充分发挥党员干部的先锋模范作用。二要克服攀比心理。雷锋同志说过：在工作上，要向积极性最高的同志看齐，在生活上，要向水平最低的同志看齐。党员干部要在平时工作上、事业上争先创优，不能在个人生活待遇上进行攀比，不能盲目与社会上的工商界企业界人士比赚多少钱、有多少房产，生活奢侈程度，等等，这种攀比只能比出贪欲、比出腐败。盲目攀比就会造成心理失衡，引起观念变化，溃决思想大堤。三要克服贪占心理。欲望是人的一种本能，党员干部也不例外。但是，无休止的贪欲是一切腐败之源，追求私欲的满足是腐败行为的原动力。这些年来，落马的腐败分子都有不同程度的贪占心理，当金钱和物质摆在他们面前的时候，当方便条件具备了的时候，这些人的贪欲就会占上风，就会见钱眼开，见利忘义，贪得无厌，巧取豪夺。党员干部要坚持为政清廉，必须从主观上克服贪占心理。四要克服侥幸心理。许多腐败分子被绳之以法后都有这样相同的忏悔。总认为自己做事一向比较精明，“天知、地知、你知、我知”，别人不会知道，给人做了事，收点钱是不会败露的。但最终所有丑行都一一昭然于世。原因何在？这就是侥幸心理的存在，殊不知，要想人不知，除非己莫为。侥幸心理虽然能够使人在某一件事情上蒙混过关，带来一时的“心理满足”，但绝不可能给人带来永久的安宁和幸福。

（三）要处理好三个关系

党员干部要处理好权力与责任、做官与做事、自律与他律的关系。一要处理好权力与责任的关系。《中庸》说：“地位在上，不凌辱下。”党员干部的权力是人民赋予的，地位和职务只是我们脚下的台阶，并非自己的高度，党员干部必须对人民负责。权力就是责任，有一份权力就有一份责任，权力越大，职务越高，责任就越大。党员干部要在任何时候、任何情况下，始终把人民群众拥护不拥护、赞成不赞成、高兴不高兴、答应不答应作为行使权力的出发点和落脚点。二要处理好做官与做事的关系。能不能处理好做官与做事的关系，说到底就是能不能树立正确的政绩观的问题。“当官不为民作主，不如回家卖红薯”，领导就是服务，做官必须做事。党员干部要求真务实，要用心想事、干出实事，要识大体、顾大局。三要处理好自律与他律的关系。这是辩证统一的两个方面，两者相辅相成、相得益彰。北宋史学家司马光每天都早起，怕睡过头，就给自己做了一个圆木枕头，稍微一转动，头就落到木床上，人就惊醒起来，司马光把这枕头叫“警枕”，以此进行自律。“千里之堤，毁于蚁穴”，这说明我们要在点滴小事上要严格自律，无论何时何地，都做到洁身自好。党员干部要规矩“工作圈”，不搞帮帮派派；要净化“生活圈”，预防身边人

“出格”；要纯洁“社交圈”，谨慎交友。党员干部要遵守以党章为根本大法的行为规范。

【专家观点】…………………………………………………………

陈治治：尊崇党章，方得始终

一些党组织和党员干部出这样那样的问题，说到底是不把党章当回事，没一个是照着党章规定去做的。没有谁是天生的腐败分子，“落马”的蜕变者也曾拥有“激情燃烧的岁月”，何以从“好同志”到“阶下囚”，值得每一位党员、干部警醒起来，以“见不善如探汤”的态度反求诸己，避免重蹈覆辙。

从查办的腐败案件、巡视发现的问题、严重违纪违法者的自我忏悔来看，一些党组织和党员干部出这样那样的问题，说到底是不把党章当回事，没一个是照着党章规定去做的，全把学习党章、遵守党章、贯彻党章、维护党章当了耳旁风。有的党组织放弃管党治党的责任和担当，党章党规党纪束之高阁，党内政治生活敷衍了事，组织涣散、纪律松弛，造成党员干部理想信念滑坡、沉溺于私心杂念，一些地方甚至发生窝案串案、成为腐败重灾区。有的党员领导干部党章党规党纪意识严重丧失，变着法子规避组织监督，甚至自命为凌驾于党章和党组织之上的“特殊党员”，大搞封建社会那种“封妻荫子”“一人得道，鸡犬升天”的腐败之道，带头制造“党内潜规则”，经营小山头、小圈子、小团伙。这些问题严重恶化政治生态，管党治党任务依然十分艰巨。

党要管党、从严治党就要尊崇党章，以严明的纪律维护党章，把党章的权威立起来。既然加入了中国共产党，面对党旗宣过誓，就成了有组织的人，就必须受到党章党规党纪的刚性约束，就要在政治上讲忠诚、组织上讲服从、行动上讲纪律。忘记党章就意味着忘本、意味着背叛！如果党的组织、党员连“全党必须遵循的总规矩”都守不住、执行不下去，那么口口声声“在党言党、在党忧党、在党为党”会有人信吗？

不忘初心，方得始终。“中国共产党党员必须全心全意为人民服务”，党的理想信念宗旨就“活”在党章里，自我们党成立之初就从来没有变过。无数革命先烈抛头颅、洒热血，用生命捍卫党的宗旨，靠的就是理想信念。载着我们党这艘航船胜利前行的“水”，就是广大人民群众。应当看到，“四风”是脱离群众危险的集中体现，腐败问题对我们党的伤害最大，如果不及时铲除不良作风和腐败现象滋生蔓延的土壤，“也有可能出现‘霸王别姬’这样的时刻”。

（摘编自人民网－中国共产党新闻网2015年7月28日，作者：陈治治）

朱崇敏：学党章明规矩要把握五个关键

党章是党的根本大法，是全党必须遵循的总规矩；党规党纪是全面从严治党的依据，是全体党员的行为规范。

（一）遵党章讲规矩守纪律，要打牢思想基础

习近平总书记就认真学习党章党规党纪、严守党章党规党纪作出一系列重要论述，把党章党规党纪在全面从严治党中的地位和作用上升到一个新的理论高度。当前，我们党内反腐斗争形势依然严峻，很大程度上就在于违纪违法的党员干部忘记党员身份、党性观念不强、党纪党规意识淡漠。为此，唤醒一些党员干部陷于沉睡的党章党规党纪意识，已成为当务之急。

（二）遵党章讲规矩守纪律，要严守党的纪律

党章党规党纪作为全党必须遵守的规矩，既是衡量党员干部的尺子，更是不可逾越的红线和底线，只有严守党的规矩，心存敬畏、手握戒尺，才能永葆清正廉洁的政治本色，维护党的肌体健康纯洁。一要“忠诚”，严守党的政治纪律；二要“服从”，严守党的组织纪律；三要“自律”，严守党的生活纪律。切实守好“底线”、不碰“红线”，维护好党员干部良好形象。

（三）遵党章讲规矩守纪律，要坚持担当靠前

坚持原则、敢于担当是党的干部必须具备的基本素质，也是当下落实党的规矩的具体体现。在当前执政环境更为复杂的情况下，不但要把纪律挺在前，还要把担当挺在前。一是坚持勇立潮头“敢担当”；二是坚持与时俱进“会担当”；三是坚持克难攻坚“能担当”。要求我们要以“功成不必在我”的境界和“踏石留印、抓铁有痕”的韧劲迎难而上。

（四）遵党章讲规矩守纪律，要强化责任意识

遵党章就要强化为民服务的根本宗旨，作为基层干部，“为官一方、造福一方”，要求我们要做到守土有责、守土履责、守土尽责，切实种好自己的“责任田”，当好落实责任的“领头雁”。一是肩负起经济赶超发展的首要责任；二是肩负起环境可持续发展的主体责任；三是肩负起社会和谐发展的根本责任。作为领导干部就是要从自己做起，牢固树立为民服务的公仆意识，始终秉持为百姓谋福祉、想出路的工作情怀，时刻谨记谨慎用权、尽心干事。

（五）遵党章讲规矩守纪律，要发挥干部带头作用

把遵党章讲规矩守纪律的基本要求贯彻到全体党员，需要发挥“三个层次”的领头作用。一是发挥领导干部带头作用；二是发挥属地街镇骨干作用；三是发挥农村党组织主体作用。要对村居党组织实行分类建设，对村干部实行目标管理考核，整体提升基层党组织规范化建设水平。

（摘编自人民网 2015 年 9 月 25 日，作者：朱崇敏）

秦川：全面从严治党，首在尊崇党章

党要管党，从严治党，一直在提，尤其是党的十八大以来，把全面从严治党提到了前所未有的新高度。党的十八届五中全会又进一步强调，“要坚持全面从严治党、依规治党”“全面提高党依据宪法法律治国理政、依据党内法规管党治党的能力和水平。”究其原因，从严治党，才能保持党的先进性和纯洁性；从严治党，才能增强党的创造力、凝聚力、战斗力；从严治党，也才能治未病，彻底取得反腐成效。

全面从严治党，首在尊崇党章。党章是党的总章程和根本大法，是全党必须共同遵守的根本行为规范和必须遵循的总规矩。新修订的《条例》，把党章对纪律的要求整合成政治纪律、组织纪律、廉洁纪律、群众纪律、工作纪律、生活纪律，为全面从严治党立下了新规，要认真落实和严格执行，把党章权威立起来。

身为党员，尊崇党章，是责任也是义务。将学习党章、遵守党章、贯彻党章、维护党章当成自觉行动，对党员来说是成为合格党员的前提；对一个有着8 700多万党员的政党来说，更是不断乘风破浪取得事业成功的保证。如果连党章都不尊崇，就不可能会是一名合格党员；如果连党章都不放在眼里，就不可能会对党和党的事业忠诚。

尊崇党章，必须学习党章、领会党章。习近平总书记多次强调要认真学习党章。党章对党的性质、宗旨、指导思想、奋斗纲领和重大方针政策作出明确阐述，对党员权利和义务、党的纪律都作出了明确规定。不学习党章，如何能坚定理想信念？不学习党章，心中如何会有规矩纪律？党员领导干部腐化堕落，往往是始自违反党章。因此，每名党员都必须将党章内化于心、外化于行。以党章为思想根基，才不会丧失信念；筑牢信仰防线，才不会被腐化所瓦解。

尊崇党章，必须严格遵守、遵循党章。学习领会党章，就是为了遵守遵循党章。学习不是做样子，也不是学给人看，而应该把它当成必须遵守的根本行为规范。有的党员对党章甚为熟稔，但并未入心，更未把它当成行为规范，而是说一套做一套，当两面人。更有甚者，一些领导干部既不熟悉党章，更敢于背叛党章，最终身败名裂。

尊崇党章，关键还要领导干部这个“关键少数”做好表率。党章不只是针对普通党员的，而是针对全党的。党的各级领导干部特别是高级干部，要带头牢固树立党章意识，真正把党章作为加强党性修养的根本标准，作为指导党的工作、党内活动、党的建设的根本依据，把党章各项规定落实到行动上、落实到各项事业中。凡是党章规定党员必须做到的，领导干部要首先做到；凡是党章规定党员不能做的，领导干部要带头遵守。换言之，位置越高，越须尊崇党章；领导干部越是发挥带头作用，从严治党就能越好地推进。

只有以党章为准绳，全面从严治党才能始终坚持正确方向；只有严格落实党章，全面从严治党才能取得经得起历史和实践检验的成果。

（摘编自人民网－观点频道 2015 年 11 月 2 日，作者：秦川）

【视野拓展】……………………………………………………

高永中：党章与纪律建设的历史回顾

一大至七大党章——党章中纪律建设的奠基时期

由于受列宁党建学说影响，中国共产党一开始就特别重视纪律建设。1921 年，党的一大通过的第一个纲领中，涉及纪律的内容占有相当比重和突出位置，为党的纪律建设奠定了“纪律立党”的基础。特别是规定了“在党处于秘密状态时，党的重要主张和党员身份应保守秘密”等纪律，对保证党组织的生存和发展起到了重要作用。

一大党章确定的党的纪律基本要求，在二大党章中有了进一步的发展。二大党章坚持列宁建党思想，强调中国共产党是无产阶级有严密组织和严格纪律的队伍，首次将“纪律”单独成章，并提出了9条纪律要求，涉及组织纪律、宣传纪律、党员从业纪律等，使党的纪律建设有了实质性内容和进展。

二大党章把纪律专列一章的做法，被三大、四大党章修正案所继承，而且在内容和文字规模上也大体保持了一致。五大党章明确规定党组织的“指导原则为民主集中制”，此后历届党代会通过的党章都突出强调了这一组织纪律原则，并不断加以补充、发展和完善。五大党章还首次以专章规定设立监察机关并赋予了监察机关很高的地位，明确提出中央及省监委会成立的目的是“巩固党的一致及权威”。这些都是“纪律立党”精神的充分体现。

关于党的纪律的规定，1928 年六大通过的党章基本上沿用了五大党章的内容。其亮点在于突出强调“严格的遵守党纪为所有党员及各级党部之最高责任”，明确了执行民主集中制的操作性规则，对于纠正党内家长制和极端民主化两种倾向、加强组织纪律建设影响深远。七大党章首次把“四个服从”即“党员个人服从所属党组织，少数服从多数，下级组织服从上级组织，部分组织统一服从中央”，作为党的组织纪律予以确立，对扩大党内民主和实行集中统一领导作了详细规定。七大党章首次把纪律作为党的组织基础写入总纲，确立了纪律建设“惩前毖后、治病救人”的正确方针，对于正确执行党内纪律，保护党员正当权利有重要意义。七大党章重新规定设立监察机关，并明确其“在党委指导下工作”，对后来确立纪律检查机关双重领导体制具有重要影响。

八大至十一大党章——党章中纪律建设的曲折探索时期

新中国成立后，党章中的纪律建设也经历一个曲折探索的过程。有两个重要因素使党对纪律的认识有了进一步的深化：一个是党执政后，有些党员干部经不起糖衣炮弹的侵袭，逐步腐化变质；另一个是新中国成立后不久，党内发生了高岗、饶漱石事件。这两个因素使党认识到，必须加强党的纪律，以维护党的纯洁性和团结统一。

1956 年党的八大通过的新党章首次将民主集中制表述为“在民主基础上的集中和在集中指导下的民主”，强调任何党的组织都必须严格遵守集体领导和个人负责相结合的原则，任何党员和党的组织都必须受到党自上而下和自下而上的监督。这反映出新型执政党加强自身建设的政治自觉和政治清醒，对于加强纪律建设具有重要的保障作用。同时，八大党章确立了延续至今的纪律处分体系：警告、严重警告、撤销党内职务、留党察看和开除党籍，并对党的执纪机构作出新规定，纪律检查机关双重领导体制得到确认。遗憾的是，由于当时党对全面建设社会主义的任务准备不足、缺乏经验，对执政党建设的艰巨性和复杂性缺乏深刻认识和足够重视等原因，八大党章并没有得到全面贯彻执行。特别是八大党章有关发展党内民主和加强集体领导、反对个人崇拜的好规定、好办法，在党的建设和国家政治生活中没有得到很好贯彻，以至于发展到 20 世纪 50 年代末、60 年代，党内政治生活出现不正常现象，随后又发生了“文化大革命”十年动乱，这是一个非常深刻的教训。

“文化大革命”的爆发，使党的各级组织普遍受到冲击并陷于瘫痪，这些消极影响在党章有充分反映。1969 年党的九大通过的党章废除了八大党章有关党纪的许多正确规定，既没有“纪律”专章，又取消了监察委员会，党员纪律处分基于什么纪律、遵循什么程序都缺乏明确界定。这给一些投机分子以可乘之机，导致绝大多数党员的正当权益不仅得不到保障，反而遭到不同程度的践踏。十大党章仅有个别词句表述上的调整，基本上延续了九大党章关于“文化大革命”的“左”倾错误规定，某些方面的错误甚至还有所发展。

粉碎“四人帮”后，亟须清除“文化大革命”给党和国家造成的严重后果及影响，重建党组织的正常秩序。在这一背景下，十一大党章在总纲中增写了坚持民主集中制的内容，强调党员要严格遵守党的纪律、维护党的集中统一，提出“不为个人或少数人谋取私利”和

“遵守党纪国法，严守党和国家的机密”等纪律要求。十一大党章要求设立纪律检查委员会，规定“各级纪律检查委员会由同级党的委员会选举产生，并在同级党委的领导下，加强对党员的纪律教育，负责检查党员和党员干部执行纪律的情况，同各种违反党的纪律的行为作斗争”，这为恢复重建纪律检查机关提供了根本依据。

十二大至十八大党章——党章中纪律建设的稳定发展时期

1978年12月，十一届三中全会胜利召开，再次实现了党的历史性转折，党章中的纪律建设也迎来了稳定发展时期。十二大党章在纪律建设方面取得了巨大进步，对党员干部在思想上、政治上和组织上的要求比过去历次党章的规定都更加严格，更全面具体地规定了民主集中制的六条基本原则，把纪律要求纳入党员必须履行的八项义务，明确了纪律处分的类型和程序，并首次对纪律执行程序作了必须按照组织程序履行审批手续的规定。十二大党章对党的纪律检查委员会的产生方式、纪检领导体制和工作机制等作出重大调整，规定了各级纪委的“三项主要任务”（维护党的章程和其他重要的规章制度，协助党的委员会整顿党风，检查党的路线、方针、政策和决议的执行情况）和“三项经常性工作”（经常对党员进行遵守纪律的教育，作出关于维护党纪的决定；检查和处理党的组织和党员违反党章党纪和国家法律法令的比较重要或复杂的案件，决定或取消对这些案件中的党员的处分；受理党员的控告和申诉）。邓小平同志曾评价：“这些条文写得很好，提高了他们的地位，这样他们就可以发挥更大的作用。”

以党的十二大为标志，中国进入全面改革开放新时期。然后，改革开放新的历史环境对党的建设提出了严峻的考验。针对党内不断滋长的种种危险的消极腐败现象，十三大党章提出要更加重视制度建设和发展党内民主，使党的建设更加适应我国改革开放的新形势和全面开创社会主义现代化建设新局面的要求。特别是首次明确规定党组织讨论决定重要问题要进行表决，并将这一规定作为党的组织纪律的重要内容，这是加强党的制度建设和发展党内民主，改进党的领导方式和执政方式的体现。

1992 年，随着邓小平同志南方谈话的发表，党和国家的历史掀开非同寻常的一页。十四大党章首次把“从严治党”写进党章，标志着我们党正式将其作为管党治党、严明党纪的总遵循和根本原则。十四大以后，党的纪律建设进入了稳定发展和局部调整期，党章中关于党的纪律的相关规定与论述基本稳定下来，之后的历次修改只是做了一些局部内容调整。

党的十四大以后，中国确立社会主义市场经济体制改革目标，党的建设和党章也随之进入新的平稳发展时期。这一特点在十五大、十六大、十七大、十八大党章关于党的纪律条文中有比较清楚的反映。十五大党章延续了十四大党章对党的纪律和党的纪律检查机关的规定，这表明，历经革命、建设和改革开放的洗礼，站在新世纪门槛上的中国共产党找到了党内监督“既有组织，又有纪律”的正确道路。十六大党章突出强调“依法治国”和强化法制意识，提出完善党内监督制度，丰富了纪律检查工作的内涵。十六大党章在“党的纪律检查机关”部分增添了两个重要内容：一是在各级纪委的主要任务中，增加了“协助党委组织协调反腐败工作”的内容，这是党面对严峻的反腐败形势，在党章中首次明确党委对反腐败工作的主体责任和纪委在反腐败工作中所应承担的组织协调任务。二是在纪委的经常性工作中，增加了“对党员领导干部行使权力进行监督和保障党员权利”的内容。十六大将十五大以来党在自身建设方面的成功经验写入党章，拓展了纪检机关的“法定权责”，有利于提高纪律建设的主体意识、责任意识。十七大党章将惩治和预防腐败体系建设作为党的建设的重要内容和纪律建设的重要载体，在总纲中新增了相关内容，并第一次写入了“标本兼治、综合治理、惩防并举、注重预防”的党风廉政建设十六字方针，这是对党风廉政建设实践经验的科学总结和充分肯定。十七大还把党务公开、党代会任期制、巡视等加强监督方面的重大制度和措施写入党章，以进一步保证党的纪律在党的各级组织中得到有效执行。十八大党章未对“党的纪律”“党的纪律检查机关”两章作出修改，但对总纲和其他章节的修改体现了党要管党、从严治党的要求。十八大党章在总纲部分强调要加强党的执政能力建设、先进性和纯洁性建设，整体推进党的思想建设、组织建设、作风建设、反腐倡廉建设、制度建设，全面提高党的建设科学化水平；在党的干部部分增写了干部选拔监督的内容和领导干部必须具备的基本条件等内容，强调党员领导干部要讲党性、重品行、作表率。十八大党章充实完善纪律建设相关内容，有利于促进全党特别是党的各级领导干部在严格遵守党的纪律方面发挥表率作用。

回溯党章与纪律建设的历史，可以深刻感受到，严明的纪律和规矩是我们党的基本特性和宝贵品质。我们党从小到大、从弱到强、从革命到建设到改革，正是靠着严明的纪律和规矩一路胜利走来。当前，改革发展稳定任务之重、矛盾风险挑战之多、从严治党治国治军力度之大，可谓前所未有。办好中国的事情关键在党。党要管党、从严治党就要尊崇党章，唤醒党章党规意识，以严明的纪律维护党章，把党章的权威立起来，把纪律和规矩挺在前面。

（摘编自中国共产党新闻网 2015 年 7 月 28 日，作者：高永中）

第四章

党员干部必须牢固树立党章意识

习近平总书记在第十八届中央纪律检查委员会第二次全体会议上强调一个党员应如何树立党章意识。习近平总书记指出，“每一个共产党员特别是领导干部都要牢固树立党章意识，自觉用党章规范自己的一言一行，在任何情况下都要做到政治信仰不变、政治立场不移、政治方向不偏。不论担任何种职务、从事何种工作，首先要明白自己是一名在党旗下宣过誓的共产党员，要用入党誓词约束自己。”作为一名共产党员，要深刻认识到党章意识的重要性，要解决好突出的问题，要内化于心，外践于行。

【问题点击】

唤醒"沉睡"的党章意识

"入党30多年了，除了入党的时候学过党章，这些年基本上没怎么看过党章，党章里的很多东西已经记不清了。"一名有着30多年党龄的基层干部坦言。

2015年7月20日至8月18日，浙江省委组织五期省管党员领导干部进行党章党规党纪专题集中轮训。"来参加轮训前，还觉得专门为了学党章开个培训班，是不是小题大做？通过学习才认识到，唤醒党章意识的确非常必要，我们这些学员在交流中普遍感觉到，入党这些年来，对党章党规党纪的重温、学习不够系统、连续，导致不少人在工作中往往忘记了党章的存在，有的党员干部就是因为党章党规党纪意识淡漠，才会肆意妄为，犯下大错。"一名学员感慨。

在培训班上，浙江省委常委、纪委书记任泽民指出，"在学习贯彻党章党规党纪方面，个别党员干部确实是'睡着了'，一些没'睡着的'党员干部也是在'半梦半醒'之间。所以，王岐山同志强调要'唤醒'党章党规意识，'唤醒'二字，非常形象，很有针对性。作为党员领导干部，不仅要在入党培训时学习党章党规党纪，同时还要坚持问题导向，坚持学思践悟，时时刻刻自觉用党章党规党纪约束自己的言行举止。"

通过轮训的方式，有助于党员干部进一步加深对党章党规党纪的认识，加强讲纪律守规矩的意识，将"沉睡者"唤醒，让办事依照党章党规、解决问题依据党章党规、化解矛盾依靠党章党规成为党员干部的自觉行动。

在当前，党的意识、党章意识、党员意识、党规党纪意识淡薄，在一些基层党组织和党员干部身上普遍存在。对党章党规党纪缺乏起码的敬畏之心，才会成为“自由落体”，滑到哪儿是哪儿，最终难逃党纪国法惩处。唤醒党章意识，抓住了根本的根本，就是要让党员干部牢记自己的党员身份，时刻用党章党规党纪来严格要求自己，时刻感觉到“紧箍咒”的威力，才会有所戒惧，守住廉洁自律的底线。

（摘编自人民网－《人民日报》2015 年 9 月 6 日，作者：姜洁）

【深度阐释】

一、深刻认识树立党章意识的极端重要性

（一）全面从严治党，必须唤醒党章意识

党的十八大以来，把全面从严治党提到了前所未有的新高度。党的十八届五中全会又进一步强调，“要坚持全面从严治党、依规治党”“全面提高党依据宪法法律治国理政、依据党内法规管党治党的能力和水平。”党章是管党治党的根本大法、总规矩，是全面从严治党的根本依据。唤醒党章意识，对每一名党员来说，才能够坚守党员本分，履行党员的责任；对每一级党组织来说，才能发挥组织作用，履行应尽职责。党章意识是每个党员都应具有的一种自觉意识，共产党的党章意识是建立在对党章的高度尊崇和自觉践行的基础上，是对党员责任和义务的感知、认同、遵从及理解的综合表现。唤醒党章意识是对每一名共产党员的基本要求，更是全面从严治党的具体表现。

全面从严治党必须加强党的制度建设，如何使党员干部在贪污腐败面前望而生畏，不敢越雷池一步，从主观的角度来讲，都必须要唤醒党员的党章意识，让党员干部心中有戒，使每一名党员干部在心生邪念时油然而生敬畏，断了弄权贪腐的念想。许多违纪违法的党员干部在忏悔时，无不谈到自己忘记党员身份、党性观念不强、党纪党规

意识淡漠。这些人走上歧路就是从党章意识沉睡开始的，唤醒一些党员干部陷于沉睡的党章意识，已成为当务之急，这也正是全面从严治党的现实需要。只有从党章意识上加强党员干部的管理，才是真正意义上的全面从严治党。

在全面从严治党的时代背景下，唤醒党章意识就是要让党员干部做到心中有党、心中有民、心中有责、心中有戒。唤醒党章党规意识，各级党组织责无旁贷；全面从严治党，要求我们必须不断强化党风廉政建设主体责任和监督责任，层层传导压力，逐级落地生根，积小成为大成，真正形成全面从严治党新常态。我党从无到有，从小到大，从弱到强，都是因为我们共产党人心中有党章，遵守和贯彻党章，牢固树立党章意识，才取得革命、建设、改革的一个又一个胜利。在新的历史阶段，要通过唤醒党章意识，全面加强党的政治、思想、组织、作风、纪律、制度建设，使每一名党员牢记党的性质和宗旨，全心全意为人民服务，提高党的先进性和纯洁性；要通过唤醒党章意识，维护和加强党章的权威性，以党章为根本依据建立健全党内制度体系，以党章为基本标准来判断各级党组织和党员干部的事业心和责任感，以党章为根本规则解决党内问题，剔除党内的毒瘤，增强党的免疫力、创造力、凝聚力、战斗力等能力建设。唤醒党章意识，引导党章意识内化于心、外化于行，推动全面从严治党要求落到实处。全面从严治党，只有以党章为准绳，才能始终坚持正确方向；全面从严治党，只有唤醒党章意识，才能取得经得起历史和实践检验的成果。

（二）加强党的建设，必须树立党章意识

当前，党内存在不少不适应新形势新任务的要求、不符合党的性质和宗旨的问题，比如，一些党员干部忽视党的创新理论学习、学而不用，忽视理论武装头脑，理想信念动摇，缺乏精神之“钙”，对马克思主义信仰不坚定，对中国特色社会主义事业缺乏信心；一些党组织不落实贯彻民主集中制，对中央决策部署执行不彻底，对党员民主权利保障落实不到位，部分党员干部法治意识、纪律观念淡薄；一些领导班子整体作用发挥不够，推动科学发展、处理复杂问题能力不强，一些地方和部门选人用人公信度不高，跑官要官、买官卖官等问题屡禁不止；一些基层党组织战斗堡垒作用不强，有的软弱涣散，有的领域党组织覆盖面不广，党章意识淡化、先锋模范作用不明显；有些领导干部宗旨意识淡薄，脱离群众、脱离实际，不讲原则、不负责任，言行不一、弄虚作假，铺张浪费、奢靡享乐，个人主义突出，形式主义、官僚主义严重；一些领导干部特别是高中级干部中发生的腐败案件影响恶劣，一些领域腐败现象易发多发，腐败呈现塌方式，等等。这些问题严重损害党同人民群众的血肉联系，严重影响党的执政地位巩固和执政使命实现，都是制约和阻碍党的建设的因素，这些问题的出现归根到底都是党员干部党章意识淡化、弱化、退化，解决这些问题的关键就是要每一名党员树立党章意识，强化法治意识、纪律观念，强化党性宗旨意识，强化责任义务、先锋模范意识。要全体党员树立党章意识，居安思危，增强忧患意识，常怀忧党之心，恪守党员职责，勇于变革、勇于创新，永不僵化、永不停滞，继续推进党的建设新的伟大工程，确保党在世界形势深刻变化的历史进程中始终走在时代前列；要立党为公、执政为民，保持党同人民群众的血肉联系，确保党在应对国内外各种风险和考验的历史进程中始终成为全国人民的主心骨；要坚持党要管党、从严治党，提高管党治党水平，加强党管干部的能力，确保党在发展中国特色社会主义的历史进程中始终成为坚强的领导核心。全体党员要牢固树立党章意识，从而从根本上加强党的建设，发挥党在“四个全面”建设中的领导作用。

（三）增强党性修养，必须强化党章意识

近几年来，一些腐败案件，特别是腐败窝案的发生，从根本上说是理想信念的动摇，使命意识的弱化，责任意识的忘却，是对党性意识、党章意识的背离。党性意识是比较抽象的，党性意识体现在党章意识上，要增强党性修养，必须强化党章意识。党章意识具有总揽全局的作用，强化全体党员党章意识，从根本上解决理想信念、使命意识、责任意识的问题，这些问题都包含在党章意识之中。每一名党员要以党章为镜，对照党章，整治思想，强化党章意识，用党章指导实践，用党章意识指引行动。在新的历史条件下，党员只有切实增强党章意识，自觉加强党性修养，切实按照党章的要求去做，才能在全面建成小康社会过程中充分发挥先锋模范作用，从而始终保持党的先进性和纯洁性，增强党性修养。党员干部特别是领导干部要自觉学习党章、遵守党章、贯彻党章、维护党章，自觉加强党性修养，增强党的意识、宗旨意识、执政意识、大局意识、责任意识，切实做到为党分忧、为国尽责、为民奉献。

党章是党员加强党性修养的根本标准。党章对党的基本知识作出了系统阐述，对党员的权利和义务、党员干部应该具备的基本条件、党的纪律等作出明确规范，为广大党员、干部进行自我教育、自我提高提供了最好的教材。增强党性修养，必须强化党章意识。树立党章意识，真正把党章作为加强党性修养的根本标准，作为指导党的工作、党内活动、党的建设的根本依据，把党章各项规定落实到行动上、落实到各项事业中。

二、树立党章意识需要解决的突出问题

（一）切实在强化党性修养上认真做好

党性修养是一名党员干部世界观、人生观、价值观的综合体现。加强党性修养，要做到“三个真补”：一是真补精神上的“钙”。理想信念是共产党人精神上的“钙”，有了坚定的理想信念，就有了灵魂、方向。“补钙”最好的办法就是加强党的创新理论武装，学习中国特色社会主义理论体系，把握精髓要义，找到内在联系，感悟指导价值，真正在进入思想、进入工作、指导实践上下功夫，切实坚定政

治信仰、铸牢精神支柱。二是真补党章的“课”。党章是党的根本大法，是全党必须遵守的总规矩。各级党员干部要认真学好党章，始终做到“五个不能忘记”：不能忘记自己是一名共产党员，时刻想着自己是党的人；不能忘记入党誓词，时刻想着在党旗下的庄严宣誓；不能忘记党的宗旨，时刻想着为民务实清廉的要求，尽心尽力为基层服务、为群众服务；不能忘记党的奋斗目标和历史任务，时刻想着把本职工作和党的目标任务统一起来；不能忘记党员标准，时刻想着发挥共产党员的先锋模范作用。三是真补实践锤炼的“火”。“一语不能践，万卷徒空虚”，“坐而论道，不如起而行之”。习近平总书记指出：“党内生活是锻炼党性、提高思想觉悟的熔炉。如果炉子长期不生火，或者生了火却没有足够的温度，那是炼不出钢来的。”分析老一辈共产党人为何对党性观念的认识和理解刻骨铭心、根深蒂固，就是因为他们大都经历过艰苦卓绝的革命斗争，经历过战争实践和千锤百炼。党员干部加强党性修养，不仅要通过学习党章认识我们的党，建立党性观念，更要在本职岗位的实践中锤炼党性、提高标准。

（二）切实在强化组织功能上认真做好

党的力量来自组织，组织能使力量倍增。强化组织功能要做到“四管”：一是组织敢管。党组织功能的实现、作用的发挥靠有效管理，这种管理体现在组织对组织、组织对个人两个方面。思想汇报、民主生活、民主评议，都是组织管理监督的有效形式和组织制度，只有把这些制度落到实处、把这些“武器”运用好，纪律才会真正成为带电的“高压线”。二是领导严管。领导严格管理既是组织的纪律要求，也是职责所系；严格管理既是对部属关心负责的表现，也是讲党性讲原则的表现。严格管理不仅要严在工作中，还要严在生活中；不仅严在大是大非问题上，还要严在细小养成上。通过严之又严、细之又细的管理监督，确保党员干部违不了纪、犯不了错。三是同志互管。党员干部相互管理监督既体现了高度的党性觉悟，也反映了真挚的同志感情。陈毅元帅在他的《六十三岁生日述怀》中说：“难得是诤友，当面敢批评；有时不能忍，猝然发雷霆；继思不太妥，道歉亲上门；于是又合作，相谅心气平。”这才是真正的革命友谊、真正的关心爱护。四是个人服管。个人服从组织，是党的组织纪律的一项重要内容，也是衡量一个党员干部组织纪律观念强不强的试金石。各级党员干部要正确地认识到，组织严格管理是对个人成长进步、家庭幸福的负责，管得越严，对自己的成长进步就越有利，要自觉把组织监督管理作为“护身符”，主动接受组织管理、坚决服从组织管理。

（三）切实在强化制度落实上认真做好

列宁曾说，有了规矩如果不遵守，比没有规矩还要坏。有了纪律，就要严格执行，违反了就要严惩。反思党的建设、国家建设中一些顽疾为何总是屡禁不止、难以根治？说到底，还是制度没有很好落实。各级党员干部，既要带领党员抓好制度落实，更要自觉用制度规范自身言行。一要心存敬畏。古人说，“凡善怕者，必身有所正，言有所规，行有所止”。党员干部敬畏法规制度，体现政治信仰，体现工作作风，体现道德情操。历史和现实的经验教训一再启示我们，敬畏法纪者，一定会受到法纪的保护；藐视法纪者，必将受到应有的惩罚。要保持对法规制度的敬畏感，遵章办事，谨慎用权，凡是纪律不允许的事，无论如何都不要去办。二要心有法度。知是行之始，行是知之成。只有了解党的纪律，熟悉党的纪律，牢记党的纪律，才能真正落实好纪律要求，做一名严守党纪的合格党员。各级党员干部要不断加强党纪党规的学习，使党的纪律始终装在心里，印记脑中，时刻记住哪些是不可触碰的“雷区”、哪些是不可逾越的“红线”，哪些事该做，哪些事不该做。三要心怀戒律。如果说“不学法不懂法”是一些违法犯罪人员的托词的话，那么，“不把法纪当回事”才是他们最真实的想法。有一个贪腐分子落马后给自己算了七笔账：政治账自毁前程，经济账倾家荡产，名誉账身败名裂，家庭账妻离子散，友情账众叛亲离，自由账身陷牢笼，健康账身心交瘁。这几笔账令人警醒、发人深思。各级党员干部要念念不忘，纪律面前人人平等、没有例外，做到慎欲、慎微、慎独、慎初，时时处处按照党的规定办事，努力争做讲党性、守党规、严党纪的模范。

三、树立党章意识重在行动

（一）树立党章意识重在服务“四个全面”

党的十八大以来，以习近平同志为总书记的党中央，深刻地总结了我党治国理政的经验，扩展了理论视野和实践领域，创造性地提出了“四个全面”战略思想。在四个全面战略布局中，“全面从严治党”处于关键地位，全面建成小康社会、全面深化改革、全面依法治国，都必须坚持党的绝对领导，党在新形势下要进一步引领全国各族人民实现中华民族的伟大复兴，进一步坚持党要管党、从严治党。

党员干部树立党章意识，要落实到协调推进和完成“四个全面”战略布局的行动上来，内化于心、外践于行。全面建成小康社会具有重大的现实意义和深远的历史意义，是居于引领地位的战略目标；全面深化改革处于关键部位，是决定实现“两个一百年”奋斗目标、实现中华民族伟大复兴的关键；全面依法治国是确保党和国家长治久安的重要基石；全面从严治党是锻造中国特色社会主义事业坚强领导核心的必然要求，是全面建成小康社会、全面深化改革、全面依法治国，实现中华民族伟大复兴中国梦的根本保证。中国共产党是中国特色社会主义事业的领导核心，是建设国家实现复兴的领路人，坚持从严治党，才更有能力有力量解决国家的事情，带领全国各族人民团结奋斗，没有共产党就没有我们社会主义的全面小康，就没有全面深化改革的动力，就没法全面推进依法治国。党员干部要牢固树立党章意识，学党章，强党性，严党纪，守党规，用实际行动服务好“四个全面”的战略布局，做一名新形势下的合格党员。

（二）树立党章意识重在践行“三严三实”

习近平同志强调，党员干部特别是领导干部要“时时铭记、事事坚持、处处上心，以严和实的精神做好各项工作”。“三严三实”教育是加强党的思想政治建设和作风建设的重要举措，是我们党祛歪风、聚正气的一项常态化工作。全体党员要以党章为参照修身做人，以党章为准绳用权律己，以党章为标尺谋事创业，以党章为引领身体力行，树立党章意识，要全面从严治党，自觉践行“三严三实”要求，认真学习党章，严格遵守党纪，切实强化党性，自觉在党章的指导下行动。

对照“三严三实”要求，增强严守党的政治纪律和政治规矩的自觉性、坚定性，对照党章规定，增强践行“三严三实”的政治自觉、思想自觉和行动自觉。无规矩不成方圆，无践行必为空谈，树立党章意识，践行“三严三实”要常态化。牢固树立党章意识，自觉遵守党章、严格执行党章、坚决维护党章，要时时、事事、处处对照党章和党规党纪，用党章来审视、检查、修正自己，站稳政治立场，强化政治定力，加强作风建设，坚定理想信念，始终与党同心同德、同心同向、同心同行；牢固树立党章意识，党员干部带头依法办事、遵规守纪、公道处事、廉洁自律，管得住小事、守得住清贫，耐得住寂寞、抗得住诱惑，顶得住歪理、经得住考验，牢牢守住党纪的底线、规矩的底线、法律的底线、行为的底线和道德的底线；牢固树立党章意识，对照“三严三实”要求，始终把人民群众的利益放在最高位置，强化党员责任，做到做事有责、处事负责、事事尽责，真心实意为人民群众办实事、解难事、做好事，着力办好民生实事，努力尽好党员义务。

（三）树立党章意识重在立足本职岗位

“一个党员一面旗。”党员干部要积极学习党章，树立党章意识，自觉在本职岗位上践行党员先进性要求、发挥模范作用。党的先进性是由许许多多的党员先进性构成的。习近平总书记指出：党的先进性和纯洁性要靠千千万万党员的先进性和纯洁性来体现，党的执政使命要靠千千万万党员卓有成效的工作来完成。

每一名党员在本职岗位上，都有义务按照党章的要求，不断加强自身的党性修养，创造性地开展工作，在全面建成小康社会中充分发挥先锋模范作用。要自觉按照党章行动，在本职岗位上践行“三严三实”，保持与人民群众的血肉联系，立足于本职岗位，办实事，办好事，创造出一流业绩，为党的先进性建设贡献自己的一份力量。每一名党员在本职岗位上，要以“踏石留印、抓铁有痕”的精神，奋发有为、开拓进取的工作作风，以强烈的事业心和责任感，将党章要求、党章意识转化为本职工作的内在追求。每一名党员在本职岗位上，要严守党章纪律，要立身不忘做人之本，为政不忘公仆之心，用权不谋一己之私，在群众工作上要“为群众办好事、让群众好办事”，在本职岗位上彰显共产党人的先进性。每一名党员在本职岗位上，要牢固树立党章意识，培养良好的职业精神和职业道德，钻研理论和业务知识，不断提高工作能力和综合素质，在本职岗位上建功立业。

【专家观点】……………………………………………………………

陈徽军：进一步树牢党章党规意识

“七一”前夕，习近平总书记在中共中央政治局第二十四次集体学习时指出，要强化法规制度意识，在全党开展法规制度宣传教育，引导广大党员干部牢固树立法治意识、制度意识、纪律意识，形成尊崇制度、遵守制度、捍卫制度的良好氛围

“没有规矩，不成方圆。”对党员干部来说，强化法规制度意识，重要的是进一步树牢党章党规意识。党章是党的总章程，是党的根本大法，是全党必须遵循的总规矩。《中国共产党章程》集中体现了党的性质和宗旨、党的理论和路线方针政策、党的重要主张，规定了党的重要制度和体制机制，是全党必须遵守的根本行为规范。自觉学习

党章、遵守党章、贯彻党章、维护党章，既是党员不容推辞的义务，也是加强党性修养、成为合格共产党员的根本途径。

在没有入党之前，学习党章、了解党章，是成为共产党员的前提条件。但是，如果把这种学习当成一时的“突击任务”，当成加入党的队伍的“敲门工作”，入党之后便放弃学习或者放松学习党章，那就错了。习近平总书记强调：“要把党章学习教育作为经常性工作来抓，通过日常学习、专题培训等形式，组织党员学习党章。”“要把检查学习和遵守党章情况作为组织生活会、民主生活会的重要内容。通过学习教育，使全党同志对党章内化于心、外化于行。”这就告诉我们，对党章不但要勤于学习、反复学习，而且要善于学习、深入学习。当前，要把学习党章同学习党的十八大精神紧密结合起来，同学习习近平总书记系列重要讲话精神紧密结合起来，同“三严三实”专题教育整顿紧密结合起来，深刻理解党章关于党的建设总体要求和关于党员、党的基层组织、党的干部的要求，坚持用党章对照、检查、指导党的建设各项工作。

通过真学，达到真懂、真信、真用，把党章各项规定落实到行动上、落实到各项工作中，是理论联系实际的要求，是言行一致的表现。党章提出：“党的最高理想和最终目标是实现共产主义。”党章要求：“中国共产党党员必须全心全意为人民服务，不惜牺牲个人的一切，为实现共产主义奋斗终身。”党章规定：“吃苦在前，享受在后，克己奉公，多做贡献。”“对党忠诚老实，言行一致”……一个共产党员，只有按照党章规范自己的行为，坚定理想信念，牢记党的宗旨，增强党员意识，模范履行党员义务，正确行使党员权利，自觉遵守党的纪律规矩，才能真正从思想到行动都成为一名名副其实的共产党员，才能不负共产党员的光荣称号。

（摘编自人民网－军事2015年7月2日，作者：陈徽军）

姚桓：唤醒党章意识，用好“护党之宝”

为什么强调“唤醒党章意识”？由于种种原因，党内存在着党章党规意识弱化的现象。少数党员、干部包括领导干部，轻视、无视党章规定，心中只有主观意志和个人；在少数组织中，对党章党规执行不力，对违反党章党规要求的行为，没有及时制止、纠正，长此以往，一些人对明显违背党章要求的现象也无动于衷、麻木不仁、见怪不怪、习以为常了。前些年不正之风的蔓延、腐败的滋长，很大程度上是纪律松弛造成的，从根本上讲，是与党章党规执行不力，从严治党没有落实有关。

唤醒党章党规意识，教育和学习是基础，因为思想是先导，为行动导航引路。要通过理论分析、总结经验、释疑解惑使党员、干部从根本上了解党章党规的价值取向、精神实质；对一些重要要求不仅知其然，而且知其所以然；懂得为什么必须执行党章党规要求，违背党章党规的后果是什么。在组织的教育、帮助下，个人不断努力，按照党章规定的八项义务去做，是完全可以达到党员标准，成为合格的、优秀的共产党员的。解决了这些基本问题，就会对党章党规在道理上认同，在感情上敬畏。这种认同和敬畏是觉悟的表现，实质是对党和人民事业的忠诚，是对党员干部责任的担当，是严以律己的高度自觉性。有了认同和敬畏，党章意识就会内化于心，外化于行。

唤醒党章党规意识，需要抓住执行力这个重要环节。为什么少数人缺乏党章党规意识，除了认识不到位以外，也与他们在生活中的消极体验有关。必须解决一些党组织在执行党章党规方面“不作为”的情况。需要明确，党委在维护党章、执行党章方面负主体责任，纪委负监督责任。要经常对执行党章党规情况进行检查，达不到的要提高，背离的要纠正，对违反党章规定的各种行为，及时查处，依照情况，严肃处理，使党员干部懂得，党章党规的规定是刚性的，是不可触动的带电的“高压线”。

唤醒党章党规意识，要抓好领导干部这个“关键的少数”，发挥领导干部的榜样作用。党章党规的每一项要求都是普适的，党内任何人都要遵守，领导干部位高权重，影响大，他们带头践行党章党规，能够发挥很好的表率作用，反之，如果个别领导干部违背党章要求而不能及时纠正，起的破坏作用大。要严格执行在党章党规党纪面前人人平等的原则，对于少数领导干部违背党章党规的行为，绝不姑息迁就。

上述三方面，即是教育引导、纪律约束和榜样示范，三个方面同向发力、密切配合，就是把内在的自觉性和外在的约束性相结合，就能够唤醒党章意识，进一步强化党章意识。

（摘编自人民网－理论频道2015年7月21日，作者：姚桓）

闫鸣：锤炼严实作风必须唤醒党章意识

锤炼严实作风，党员干部必须用心学习党章，结合党章思考。党章的形成与修改完善过程，从一个侧面反映了近百年来中华民族在中国共产党引领下逐步走向复兴的奋斗历程，见证了中国共产党赢得民心、发展壮大的成功之路。党章就是一部党的历史，而忘记历史就等于背叛。用心学习党章，是对党忠诚的具体体现；结合党章进行历史的回放和思考，才能深刻认识“三严三实”的现实意义，找准党员的角色定位，认清形势与任务，切实增强践行“三严三实”的紧迫感。

锤炼严实作风，党员干部必须把自己摆进去，时常拿出党章对照。党章是全党必须遵循的总规矩，也是党员干部行为的标尺、正己的镜子。“严以修身、严以用权、严以律己”，党章就是一把刻着“严”字的标尺，为党员干部画出了规矩方圆。“谋事要实、创业要实、做人要实”，只有时常在党章这面镜子前照一照，才能清楚自己的面貌和成色。党的十八大以来查处的大量违纪违法案件表明，党员干部“破法”必自“破纪”始，守不住党章底线，就没有安全可言。党员干部要坚持问题导向，对照党章、联系实际，着力发现和解决自身“不严不实”问题；更要把“三严三实”融入经常性学习教育，作为自己干事创业的基本遵循。

锤炼严实作风，党员干部必须动真格、见真章，时刻按照党章去做。落马贪官在忏悔录中，常会追忆面对党旗宣誓、立志“为共产主义奋斗终身”的那段“激情燃烧的岁月”，常会为言行不符、背离初心而悔恨不已。须知，“知是行之始，行是知之成；知而不行，只是未知”。对于党员干部来说，哪些事该做、不该做，在党章里不难找出标准，能不能说到做到、立行立改，才是真正的考验。如果把党章束之高阁、将“三严三实”当作空口号，结果不仅会贻害自身，更会损害党的事业与形象，害莫大焉！

锤炼严实作风不是一阵风，而是党员干部一辈子的功课。作风建设没有捷径、没有终点，党员干部只有通过认真学思践悟，唤醒党章意识，才能保持足够的恒心与耐力，在充满机遇和挑战的路上奋勇前行。

（摘编自人民网－中国共产党新闻网2015年6月9日，作者：闫鸣）

【视野拓展】

陈坚：党章与“三严三实”的关系辨析

没有规矩，不成方圆。党章是党的总章程，集中体现了党的性质和宗旨，党的理论、路线方针和政策以及党的重要主张，规定了党的重要制度和体制机制，是全党必须共同遵守的根本行为规范。

“三严三实”是党员干部的修身之本、为政之道、成事之要，是党员干部做人、做事、为官的基本规范，是加强党的作风建设的重要遵循。两者在逻辑上具有同一性，其基本精神与内在要求是一致的，前者坚持了从严从实的基本要求，后者体现了党章的基本精神，两者相得益彰。严，主要体现于其规范性与原则性；实，主要体现于其科学性与实践性。严与实是马克思主义政党建设的基本原则和本质要求，是一个政党从弱小到强大、从幼稚到成熟的重要条件。作为一个马克思主义执政党，中国共产党有着从严从实的优良政治品格和作风传统。这种品格和传统，无论是在党章的修改过程中，还是在党章的具体条文中，都得以坚持和贯彻。

党章是衡量党是否成熟的一个重要标志。修改党章，是关系一个政党能否顺应时代潮流、把握前进规律的重大问题。以十八大通过的党章修正案为例。十八大前夕，不少党员和党组织致电、致函中央有关部门，提出适当修改党章的建议。中央对修改党章的建议高度重视，对修改党章的决定十分慎重，责成中央有关单位抓紧研究和论证。在深入调研论证的基础上，十七届中央政治局决定对党章进行适当修改，并成立由习近平同志任组长的党章修改小组，在中央政治局常委会直接领导下工作。党章修改小组先后召开四次全体会议和数十次工作班子会议，形成了三十多份修改稿、过程稿。无论是一个重大提法，还是一个标点符号，党章修改小组始终以高度的政治责任感、科学严谨的态度予以对待。由此可见，党章修改过程充分体现了中国共产党人严与实的作风，始终贯彻了从严从实的基本要求。

翻开现行党章，其字里行间无处不凸显从严从实的基本要求。在总纲部分，十八大党章提出：“加强各级领导班子建设，选拔使用在改革开放和社会主义现代化建设中政绩突出、群众信任的干部”；“党的思想路线是一切从实际出发，理论联系实际，实事求是，在实践中检验真理和发展真理”；“党在任何时候都把群众利益放在第一位，同群众同甘共苦，保持最密切的联系，坚持权为民所用、情为民所系、利为民所谋”； “加强组织性纪律性，在党的纪律面前人人平等”；“党在自己的政治生活中正确地开展批评与自我批评”，等等。这些条文规定既坚持了“严”与“实”精神，又为党员干部从严从实作出制度性规范。在“党的纪律”一章中，从严从实的基本原则表现得更为充分。其中提到：“党组织必须严格执行和维护党的纪律，共产党员必须自觉接受党的纪律的约束”；“党内严格禁止用违反党章和国家法律的手段对待党员，严格禁止打击报复和诬告陷害”；“党组织对党员做出处分决定，应当实事求是地查清事实”；“党组织如果在维护党的纪律方面失职，必须受到追究”。类似这样的条文规定，在现行党章中比比皆是。党章所强调的这些铁的规定，不仅充分坚持了从严从实的基本要求，而且为从严从实管党治党提供了基本遵循。

（摘编自人民网 2015 年 7 月 15 日，作者：陈坚）

第五章

党的规矩是关乎党兴衰成败的生命线

党的十八大以来，习近平总书记一直强调守纪律讲规矩的问题。2012 年 11 月，就指出“没有规矩、不成方圆”，并提出党章是“根本大法”和总规矩。2013 年 1 月，在中纪委十八届二次全会上指出，“严明党的纪律，首要的就是严明政治纪律，决不允许在贯彻执行中央决策部署上打折扣、作选择、搞变通”。2014 年 1 月，在中纪委十八届三次全会上强调，“党要管党、从严治党，靠什么管，凭什么管？就靠严明纪律”。在 2015 年 1 月的十八届中纪委五次全会上的讲话从全面从严治党的要求出发，提出要“严明政治纪律和政治规矩”，“把守纪律讲规矩摆在更加重要的位置”，并且明确提出了遵守政治纪律和政治规矩的“五个必须”要求。人不以规矩则废，党不以规矩则乱。党内规矩是党的各级组织和全体党员必须遵守的行为规范和规则。对于一个拥有 8 700 多万党员（截至 2014 年年底）的大党来说，只有讲规矩、懂规矩、守规矩，尤其是严明政治规矩，才能团结一致，凝神聚气，实现自己的伟大历史使命。

【问题点击】

守纪律讲规矩的优良传统正面临挑战

近年来，国内腐败现象趋于严重化，区域性、系统性腐败接二连三，家族式、塌方式腐败触目惊心。其中一个重要原因，就是党的纪律和党的规矩受到严重挑战。违反党的政治纪律、组织纪律是腐败的发端，而违反政治纪律、组织纪律往往是从破坏党的规矩开始的。有些言行或许一时还够不上腐败那么严重，却是处在腐败与违规违纪之间，如有人热衷于搞团团伙伙、结党营私、拉帮结派，今天搞个同学会，明天闹个同乡会，小圈子里的兄弟时不时聚一下、相互关照、互通款曲，表面上是人之常情，实际上是为日后的利益交换作铺垫；有人乱评乱议、口无遮拦，甚至对中央的大政方针、重要决策，也敢随意调侃、胡说八道；有人随意脱离岗位，不请假、不汇报，东跑西颠，不知去向；有人罹患重病、离婚再婚、海外移民、屡购房产也不如实向组织报告；有人无视党组织的再三提醒，随意透露党组织正在酝酿的内部信息；有人跑风漏气，热衷于捎话说情，四处打招呼，到处插手人事安排，干扰班子决策。凡此种种，涣散党的组织，矮化党的形象，损害党的威信，都属违反党的政治纪律和政治规矩、挑战党的权威的恶劣行径，必须予以高度重视、严肃查处、严格禁止。习近平总书记说过，领导干部违纪往往是从破坏规矩开始的。规矩不能立起来、严起来，很多问题就会慢慢产生出来。

（摘编自中国共产党新闻网 2015 年 2 月 28 日，原文标题：自觉做政治上的明白人，作者：朱铁志）

【深度阐释】……………………………………………………

一、党的规矩是保持党的先进性和纯洁性的重要保障

（一）严守政治规矩是我党发展壮大、一脉相承的优良传统

1945 年 4 月召开的党的七大，制定了党在新民主主义革命时期最完备的一部党章，党章的每一条每一款规定，都是党内最根本的纪律和规矩。比如，全党要自觉维护以毛泽东同志为核心的中央领导集体的权威，不能做有损党的形象和威信的事情；重要事情要请示报告，不能各自为政、自行其是；对党忠诚老实、襟怀坦白，不隐瞒个人的问题和错误；对组织、对领导、对同志存在的错误、缺点，不能开会不说，会后乱谈，当面不说，背后乱说，采取自由主义态度，等等。2013 年在西柏坡，习近平总书记讲："这里是立规矩的地方。"在那里，中国共产党 1949 年"进京赶考"前明确立下了"六条规矩"：不做寿、不送礼、少敬酒、少拍掌、不以人名作地名、不要把中国同志同马恩列斯平列。规矩简单，但足见我们党对自身、对形势、对未来事业的清醒认识。从成文的"三大纪律八项注意"，到进入上海秩序井然的解放军战士、不拿群众一针一线的红军，每个细节都是政治规矩的体现，也正是我党严守政治纪律、政治规矩的真实写照，保证了党同人民群众的血肉联系。

（二）严守政治规矩是纯净政治生态、关乎党生死存亡的重大问题

一个人，不守纪律、不讲规矩，很难成为一个合格的社会人；一个拥有 8 700 多万党员（截至 2014 年年底）的大党，没有政治纪律和政治规矩，就注定成为一盘散沙。政治纪律和政治规矩之所以重要，是因为它是党的意志和人民利益的政治体现，是确保党的集中统一和凝聚力战斗力的根本保证。例如，在党的历史上，曾轰动一时的

黄克功案，一个1927年就参加革命，经历了二万五千里长征，立过赫赫战功的共产党员，因逼婚未遂枪杀了陕北公学女学员张茜，被陕甘宁边区高等法院判决死刑。毛泽东在给雷经天同志的信中写道，“如赦免黄克功，便无以教育党，无以教育红军，无以教育革命，根据党和红军的纪律，处他以极刑。”正因为黄克功不同于一个普通人，正因为他是一个多年的共产党员，是一个多年的红军，所以不能不这样办。共产党与红军，对于自己的党员与红军成员不能不执行比一般平民更加严格的纪律。教训一再表明，党员干部出问题，都是从漠视纪律、破坏规矩开始的。十八大以来，先后落马的周永康、郭伯雄、徐才厚、令计划等党的高级领导干部，根本原因在于视纪律为儿戏，置规矩于不顾，贪污腐化，徇情枉法，其结果落得可耻可悲的下场。而从这几年受到处理的个别党员干部情况看，有的视规章制度于不顾，侵占群众利益，他们大都是因为纪律意识淡化、不守规矩所造成。政治纪律和政治规矩看似软性约束，实际上关乎的是整个政治生态的纯净问题，守纪律讲规矩则能凝聚人心正风气，不守纪律不讲规矩则会破坏整个政治生态，使队伍逐渐腐化堕落，最后亡党亡国。

（三）严守政治规矩是发扬政治优势、永葆先进性战斗力的迫切需要

我们党是靠革命理想和铁的纪律组织起来的马克思主义政党，讲政治规矩是党的突出特点和独特优势。没有强有力的政治保证，党的团结统一就是一句空话。习近平总书记严肃告诫全党：“政治纪律和政治规矩这根弦不能松”，“干部在政治上出了问题，对党的危害不亚于腐败问题，有的甚至比腐败问题更严重。”在政治问题上，任何人都不能越过红线，越过了就要严肃追究其责任。当前，我国改革开放进入关键阶段，一些深层次矛盾和问题逐渐显露出来，因人民内部矛盾引发的各种群体性事件逐年增多，国家安全和社会稳定面临着更大更严峻的考验，保持党的先进性，事关人民群众对党的信任，事关党的执政地位。着眼应对各类风险挑战，仍然需要我们继续保持和发扬严守政治纪律和政治规矩这一政治优势，时刻保持党的先进性纯洁性。

（四）严守政治规矩是破除乱象顽疾、实现在思想上正本清源的根本遵循

当前，个别人认为严守政治纪律、政治规矩主要是针对领导干部、党委机关的，同基层关系不大。即使在“三严三实”专题教育整顿转入经常，全党持续整风的大背景下，依然有个别人的思维方式和行为习惯根深蒂固、痼疾难改，不守规矩、破坏规矩的痼疾顽症、行为乱象依然存在。有的政治敏感性、组织纪律观念不强，对上级乱发议论，当面不讲、背后乱讲，传播负面信息甚至乱告状、搞串通；有的执行上级命令指示打折扣，有令不行、有禁不止，不假外出、顶风违纪、胆大妄为；有的报喜藏忧、欺上瞒下，把主要精力放在揣摩领导心思、打探领导行踪、应付领导检查、博取领导欢心上；有的执行上级指示要求搞“上有政策、下有对策”，做政治上的“两面派”“两面人”；有的格调层次不高，哥儿们义气、江湖义气等习气很重，见风使舵、圆滑世故；有的对群众缺乏深厚感情，处事不公、厚此薄彼、讽刺挖苦、侵占群众利益；有的干工作不推不动、不逼不动、不追不动、不批不动，批了也不动，甚至对上级的要求“爱理不理”，找借口，摆资格，谈条件，讲困难，等等。如果对这些错误的思想行为、痼疾顽症不及时纠偏正向，势必会影响党的执政地位，动摇党的执政根基。

二、党的规矩是维护团结统一的约束性规范

（一）政治规矩是维护党团结统一的经验总结

“欲知大道，必先知史。”我们党之所以由小到大、由弱变强，从胜利走向胜利，一个重要原因，就在于我们党是靠革命理想和铁的纪律组织起来的马克思主义政党，纪律严明是党的光荣传统和独特优

势。无论革命战争年代，还是建设与改革时期，党团结带领全国人民克服种种艰难险阻，从小到大，由弱变强，从胜利走向胜利，靠的就是铁的纪律。1927 年党的五大关于《组织问题议决案》中，第一次提出“政治纪律”这个概念，指出党内纪律非常重要，“宜重视政治纪律”；1928 年春，在上井冈山途中，毛泽东目睹了部队无纪律的情形，第二天就宣布了“行动听指挥，不拿工人农民一点东西，打土豪要归公”的三大纪律，随后又制定了“六项注意”，其后形成了著名的“三大纪律、八项注意”，成为我军法制建设和政治工作的优良传统；1938 年，鉴于张国焘分裂党和红军的严重政治错误，毛泽东提出了个人服从组织、少数服从多数、下级服从上级、全党服从中央的政治纪律要求；1947 年《中国人民解放军宣言》强调：“必须提高纪律性，坚决执行命令，执行政策，执行三大纪律八项注意”；粉碎“四人帮”后，党的十一届五中全会讨论通过了《关于党内政治生活的若干准则》，对党的政治纪律作出了 12 条规定，改革开放后相继出台了一系列规章制度，党纪党规逐步制度化、规范化、法制化。2015 年，中央政治局审议通过了《中国共产党廉洁自律准则》《中国共产党纪律处分条例》，这是党中央、习近平总书记着眼新形势下党要管党、从严治党作出的又一重大部署，为党的纪律建设提供了重要保证。总之，不论时间怎样变化、形势怎样发展，我党我军始终继承和发扬了严守党的政治纪律这一特有的光荣传统和政治优势，是我们党不断从胜利走向胜利的基因。加强纪律性，革命无不胜。今天，在新的历史起点上坚持和发展中国特色社会主义，实现“两个一百年”和中华民族伟大复兴中国梦的奋斗目标，任务艰巨而繁重，“就越要加强纪律建设，越要维护党的团结统一，确保全党统一意志、统一行动、步调一致前进。”

（二）政治规矩是维护党团结统一的关键举措

党的纪律和党内规矩是党的各级组织和全体党员必须遵守的行为规范和规则，是党的生命线。严守党的纪律和规矩，是从严治党的中心环节。没有规矩，不成方圆。没有规矩，不成政党，更不成其为马克思主义政党。如果没有党的政治纪律，党就会变成一盘散沙，一事无成；没有党的政治规矩，党就会混乱无序，同样一事无成。我们之所以反复强调政治纪律和政治规矩，正是因为在少数党员领导干部身上仍存在不遵守政治纪律和政治规矩的现象。严守政治纪律和政治规矩就要坚持和做到“五个必须”。“五个必须”是一个不可分割的有机整体。最核心的，就是必须坚持党的领导，坚持党的基本理论、基本路线、基本纲领、基本经验、基本要求，思想上政治上行动上同以习近平同志为总书记的党中央保持高度一致，自觉维护党中央权威，听从党中央指挥，党中央提倡的坚决响应，党中央决定的坚决照办，党中央禁止的坚决杜绝。坚持党中央的集中统一领导，是一条根本的政治纪律和政治规矩。各级党组织和领导干部都要牢固树立大局观念和全局意识，正确处理保证中央政令畅通和立足实际创造性开展工作的关系，任何具有地方特点的工作部署都必须以贯彻中央精神为前提。决不允许“上有政策、下有对策”，有令不行、有禁不止，在贯彻执行中央决策部署上打折扣、作选择、搞变通；决不允许散布违背党的理论和路线方针政策的意见，公开发表违背中央决定的言论，制造、传播政治谣言及丑化党和国家形象的言论；决不允许泄露党和国家秘密，参与各种非法组织和非法活动。这些都是根本的政治纪律和政治规矩，是不可逾越的底线、不能触碰的红线，是真正带电的高压线，必须不折不扣地得到遵守。

（三）政治规矩是维护党团结统一的有力武器

习近平总书记指出，我们党是靠革命理想和严明纪律组织起来的马克思主义政党。党面临的形势越复杂，任务越艰巨，越要加强纪律建设，维护党的团结统一。任何宗派组织、小集团活动和阳奉阴违的两面派行为，都是党的团结的大敌，它对党在思想上起着腐蚀作用，在政治上起着瓦解作用，在组织上起着分裂作用。从这个意义上讲，可以说团结就是力量，团结就是大局。党员干部群体团结质量高不高，关键就看能不能在一致的既定目标之下步调一致地前进，而不能只看表面上的“一团和气”“好人主义”，更不能搞“团团伙伙”“人身依附”。随着反腐败斗争的深入，“塌方式”腐败成为社会关注的问题。山西发生的严重腐败问题，不是个案、孤立的，是一坨一坨的”“一查就是一帮，一动就要塌方”“一个人进去了，一群人睡不着”的现象令人深思。个别腐败官员长期插手地方、部门人事安排，把曾任过职的地方几乎变成了自己的独立王国，跟在身后的人甚至形成了“帮派”。身处在“山头上”和“小团体”中的人，平时有人捧，办事有人帮，关键时候还有人往上推，很容易产生一种“很团结”的错觉，殊不知这种貌合神离的“伪团结”脆得像块玻璃，一摔就碎，得势时哪怕有万人捧，落魄时也只能是众人唾。习近平总书记告诫全党：“干部都是党的干部，不是哪个人的家臣”“不能把党组织等同于领导干部个人，对党尽忠不是对领导干部个人尽忠”。我们党代表的是最广大人民群众的根本利益，宗旨是全心全意为人民服务，决不是谁家的权力后院，决不是哪个人的私人领地，党员干部决不能拉“圈子”垒“山头”，一旦有了派别、陷入“圈子”，就逾越了纪律红线、进入了犯错雷区，攀龙附凤、拉拉扯扯的后果，最终逃不脱拔出萝卜带出泥、树倒猢狲散的下场。在这方面，培育纯洁的上下级关系至关重要，领导干部要带好头，普通党员也要有定力。

三、党的规矩是完成执政使命任务的重要保证

（一）从世界政党发展史看，严明政治纪律和政治规矩是政党履行使命任务的首要条件

从政党建立来看，领导机构、领导核心、政治纲领是三大要素，其中，政治纲领就是最重要的政治纪律和政治规矩，没有政治纲领，就不成其为政党，更谈不上治国理政。马克思主义的工人阶级政党尤

其重视政治纪律和政治规矩，1847 年，世界上第一个无产阶级政党——共产主义者同盟组建后，马克思就指出，“必须绝对保持党的纪律，否则将一事无成”。恩格斯也指出，“在无产阶级革命斗争中，胜利的首要条件是严格遵守纪律”，“这种纪律是一个有成效的和坚强的组织的首要条件，是资产阶级最害怕的”。列宁说，“要使无产阶级能够正确地、有效地、胜利地发挥自己的组织作用，无产阶级内部就必须实行严格的集中和极严格的纪律”。由上可以看出，严明政治纪律和政治规矩，是决定一个集中统一政党的首要条件，是思想建党、组织建党的基本前提。

从政党发展来看，全世界政党发展400 多年，现有5 700 多个政党，历史长河，大浪淘沙，唯有规矩严明的一些政党才得以长期执政、保持兴盛。新加坡人民行动党执政超过50 年，就得益于一套严密的组织制度和纪律。如李光耀说，“没有人民行动党就没有现代的新加坡”。古巴共产党能够在美国的长期封锁下压而不垮，就是因为一党制的领导规矩不改。“道法者治，道私者乱”。如果纪律规矩松弛，一个政党就会松垮，甚至蜕化变质。苏共垮台、苏联解体是20 世纪发生的重大事件之一，给我们的教训极其深刻。苏共丢失政权的一个重要原因，就是纲纪废弛，自我毁灭。如：在宪法中删去关于共产党领导的条文，对民主集中制原则进行颠覆性修改，允许党员公开发表与组织决议不同的意见，上级党组织无权予以改变下级组织的决议，等等，使苏共政党成了乌合之众，沦为争论不休的俱乐部。正反两个方面经验告诉我们：是否有严明的政治纪律和政治规矩，是一个政党、一个国家治乱兴衰的关键所在。

（二）从我们党的发展壮大历史看，严明政治纪律和政治规矩是党从胜利走向胜利的力量源泉

我们党的发展史，历经千锤百炼，由弱小到强大，从苦难到辉煌，一大法宝就是有严明的纪律和规矩。毛泽东领导中国人民闹革命，没有军队优势，没有物质优势，最独有的就是纪律优势。那时的共产党人并不知道中国革命能不能成功，也不知道社会主义是什么样子，但就是冒着生命危险笃信笃行。这就是信仰的力量。无论是武装夺取政权的革命道路时的“三大纪律、八项注意”，还是党在延安和各抗日根据地开展整风运动，无论是党的二大第一部党章初步形成的“四个服从”，还是进京赶考前的“六条规定”（不做寿、不送礼、少敬酒、少拍掌、不以人名作地名、不要把中国同志同马恩列斯平列），都是因为有铁打的纪律，才夺取了红色政权，使“山沟里的马克思主义”走到了世界政党的聚光灯下。抗日战争结束后，国民党拥有800多万军队，但派系林立，党纪军纪松弛，犹如一盘散沙。蒋介石到台湾后总结失败教训，其中一条就是：共产党有纪律，国民党没纪律。毛泽东指出：“路线是王道，纪律是霸道”，“加强纪律性，革命无不胜。”两人的“不约而同”，道出了纪律对于我们党、对于我们正在从事的伟大事业的重要性。不忘本来，是为了开辟未来。我们党靠着纪律和规矩，一路走来；也必须靠着纪律和规矩，才能一路走好。

（三）从政党建设的现实状况看，严明政治纪律和政治规矩是党要管党从严治党的迫切需要

“纪纲一废，何事不生？”干部出问题，都是没有绷紧规矩这根弦，导致纪律的突破。在十八届中纪委五次全会上，习近平总书记深刻剖析了近年来查处的大案要案，特别是周永康、薄熙来、郭伯雄、徐才厚、令计划、苏荣等严重违法违纪案件，一针见血地指出了一些党员领导干部身上存在的五种不守政治纪律和政治规矩的表现，即：结党营私、拉帮结派，乱评乱议、口无遮拦，脱岗离岗、不向组织汇报，个人重大问题不报告，跑风漏气、说情风、打招呼。党员干部在执行严明政治纪律和政治规矩方面，总体是好的，但也存在一些不容忽视的问题。有政策落实不坚决的问题：有的党员干部喜欢做表面文章，搞上有政策、下有对策，“选择性”执行的有之，“附加型”执行的有之，“欺骗性”执行的也有之。有组织原则不遵循的问题：有的干部自由散漫，该请示的不请示、该报告的不报告，甚至脱岗离岗都不向组织汇报。有的干部对重大事项隐瞒不报，欺骗组织、糊弄群众；还有个别干部对个人名利得失斤斤计较，干工作讲条件，跟组织讨价还价。有懒政怠政不担当的问题：少数党员干部工作“涛声依旧”，工作重复昨天的故事；有的得过且过混日子，上级作风建设规定出台后，有的干部为了不出事，宁愿不干事；有的信奉“有能力不如有关系”“琢磨事不如琢磨人”，搞一团和气，是非面前不开口，遇到矛盾绕着走，不求有功但求无过，不敢担当、不愿负责。有修身律己不严格的问题：有的热衷于传播小道消息，热衷于转发网上不良信息；有的热衷于打探消息，不该问的偏要问，不该知道的特别想知道，捕捉到一些所谓内幕信息就到处传播。因此，在当前新形势下，各级党组织和党员干部一定要牢固树立政治意识、大局意识，切实把严明和遵守政治规矩摆在更加重要的位置，主动在思想上划出红线、在行为上明确界限，自觉做到“四个服从”，坚决与党中央保持高度一致，坚决维护中央的权威和党的统一，从而确保我们党在发展中国特色社会主义进程中始终成为坚强领导核心。

【专家观点】

黄研：严守政治纪律和政治规矩这条“生命线”

人不守规矩则废，党不讲规矩则乱。党的政治纪律和政治规矩是党在政治方向、政治立场、政治言论、政治行动方面必须遵守的约束性规范，是党最重要、最根本、最关键的纪律和规矩。严明政治纪律和政治规矩是我们党事业兴旺发达的生命线，是立党之纲、治党之需、强党之要。广大党员干部务必深刻认知严明政治纪律和政治规矩的极端重要性，做政治上的清醒人、明白人、带头人。

1981 年，时任中纪委常务书记的黄克诚同志在《人民日报》刊发《关于党风问题》，文中讲了这样一个感人的故事：抗战时期，毛泽东就用个电台指挥工作，“嘀嗒、嘀嗒”就是毛泽东和党中央的声音，全党全军同志都无条件地执行。没有什么人怀疑或质疑，大家都自觉地执行延安的“嘀嗒、嘀嗒”。一个细节，折射出老一辈革命家守纪律、守规矩的风范，也体现出我们党讲政治、讲规矩的优良传统。

现如今，一些人无视党的政治纪律和政治规矩，为了自己的所谓仕途，为了自己的所谓影响力，搞任人唯亲、排斥异己的有之，搞团团伙伙、拉帮结派的有之，搞匿名诬告、制造谣言的有之，搞收买人心、拉动选票的有之，搞封官许愿、弹冠相庆的有之，搞自行其是、阳奉阴违的有之，搞尾大不掉、妄议中央的也有之。有些人乱了规矩，不仅挑战着规矩的权威性，更损害了党和政府的公信力，形成“破窗效应”，危害很深。

有些事情在政治上是绝不能做的，做了就要付出代价，谁都不能拿政治纪律和政治规矩当儿戏。中组部近日发出通知，要求在“三严三实”专题教育学习研讨中，以周永康、薄熙来、徐才厚、令计划、苏荣等严重违纪违法案件为反面教材，聚焦严守党的政治纪律和政治规矩，组织县处级以上领导干部深刻总结反思，认清严重违纪违法对党的形象的巨大危害，认清反面典型所作所为给党和人民事业造成的重大损失，从理想信念、纪律规矩、党性原则等方面剖析根源、汲取教训、引以为戒。

（摘编自中国共产党新闻网2015年8月13日，作者：黄研）

石平：严守党的政治纪律和政治规矩

党的纪律和规矩是多方面的、有机统一的。纪律是成文的、刚性的规矩，一些未明文列入纪律的规矩是不成文的、自我约束的纪律。遵守党的纪律和规矩，既要遵守成文的刚性的纪律，也要遵守那些经过实践检验、约定俗成、行之有效的不成文的自我约束的规矩。在党的所有纪律和规矩中，第一位是政治纪律和政治规矩，它是全党在政治方向、政治立场、政治言论、政治行动方面必须遵守的刚性约束，也是最重要、最根本、最关键的纪律和规矩。遵守党的纪律和规矩，首要的就是严守党的政治纪律和政治规矩，它是遵守党的全部纪律和规矩的重要基础。

严守政治纪律和政治规矩就要坚持和做到“五个必须”。“五个必须”是一个不可分割的有机整体。最核心的，就是必须坚持党的领导，坚持党的基本理论、基本路线、基本纲领、基本经验、基本要求，思想上政治上行动上同以习近平同志为总书记的党中央保持高度一致，自觉维护党中央权威，听从党中央指挥，党中央提倡的坚决响应，党中央决定的坚决照办，党中央禁止的坚决杜绝。坚持党中央的集中统一领导，是一条根本的政治纪律和政治规矩。

守纪律、讲规矩既是对党员、干部党性的重要考验，也是对党员、干部对党忠诚度的重要检验。当前，在遵守党的政治纪律和政治规矩上，确实存在着模糊的甚至是错误的认识。有的干部认为，自己没有腐败问题就行了，其他问题都不在话下，没有什么可怕的。相当一部分党组织习惯于把防线只设置在反对腐败上，认为干部只要没有腐败问题，其他问题都可忽略不计，没有必要加以追究，也不愿意加以追究。事实上，腐败问题是腐败问题，政治问题是政治问题，不能只讲腐败问题，不讲政治问题。干部在政治上出问题，对党的危害不亚于腐败问题，有的甚至比腐败问题更严重。任何人都不能拿政治纪律和政治规矩当儿戏，逾越底线、触碰红线，就要付出代价，就要被严肃追究政治责任。

（摘编自中国共产党新闻网2015年2月2日，作者：石平）

周联清：坚持把政治纪律和政治规矩摆在首位

新修订的《中国共产党廉洁自律准则》和《中国共产党纪律处

分条例》，把政治纪律和政治规矩放在首位，学习贯彻《准则》和《条例》，必须抓住严肃政治纪律和政治规矩这个纲，把严肃其他纪律带起来，为协调推进“四个全面”战略布局提供坚强纪律保证。

（一）学深悟透，刻印于心

我们要以学习贯彻《准则》和《条例》为契机，唤醒全体党员党章党规党纪意识，营造守纪律讲规矩的浓厚氛围。深化认识。守纪律，首先要守政治纪律；讲规矩，首先要讲政治规矩。我们要求广大党员干部始终保持清醒认识，强化“看齐意识”，自觉做政治上的“明白人”。

（二）尊崇遵循，落实于行

纪律的生命力在于执行，权威性也在于执行。作为省里加强政治纪律和政治规矩工作的试点地区之一，我们要以贯彻实施《准则》和《条例》为重点，积极探索严明政治纪律和政治规矩的方法和途径，深入推进全面从严治党。

（三）强化担当，追责于严

贯彻执行《准则》和《条例》，根本在于落实好全面从严治党的政治责任。明责知责。党委（党组）书记是严明政治纪律和政治规矩的第一责任人，既要自身正、过得硬，又要抓班子、带队伍，履责尽责，积极营造风清气正的政治生态，用坚强的纪律为经济社会发展提供政治保证。对不守纪律、不讲规矩的问题，既追究当事人的责任，又追究组织监管不力的责任，以严肃的问责倒逼各级党组织履行好主体责任。

（摘编自光明网 2015 年 12 月 7 日，作者：周联清）

【视野拓展】

刘昀献：严守政治规矩是党的优良传统

我们党是无产阶级政党，诞生时面临着强大的内外敌人，要战胜强敌，取得社会主义革命和建设事业的胜利，没有严明的政治纪律和政治规矩是根本不可能的。

早在建党之时，党的纲领就明确规定在全党建立统一的组织和严格的纪律；党员入党之前，必须断绝与党的纲领背道而驰的党派和集团的一切联系；在党处于秘密状态时，党的重要主张和党员身份应当保守秘密。

在井冈山斗争时期，我们党提出了“三大纪律，六项注意”（后来发展为八项注意）。由于严明的纪律以及官兵一致、上下平等、密切联系群众的作风，我们党才能在异常艰难困苦的情况下，保持高度的团结和所向披靡的斗志，赢得人民群众的衷心拥护和支持，从而使星星之火形成燎原之势。

在全国解放战争进入战略决战的重要时刻，1948 年 9 月在河北省平山县西柏坡村召开的中央政治局“九月会议”，通过了《关于各中央局、分局、军区、军委分会及前委会向中央请示报告制度的决议》。决议强调要加强党的集中统一领导和组织纪律性，将一切可能和必须集中的权力集中于中央和中央代表机关手里，以便达到全党全军在方针上、政策上、行动上的完全一致。“九月会议”确立的政治规矩为我党从根本上打倒国民党反动统治，夺取全国革命胜利奠定了重要基础。

改革开放以来，历届党中央领导集体都十分强调党的政治规矩。如，针对一些地方和部门出现的违反法纪和政策的问题，邓小平曾明确指出：“共产党员一定要严格遵守党的纪律”，“遵守纪律的最高标准，是真正维护和坚决执行党的政策，国家的政策”。

正因为在革命、建设和改革的各个历史时期我们党始终注重严明和遵守政治规矩，党才能由小到大、由弱到强，始终具有强大的凝聚力、战斗力，才能战胜一个又一个艰难险阻，不断从胜利走向新的胜利。

（摘编自人民网 2015 年 1 月 26 日，作者：刘昀献）

第六章

党的规矩范围大于党纪国法

党的政治纪律和政治规矩，是各级党组织和全体党员在政治方向、政治立场、政治言论、政治行为方面必须遵守的纪律和规矩。从范围和范畴来看，主要包括两类：一类是明文规定的政治纪律政治规矩，主要是党章、国家法律等党内外规章制度；另一类是党在长期实践中形成的优良传统和工作惯例。由此可见，党的规矩范围大于党纪国法，只有深知才能笃行，只有学规矩、知规矩，才能懂规矩和自觉遵守规矩。

【问题点击】

习近平详论“守纪律讲规矩”用意何在？

“讲规矩”有何用意？中共中央党校中共党史教研部主任谢春涛认为，党中央自十八大以来一直非常重视规矩，但是将“讲规矩”展开来讲，在习近平总书记这次讲话中显得很突出。他认为，此次将讲规矩提到一个新的高度，是对当前存在问题的一种解决之道，意在提出更高的要求，堵塞漏洞。“十八大以来查处的一个个腐败的案例，尤其是一些地方、领域出现的塌方式腐败，它反映出在某些地方、某些系统、单位，党的规矩、制度、优良传统没有得以传承和执行。并不是说这些规矩发生了变化，而是这些人的脑子里没有了这些规矩。为了预防再发生这样的问题，一定得有规矩，而且必须得到有效执行。”他认为，从规矩真正起作用的角度看，一方面，当前的规矩还不是特别完善，或者说过去规矩失之于宽，或者对规矩的执行力度不够。另一方面，习近平总书记曾强调要“一分部署九分落实”，如果定下来的规定不执行，很多人就会把规矩不当回事。十八大以来，多次强调“讲规矩”意味着将对党员领导干部提出更加严格的要求。

中国社科院中国廉政研究中心副秘书长高波也认为，总书记强调讲规矩非常重要，这是中央对当前反腐中发现的突出问题作出的针对性回应，更是维护党的决策和集中统一的关键要求。现在个别干部不能做到与中央保持一致，搞团团伙伙和拉帮结派，甚至对中央决策和决定抵制，这对党内民主和团结的破坏非常大，也成为很多腐败现象的源头。

中国人民大学教授周淑真则认为，习近平讲话中明确提出一些不成文的规矩也需要全党长期坚持并自觉遵循，意在对一些领导干部企图打贪腐“擦边球”进行严格约束。

国家行政学院教授竹立家表示，从习近平这次关于“规矩”的论述可以判断，十八大后中共反腐思路，在重点“治标”之后，将开始着力推进“治本”的制度建设。

《人民日报》在今天的“今日谈”栏目中指出，能不能守纪律、讲规矩，是领导干部党的观念强不强的试金石。心中明明白白，牢记纪律和规矩，才不会走岔了路、走偏了向。多少腐败分子，不就是从不讲规矩始、以腐化堕落终？从这个角度看，守纪律、讲规矩，对领导干部既是约束更是爱护，既是限制更是保护。党员干部务必严一严规矩、紧一紧纪律，自觉做政治上的“明白人”。

（摘编自中国共产党新闻网 2015 年 1 月 14 日，作者：谢春涛、高波、周淑真、竹立家等）

【深度阐释】……………………………………………………

一、党规的范畴比党纪国法更大

我们党的纪律和规矩，主要包括四个方面的内容，就是习近平总书记概括的“党章、党纪、国法、优良传统和工作惯例”。

（一）党章是全党必须遵循的总章程总规矩

党章集中体现了党的性质和宗旨、党的理论和路线方针政策、党的重要主张，规定了党的重要制度和体制机制，在党内具有最高的权威性和最大的约束力，是全党必须共同遵守的根本行为规范。党的十八大以来，习近平总书记强调要坚决维护党章的严肃性和权威性。在党的十八大通过新修订的党章不久，习近平总书记即要求全党认真学习党章、严格遵守党章，他强调，“没有规矩，不成方圆。党章就是党的根本大法，是全党必须遵循的总规矩。”此后无论是到各地考察还是在中央主持会议，习近平总书记在多个场合反复强调党员领导干部要守纪律讲规矩。他指出："定了规矩就要照着办""党的规矩、制度的建立和执行，有力推动了党的作风和纪律建设""领导干部要把深入改进作风与加强党性修养结合起来，自觉讲诚信、懂规矩、守纪律，襟怀坦白、言行一致，心存敬畏、手握戒尺，对党忠诚老实，对群众忠诚老实，做到台上台下一种表现，任何时候、任何情况下都不越界、越轨""对每个领导干部，都要加强民主集中制的教育培训，使大家熟悉民主集中制的规矩，懂得民主集中制的方法""要加强对党员、干部特别是领导干部的教育，让大家都明白哪些事能做、哪些事不能做，哪些事该这样做、哪些事该那样做，自觉按原则、按规矩办事""要坚持原则、恪守规矩，严格按党纪国法办事"。

（二）党的纪律是刚性约束

党的纪律是党的政治规矩的前提。1927 年 4 月，党的五大在武汉召开，通过了《组织问题之议决案》，首次明确提出了党的"政治纪律"。党的纪律是刚性约束，是全党在政治方向、政治立场、政治言论、政治行动方面必须遵守的刚性约束。党的纪律是在党员或者党员代表充分民主讨论的基础上制定的，集中体现着全党的意志，也体现着党的先锋队性质和先进性要求，是各级党组织和全体党员在政治行为和政治活动中的原则底线。党的政治纪律为党的政治规矩的形成提供了最基本的价值导向和制度导向，引导着政治规矩的形成。党的纪律是多方面的，政治纪律、组织纪律、财经纪律、工作纪律和生活纪律等，都是党员干部必须遵守的规矩。《党章》第七章第三十七条对党的纪律有明确规定，"党的纪律是党的各级组织和全体党员必须遵守的行为规则"。从内容看，党制定的党章、准则、条例、规定、规则、办法、细则以及明文制定的有关制度、文件等，只要是用来规范各级党组织和全体党员行为的规则，都应属于党的纪律。从类别看，大致可分为政治纪律、组织纪律、廉政纪律、群众工作纪律、保密纪律、人事纪律、财经纪律、宣传纪律、外事纪律等，其中，政治纪律是最重要、最根本的纪律。习近平总书记强调指出，“政治纪律是全党在政治方向、政治立场、政治言论、政治行动方面必须遵守的刚性约束。”我们党的政治纪律中，《党章》是最重要的纪律，《党内政治生活的若干准则》《中国共产党廉洁自律准则》和《纪律处分条例》《党内监督条例》《党政领导干部选拔任用工作条例》等是最基本的纪律。党纪就是红线，党纪严于法律。我们讲把纪律挺在前面，就是党的各级组织和广大党员干部不仅要自觉遵守国家法律，而且要按照党规党纪，以更高标准严格要求自己，坚决同违法乱纪行为作斗争。

（三）国家法律是党员干部必须遵守的规矩

从宽泛的外延说，中国共产党党员也都是中国公民，因此必须遵循国家法律，这毫无疑问。而且，法律是党领导人民制定的，全党必须模范带头执行。我国宪法以国家根本法的形式反映了党领导人民进行革命、建设、改革取得的成果，确立了在历史和人民选择中形成的中国共产党的领导地位。在我国，坚持党的领导，是党和国家的根本所在、命脉所在，是全国各族人民的利益所系、幸福所系，是社会主义法治的根本要求和全面推进依法治国的题中应有之义。党的领导和社会主义法治是一致的，社会主义法治必须坚持党的领导，党的领导必须依靠社会主义法治，党要领导立法、保证执法、支持司法、带头守法。把坚持党的领导、人民当家作主、依法治国有机统一起来，是我国社会主义法治建设的一条基本经验，也是我国法治与西方所谓“宪政”的根本区别。当前，中国特色社会主义法律体系已经形成，每名党员干部都要对法律怀有敬畏之心，带头遵守法律，带头依法办事。

（四）党在长期实践中形成的优良传统和工作惯例

为什么说党在长期实践中形成的优良传统和工作惯例也是十分重要的党内规矩呢？这是因为，对我们这么一个大党来讲，不仅要靠党章和纪律，还得靠党的优良传统和工作惯例。这些传统和惯例经过实践检验，约定俗成，也是行之有效的重要党内规矩，同样必须长期坚持并自觉遵循。这些规矩没有白纸黑字的规定，但都是一种传统、一种范式、一种要求。习近平总书记专门强调，“党内规矩有的有明文规定，有的没有，但作为一个党的干部特别是高级干部应该懂的。不懂的话，那就不具备当干部特别是高级干部的觉悟和水平。”由此可见，党的规矩范围远远大于党纪国法。

二、党规的内涵比党纪国法更宽

习近平总书记概括的政治纪律和政治规矩四个方面内容，虽然字数不多，但内涵十分丰富。

（一）党规具有内在特质

一是根本性。党的纪律包含政治、组织、廉政、群众工作、保密、人事、财经、宣传等方面，党的规矩所包含的更为广泛，包括党的优良传统和工作惯例，但政治纪律和政治规矩是管方向、保集中、护团结的，是所有党纪党规中最基础、最根本、最关键的。一个政党如果没有政治纪律和政治规矩来约束，就会成为各取所需、各行其是的“私人俱乐部”，党的政治理想和政治目标就会落空。

二是严肃性。政治纪律和政治规矩是党的意志和人民利益的体现，它一经形成，对各级党组织和全体党员都具有同等普遍的约束力。任何党员，无论党内的威望职务多高、身份地位多特殊，在政治纪律和政治规矩面前是完全平等的，只要违反了政治纪律和政治规矩，都要受到严肃的批评教育或纪律处分。

三是引领性。正如邓小平所说，“没有党规党法，国法就很难保障”。政治纪律和政治规矩不仅用来规范党自身的内部行为，还要引领和保障国法得到切实有效的执行。十八大以来，中央强势正风反腐，一些党员触犯党纪国法被处分，一些官员被查处，就为推进依法治国树立了鲜明导向，提供必要的政治保障。

（二）党规具有独特优势

第一，党规的地位作用很独特。习近平总书记重申，纪律严明是我们党的光荣传统和独特优势，是维护党的团结统一和凝聚全党意志力量的根本保证。越是形势复杂、任务艰巨，越要严明纪律和规矩。习近平总书记特别指出，不守政治纪律和政治规矩，“纲纪不彰，党将不党，国将不国。”

第二，党规的核心要义很鲜明。习近平总书记强调，守纪律讲规矩的核心是与党中央保持高度一致。严守政治纪律和政治规矩，就是要坚决服从中央命令，维护中央权威，要在党爱党、在党忧党、在党为党，始终站在党的事业全局考虑问题，从党的整体利益出发说话办事，自觉做到“五个必须、五个决不允许”。

第三，党规的标准更高。习近平总书记要求，领导干部要在守纪律讲规矩上作表率，自觉当尊法学法守法用法的模范；一个人纵有天大的本事，如果没有很强的法治意识、不守规矩，也不能当领导干部；党员干部守纪律首要的是遵守政治纪律，守规矩首要的是遵守政治规矩，并且标准要更高、要求要更严。

第四，党规的贯彻执行更严。习近平总书记指出，把纪律和规矩挺在前面，立起来、严起来，执行到位，是落实全面从严治党战略的必然要求，是各级党组织必须履行的政治责任；纪律不能成为“稻草人”，不能成为聋子的耳朵，要真正成为带电的“高压线”；任何人不得越过政治纪律、政治规矩的红线，越过了就是大忌，就要付出代价。习近平总书记的这些重要论述，思想深邃，内涵丰富，立意高远，是新形势下解决思想建党、制度治党问题的政治考量，是对全党发出的政治号令，我们必须深刻领会把握。

（三）党规具有深邃内涵

一是从党纪国法和规矩的本身内涵来看，党纪国法是要求大家共同遵守的规章制度和行为准则；规矩解释为一定的法则、标准、规范或习惯。二是从治党治国的历史轨迹来看，党的纪律包括政治纪律、组织纪律、经济工作纪律和群众纪律等；党的规矩包括党章、党纪、国家法律，还有党的优良传统和工作惯例。三是从习近平总书记重要指示来看，“纪律是成文的规矩，一些未明文列入纪律的规矩是不成文的纪律；纪律是刚性的规矩，一些未明文列入纪律的规矩是自我约束的纪律；在所有党的纪律和规矩中，第一位的是政治纪律和政治规矩”。

从以上三个方面我们可以得出：在基本概念上，党纪国法以刚性约束为主，规矩以行为规范为主，“党的规矩”比“党纪国法”外延更大；在表现形式上，政治纪律和政治规矩具有根本性、严肃性和引领性，是全党最重要、最根本、最关键的纪律和规定；在具体要求上，遵守政治纪律和政治规矩，最要不得的是个人主义、保护主义、本位主义、分散主义。正是如此，习近平总书记提出全面从严治党战略，其实质既是在讲纪律、立规矩，更是在严纪律、正规矩。说到底就是要求党员干部：在意识形态领域斗争尖锐复杂的情况下，必须靠严明的纪律和规矩统一意志、统一步调，保持政治定力；在任务日益繁重的情况下全面推进改革，必须以严明的纪律和规矩强化大局观念，形成改革共识；在正风肃纪正处在攻坚爬坡的关键阶段，必须从严守纪律和规矩抓起，坚定决心信心，推动形成风清弊绝的良好政治生态。

三、党规的要求比党纪国法更高

（一）遵守党的政治规矩，最根本的要求是与党同心合力、荣辱与共

党员干部入了党，就要与党融为一体，党的主张就是努力的方向，党的意志就是坚守的立场。一旦与党离心偏向，思想脱轨、行为

越轨在所难免。苏联解体前，党内盛行“厨房文化”和“夜间人现象”。党员白天在工作场所与官方保持一致，晚上却在自家厨房与家人、朋友乱议时政，发泄对苏共的不满，正是这种政治自由主义泛滥，最终演变成组织混乱，导致苏联亡党亡国。现在，这种现象在我们党员干部中也不同程度存在。有的对中央政策和上级决策部署品头论足，有的对小道消息、政治谣言随意传播，有的对查处大案要案说三道四，等等。这些都是思想麻痹、党性弱化、政治违纪的表现。全体党员必须认识到，我们每个党员的利益与党的利益是连在一起的。如果党受玷污、受损害，终将伤害到党员个人。“皮之不存，毛将焉附”！一荣俱荣，一损俱损。因此，党员干部都要从严落实“五个必须”“五个决不允许”要求，在党言党、在党为党、在党护党，坚定跟党走，做政治上的明白人，决不能犯政治上的幼稚病、糊涂病。我们每一名党员、干部尤其是领导干部，都应当时刻警醒自己，在平时工作和日常言行中，要明确一个基本的道理：既然是党的人，就应该听党的话、跟党走，在任何情况下都要做到政治信仰不变、政治立场不移、政治方向不偏。在指导思想、路线方针政策以及关系全局的重大原则问题上，必须坚定地在思想上政治上行动上同党中央保持高度一致，这一点任何时候都不能有丝毫含糊。

（二）遵守党的政治规矩，最核心的要求是维护团结统一、保持纯洁

第一，不搞团团伙伙。古往今来，政治上要实现风清气正，必须反对团团伙伙。历史上每个朝代都有搞宗派的，像唐朝的牛李党争、明朝的东林党争，留下许多深刻镜鉴。我们党高度重视防止和纠治山头主义问题，1944 年毛泽东在《学习和时局》中指出，“目前在我们党内严重地存在和几乎普遍地存在的乃是带着盲目性的山头主义倾向”，还告诫领导干部“一个人在一个地方久了就会油”。1973 年 12 月，毛泽东亲自主持召开中央政治局会议，领着政治局委员唱“三大纪律八项注意”，作出八大军区司令员对调的决议。现在，内外环境条件发生很大变化，但滋生小团体意识、小圈子思想土壤还是存在的，出现山头主义的危险也是存在的。去年十大反腐新闻中，最让人触目惊心的是塌方式腐败，“挖出一个牵出一串”。2015 年全国“两会”上，山西省委书记王儒林深有感触地说，腐败问题是“一坨一坨”的，“一查就是一帮，一查就要塌方”。习近平总书记告诫全党：“干部都是党的干部，不是哪个人的家臣”“不能把党组织等同于领导干部个人，对党尽忠不是对领导干部个人尽忠”。党员干部决不能拉“圈子”垒“山头”，一旦有了派别、陷入“圈子”，就逾越了纪律红线、进入了犯错雷区，“小圈子”往往就是“大圈套”。党员干部只有一个上级，就是组织；只有一个靠山，就是群众。

第二，不搞庸俗关系。人是社会关系的总和。江苏省建设厅原厅长徐其耀曾误导儿子，“做人就是把自己作为一个点编织到上下左右网中，成为这个网的一部分。”这实际上就是希望通过搞庸俗关系走捷径的思维，结果把他自己送进了监狱的“网”中。当前，有的干部碰在一起总喜欢吃吃喝喝、玩玩乐乐、你来我往，觉得不这样搞，不足以表达感情。有的喜欢与地方老板打交道，生活圈交往圈娱乐圈不纯洁；还有的生活作风不检点，乱拉关系，后院起火，家庭关系紧张。这种庸俗交往之风，轻者损志败德，重者伤人害己。平时大家工作都很忙，有点时间多读一些书，把心思和精力都用到工作中去，不要搞那些低俗、庸俗、媚俗的东西。把持住这一点，就能集中精力、用心干事，就能营造团结向上、和谐纯洁的良好风气。

第三，遵守组织原则。组织纪律、组织程序，是最基本、最起码的规矩。要严格执行民主集中制，党内不能搞“家长制”“一言堂”，不能让组织沦为“私人会所”“独立王国”，最核心的是要个人服从组织，不向组织讨价还价，带头执行好党组织议事决策制度。要严格遵循组织程序。习近平总书记明确要求，“必须遵循组织程序，重大问题该请示的请示，该汇报的汇报，不允许超越权限办事”。作为党员领导干部，不能“迈过锅台上炕”，先斩后奏、边斩边奏，甚至斩而不奏。要严格组织生活，党内生活既是党员进行党性锻炼的重要平台，也是重要的政治规矩，必须严肃认真对待，进一步规范民主生活会，严格落实双重组织生活、党性定期分析、民主评议党员等制度，用好批评与自我批评这一有力武器，使党内生活既团结紧张，又严肃活泼。

（三）遵守党的政治规矩，最关键的要求是敢于担当、严格监督

十八大以来查处的一些党员干部违纪违法案例表明，党员干部违纪违法往往是从破坏党的规矩开始的。一些党组织和党员干部关注腐败问题忽视政治问题，党的规矩的约束性被“弱化”。一部分党组织把管党治党的防线设在反对腐败上，认为干部只要没有腐败问题，其他问题就都不要紧，没有认真对待，加以追究；一些党员干部也认为只要没有腐败问题就行了，其他问题都不是大问题，没有什么可怕的。在这种观点下，党的规矩成了不带电的“高压线”，严肃性、约束性被削弱。一些党规党纪没有得到认真遵守，党的规矩的执行性被“虚化”。现在党内政治生活存在许多不正常现象，并不是因为我们党内没有纪律要求，没有规矩约束，而是一些党组织对维护政治纪律和政治规矩不重视、不较真，导致这些制度规定没有被严格执行。一些违反党的规矩的行为没有得到及时处理，党的规矩的惩戒性被“软化”。习近平总书记讲：“党看干部主要就是看‘肩膀’，看能不能负重，能不能‘超负荷’。”党员领导干部是良好政治生态的营造者、维护者，一项重要的责任是要敢于担当，履行好守纪律讲规矩的政治责任。这就要求各级党组织按照全面从严治党的要求，把严明党的规矩放到重要位置来抓，努力在党员队伍中营造讲规矩、守规矩的氛围。所以，党员干部不守纪律、不讲规矩，党组织负有不可推卸的责任。党组织疏于教育、管理、监督，对苗头性倾向性问题发现不及时，对违反党规党纪的行为处理不严肃，就可能导致小错酿成大错、违纪走向违法。各级党组织要切实落实好主体责任，把全面从严治党的责任切实担负起来，把严守纪律、严明规矩放到重要位置来抓，加强教育以提高党员干部的纪律观念和规矩意识，严格管理监督以规范党员干部行为。要强化监督检查，各级党委、支部要自觉担负起执行和维护党的纪律和规矩的政治责任，坚决维护党纪党规的严肃性和权威性，对倾向性、苗头性问题，该提醒的提醒、该批评的批评、该制止的制止、该纠正的纠正，把问题解决在萌芽状态。这也是对干部的真正爱护。对那些踩“红线”、闯“雷区”的严重违纪行为要敢于严肃执纪、及时查处，使党的纪律和党的规矩真正成为带电的“高压线”。信任不能代替监督。每一位党员干部既要做监督者，也要做被监督者。每一位党员干部，既是下级的上级，又是上级的下级，对下级不能哄着、护着，对上级不能捧着、抬着，对同级不能包着、让着，在党内生活中，敢于真刀真枪、直戳麻骨。要善于接受监督，每一名党员干部都要养成在监督下干事的习惯，既要接受组织监督，又要接受领导、下级、同事的监督，更要接受广大群众的监督。有监督是好事，没监督会出事，这是一条真理。

【专家观点】

张英伟：如何理解习近平关于严明政治规矩的重要论述

在十八届中央纪委五次全会上，习近平总书记全面阐述了政治规矩的基本内涵，明确提出要严明政治规矩，强调“要加强纪律建设，把守纪律讲规矩摆在更加重要的位置”。这对于全面从严治党，特别是坚持思想建党和制度治党，加强对党员干部的纪律约束，具有很强的针对性和指导性。

（一）提出政治规矩，是中华文化创造性转化和创新性发展的范例

我们党所讲的规矩与古人所讲的规矩有本质的不同。然而，有一个不争的事实：规矩意识深深植根于中华文化，讲规矩守规矩历来是中华民族的优良传统和宝贵品格，是中华民族整体意识和文化心理的体现。这种意识渗透在历朝历代浩如烟海的典章制度和历代先贤的经典论述中，也表现在普通百姓的日常生活里。

从经典论述看，关于规矩的地位及作用，韩非子说："万物莫不有规矩""规矩既设，三隅乃列"；孟子云："圣人既竭目力焉，继之以规矩准绳，以为方圆平直，不可胜用也"；《史记》载："错规矩，方圆斗"，等等。这些论述表达了中华民族对于规矩的普遍性、重要性以及有效维护社会秩序重要作用的认识。

关于规矩在修身方面的重要作用，孔子说："七十而从心所欲不逾矩"；朱熹在《白鹿洞书院学规》中说："知其理之当然，而责其身以必然，则夫规矩禁防之具，岂待他人设之而后有所持循哉?"这些论述表明了规矩与修身的密切关系，说明规矩须内化于心、注重践行、须臾恪守。关于规矩的教化作用，孟子说："大匠诲人，必以规矩；学者亦必以规矩。"司马光在《资治通鉴》中说："垂能目制方圆，心度曲直，然不能以教人，其所以教人者，必规矩而已矣。"屈原在《楚辞》中写道："固时俗之工巧兮，偭规矩而改错。"这些表述说明了规矩在育人立人中发挥着不可替代的重要作用，强调育人不能仅停留在价值提倡层面上，必须把价值要求诉诸具体的规矩，才能发挥应有的作用。总之，规矩意识贯穿于中华民族生存发展的方方面面，是一种客观存在的普遍的文化心态。

（二）提出政治规矩，是对党建理论的新创造新发展

我们党在90余年的奋斗历程中，形成了包括党章、党的纪律、国家法律、优良传统和工作惯例等在内的许许多多的规矩，这些规矩成为党建理论的重要内容。但在以往的党建理论中既没有明确界定规矩这一范畴的基本内涵，也没有明确提出政治规矩这一概念。习近平总书记在深刻总结党的建设历史经验，全面把握党的建设面临的新形势新任务的基础上，鲜明提出并全面阐述了什么是政治规矩、为什么要严明政治规矩、如何严明政治规矩等。这一理论上的创新和发展，体现了全面从严治党、依纪依规管党治党的战略部署，体现了思想建党与制度治党相结合、治标与治本相结合的党建新思路新途径，为加强党的建设、提高党建工作科学化水平指明了正确方向。

（三）提出政治规矩，为全面从严治党开辟了广阔的实践空间

严明政治规矩需要在以下三方面下功夫：一是立规矩，建立和完善相关制度机制；二是讲规矩，培养规矩意识和习惯；三是守规矩，强化严格执行和落实。特别是强化党委的主体责任和纪委的监督责任，对发生严重违反政治纪律和政治规矩案件的地方实行“一案双查”，既追究当事人的责任，又追究主体责任、监督责任和相关领导责任，真正让政治规矩成为不可触碰的“高压线”。

（摘编自中国共产党新闻网 2015 年 3 月 31 日，作者：张英伟）

董芳：党的政治纪律和政治规矩是具体实在的

党的政治纪律和政治规矩是全体党员的行为规范和行动准则，也是党的凝聚力、战斗力的重要体现和可靠保证。其中，党的政治纪律是硬约束和高压线，是党的全部纪律的基础，党的组织纪律、工作纪律、群众纪律等是党的政治纪律在各个环节的反映，故《中国共产党纪律处分条例》分则中将“违反政治纪律的行为”放在第一章，进一步凸显了维护和执行党的政治纪律的极端重要性。

遵守党的政治纪律，最核心的，就是坚持党的领导，坚持党的基本理论、基本路线、基本纲领、基本经验、基本要求，同党中央保持高度一致，自觉维护党中央权威。遵守党的政治规矩，最核心的，就是要做到习近平总书记在十八届中央纪委五次全会上提出的“五个必须”。

党的各级组织要认真履行党风廉政建设主体责任，自觉担负起执行和维护政治纪律和政治规矩的重要职责，加强对党员遵守政治纪律和政治规矩的教育。对违反党的政治纪律和政治规矩的地方、部门和单位，要坚持“一案双查”，突出问责，通过问责，把责任落实下去。

党的各级纪律检查机关要自觉履行党风廉政建设监督责任，切实把维护党的政治纪律和政治规矩放在首位，严肃查处违反政治纪律和政治规矩的行为，坚决维护中央权威。要强化对纪律执行情况的检查，深入开展纪律监督，增强组织纪律性，坚决纠正无组织、无纪律问题，严肃查处欺骗组织、对抗组织行为。

党的奋斗目标越宏伟、任务越艰巨，就越要讲规矩、守纪律，统一意志、统一行动。遵守政治规矩是讲党性、讲政治的具体体现。党员领导干部特别是高级领导干部，必须遵守政治规矩，以更强的党性意识、政治觉悟和组织观念要求自己。党员、干部要深刻认识到政治纪律无小事，严明政治纪律关系党的兴衰存亡。要始终牢记自己的第一身份是共产党员，自觉维护党的集中统一。

（摘编自中直党建网2015年3月20日，作者：董芳）

任建明：政治规矩的实质与新意

首先需要指出的是，“规矩”一词是个习式新词。借用专利概念，在政治领域、在治国理政当中正式地使用“规矩”一词的专利权应当属于习近平总书记。想必也会像其他许多习式词汇一样，“规矩”一词也已成为习式热词，被广大群众和干部所熟知和流传。网络上有很多关于“习式热词”或“习氏语言（风格）”的总结。习近平总书记履任以来，已经创造了许多个生动活泼的、接地气的新词汇，又都不失其深刻性。在反腐败领域就有：“老虎苍蝇一起打”“（带电的）高压线”“稻草人”“纸老虎”，“铁帽子王”“绝不封顶设限”，“永远在路上”“进行时”“完成时”，“零容忍”“无禁区”“全覆盖”等。

从具体的、基本的含义上来看，“规矩”和制度并无二致。可以说规矩就是制度，具体包括党章党纪、法律法规以及一些未明文列入章纪和法规的党的优良传统和作风等。这些优良传统主要是指党的历史上所形成的各项优良传统和作风，也包括1949年3月，毛泽东在中共七届二中全会上的讲话中提出的“两个务必”，以及会议根据毛泽东的提议作出的“不做寿”“不送礼”等六条规定。在具体的论述中，习近平总书记常常将“规矩”一词与党章、党纪、纪律、法律、法规、制度、优良传统、工作惯例等概念交替使用，就说明“规矩”一词指代的就是这些概念。通过对十论“规矩”内容的梳理，可证明这一点。如果一定要在很多相似概念中选一个与“规矩”对应的词，最准确的要数“制度”一词。制度，特别是新制度经济学中的制度概念，就有正式制度和非正式制度之分。正式制度指的是成文的规则，包括法律、法规、纪律、章程等。非正式制度指的是非成文的规则，包括传统、习俗等。非正式制度正好与习近平总书记讲的“不成文的纪律”“优良传统”“工作惯例”等相对应。

之所以舍制度而用“规矩”，肯定有其不同于“制度”的地方。“规矩”主要是一个通俗概念，是一个普通老百姓使用的词汇，或说俗语、俗话，是一个口头语，而不属于书面语。正因为如此，在领导人讲话、正式文书中，通常都不使用“规矩”一词，而是使用那些正式的概念和书面用语。

（摘编自人民论坛网2015年3月9日，作者：任建明）

【视野拓展】

武西奇：党纪严于国法是对干部的最好保护

党规党纪严于国家法律，这是党的十八届四中全会提出的鲜明观点和重要论断。这一要求也是对党员干部的最好保护。

之所以这么说，是因为事实的教训已经十分沉痛。梳理落马官员的通报，涉嫌违纪违法可谓是常见的字眼。也就是说，当贪官被查处时，他们早已突破了党纪的红线。这也从一个侧面证明，正是由于党纪过于宽松，才导致官员一步步滑入违法的深渊。

严是爱，宽是害。坚持党纪严于国法，就是要把党纪挺在国法前面。用严格的纪律约束干部行为，把干部权力关进规矩的笼子里，无疑为避免干部犯下更大错误设置了一道屏障。

毕竟，违法乱纪所承担的后果大不一样。违反党的纪律，葬送的至多是前途或饭碗。可一旦触犯国家法律，那失去的将是自由或生命。两相比较孰重孰轻，想必这个账谁都能算清楚。

实际上，自从十八大以来，党纪严于国法并不鲜见。无论是中纪委每月对违反“八项规定”干部的通报，还是对昆明原市委书记张田欣、江西省委原秘书长赵智勇的断崖式降级处理，都让我们从中窥见了从严执纪正日益凸显。

干部并非天生就是贪官，他们的堕落大多是从违纪演变成犯法。在这个过程中，党纪绝不能被虚置。对苗头性问题应扯袖子，对顶风违纪要出重拳，不以问题小而姑息，不以权势大而破规。始终保持高压态势，让铁规发力、让禁令生威，以此倒逼干部收敛收手。

当然，干部若想真正保护好自己，最管用的办法还是要提高自律意识。试想，如果干部都能主动筑牢拒腐防变的思想防线，都能自觉把“守纪律、讲规矩”内化于心外化于行，那么党纪即使再严厉，问责板子也不会落到自己的身上。

（摘编自中国共产党新闻网 2015 年 7 月 13 日，作者：武西奇）

第七章

党的规矩严于国家法律

国家法律是全体公民必须遵循的行为底线。党员是有着特殊政治使命和政治责任的公民，因此，党规党纪对党员的要求必然要严于国家法律对普通公民的要求。认同和接受党规党纪的规范和约束，是对每位党员入党的基本要求。当党员握紧拳头向党旗庄严宣誓时，就意味着要主动放弃一部分普通公民享有的权利和自由，就必须多尽一份义务，就要在政治上讲忠诚、组织上讲服从、行动上讲纪律。党员干部特别是党的各级领导干部放弃的要更多，责任和担当要更大。有些事情，普通公民可以做，党员就不行。因此，自觉严格遵守党规党纪，是每一位党员的自愿选择，也是对党的庄严承诺。

【问题点击】

中共的政治规矩是什么

“政治规矩”确是一个新词，也是理解当下中国政治思路的一个关键词。新概念的提出，通常有其问题背景。而作为总书记，习近平为什么要提出遵守政治规矩呢？无疑，是因为党内存在不遵守政治规矩的表现。

比如，在原则立场上，不守规矩主要体现为不能自觉与党中央保持一致，包括“在原则问题和大是大非面前立场摇摆”“对涉及党的理论和路线方针政策等重大政治问题公开发表反对意见”，甚至“对中央方针政策和重大决策部署阳奉阴违”“口无遮拦，毫无顾忌”。

又比如，在党内团结方面，不守规矩的主要体现，是“团团伙伙”、小山头、小圈子、宗派主义。2013 年和 2014 年，习近平两次在不同场合表示，党的干部来自五湖四海，不能借着老乡会、同学会、战友会等场合，搞小圈子、拉帮结派、称兄道弟，“宗派主义必须处理，山头主义必须铲除”。

为什么？因为这涉及全党的“团结统一”。山头主义和宗派主义的出现，本质上就是“党内有党”，不仅可能在上情下达、方针执行上打折扣、搞对抗，甚至可能形成“门客、门宦、门附”的封建人身依附关系，在政治上形成一种抱团化、互相支持、互相提携的利益交换关系，使政治“潜规则”大行其道，破坏党的风气和统一。

习近平反复论及的另一个规矩，就是“组织”的重要性。要有组织、体现组织，就要体现程序意识。作为党员，组织性体现在哪里？下级服从上级、少数服从多数、遵循组织程序、听从组织安排、重大事项向组织请示报告。习近平批评道，现在许多干部没有程序意识，

“迈过锅台上炕”，或者是做先斩后奏的“事后诸葛亮”。

这种情况，主要体现为“组织意识淡漠、不向组织请示报告”，比如子女在国外定居、个人有几本因私护照、随意外出不报告、个人家庭发生重大变故不报告等。而这些，往往也是干部出问题的苗头，在近年来落马的官员中屡见不鲜。

政治意识不强、组织意识不强，一个干部就不免目中无人、心中无畏，甚至可能衍生出管不好身边人、擅权干政、干预选人用人、打招呼说情等问题，这些都是不守规矩的表现。

可以说，在今天重新提倡政治规矩，其本质就是为了维护党中央权威、维护党内团结统一、重塑党组织的纪律性和约束力，净化党的政治生态。

（摘编自人民网 2015 年 1 月 29 日，作者：申孟哲、陈振凯、刘少华）

【深度阐释】

一、党规是严于国法的政治“底线”

党规严于国法具体体现在三个方面：

一是约束更多

党员一些行为，在国法中可能没有涉及或明确规定，但在党纪中却是明令禁止的。新中国成立前夕，党就在西柏坡立下“六条规矩”：一不做寿，二不送礼，三少敬酒，四少拍掌，五不以人名作地名，六不要把中国同志同马恩列斯并列。这些对普通老百姓来说，都是人之常情，但对党员来讲就是刚性约束。近两年，中纪委和军纪委通报的违纪违规案例，不少是大操大办婚丧嫁娶，从法律角度讲这并不违法，但对党员干部来说就是违规违纪。我们党作为马克思主义政党，讲政治规矩是突出的特点和优势。如果党的政治规矩成了摆设，就会形成“破窗效应”，使党的章程、原则、制度、部署丧失严肃性和权威性，党就会沦为各取所需、自行其是的“私人俱乐部”，党的团结统一就成了一句空话。为此，习近平总书记严肃地告诫全党：“政治规矩这根弦不能松”，“干部在政治上出问题，对党的危害不亚于腐败问题，有的甚至比腐败问题更严重。在政治问题上，任何人同样不能越过“红线”，越过了就要严肃追究其政治责任。有些事情在政治上是绝不能做的，做了就要付出代价，谁都不能拿政治纪律和政治规矩当儿戏”。

二是处理更重

党员干部违法犯罪，不仅要受到与普通公民同样的法律制裁，还要受到党规党纪的严肃惩处。哪怕是一些涉及道德层面的问题，比如，弄虚作假、骗取名利，侮辱诽谤、诬陷他人，临危退缩、能救不救等行为，按目前国家法律处理起来，弹性空间很大，而党规党纪则有严格界定，一旦违背，就必须依纪依规严格追究。邓小平早就告诫，“党内无论如何不能形成小派、小圈子”。从已经落马的“老虎”看，“团体腐败”“塌方式腐败”让人震惊。社会上流行的“石油帮”“秘书帮”“西山会”等说法，都形象地揭示了搞“小圈子”“小团体”的危害性。正如邓小平所言，“小圈子那个东西害死人呐！很多失误就从这里出来，错误就从这里犯起”。如今锒铛入狱的“老虎苍蝇”应该认真体会一下邓小平这句话。“小圈子”，难免搞利益输送，难免搞派系政治。这是极为不健康的，也是不守政治规矩的恶劣体现。中共执政的鲜明优势就是党员干部的组织性和纪律性。任由一些人搞“小圈子”，搞人身依附，不仅破坏党的政治生态，也会殃及民风社风，乃至司法公正。而违反了政治规矩的人，不论职务有多大，级别有多高，都会受到党内惩处。

三是责任更大

党纪严于国法，纪律必须挺在前面，这是以习近平同志为总书记的党中央管党治党的新思路，也是新修订的《中国共产党纪律处分条例》所贯彻的初衷。实际上，每个腐败分子都不是一夜之间蜕变的，大多经历了从思想动摇到初尝“禁果”、从小打小闹到大肆贪腐的过程，甚至会采取一些手段掩盖自己的不轨行径，但纸是包不住火的，他们涉嫌贪腐的非法行为不可能天衣无缝。在这个时候，各级党组织和纪检部门要站出来履行组织赋予的职责，抓早抓小、抓细抓常，彻底扭转要么是“好同志”、要么是“阶下囚”的尴尬现状。为此，党员干部要主动适应纪在法前新常态，党规严于国法新常态。党员在遵守党规上必须有更高标准、更严要求，必须“坚守底线搞自律”“咬紧牙关防腐败”。只有敢于对违反党规的行为亮剑，使党的各项纪律和规矩都严起来，才能形成强大震慑，使党员干部对党纪党规心存敬畏和戒惧，不敢越雷池半步。邓小平说过，“没有党规党法，国法就很难保障”。党纪不仅用来规范党自身的内部行为，还要引领和保障国法得到切实有效执行。近两年，中央强势正风反腐，一些党员被处分，一些官员被查处，许多“老虎苍蝇”落网，为全面推进依法治国树立了导向。实践证明，只有充分发挥党纪的先导、核心和主体作用，才能促进科学立法、严格执法、公正司法、全民守法，以党纪保障国法实施，以国法强化党纪效能。

二、党规是严于国法的用权“红线”

规矩就是“红线”，踩了“红线”就会出问题、要被亮红牌：

一是不可逾越严以用权的边界

人都喜欢当官，因为当官有权、风光无限。但权力可以成就人，也可以毁掉人。过去，有的随意插手敏感事务，打招呼、递条子，让下级很难办；有的下基层摆架子、搞排场，随便承诺许愿。党的十八大以来，党纪党规新出台了一系列制度规定，我们要严格按规则、按制度行使权力，绝不能把制度规定当儿戏。重点要从严以用权入手，即依法确定权力、科学配置权力、制度约束权力、阳光行使权力、合力监督权力、严惩滥用权力。今天不把权力关进笼子里，明天可能人就被关进笼子里。这不是危言耸听，而是肺腑忠告。现在不仅纪律严、惩处重，而且调查手段先进，要摒弃侥幸心理。个别贪腐官员在忏悔中讲道：在收钱时从不碰五千元的“警戒线”，只是逢年过节收熟人和朋友的钱，每次都是两三千，感觉这是正常的礼尚往来，不算什么不正之风。殊不知，法官在量刑时，不光看我一次收了多少钱，而是和我“算总账”。这可谓是聪明反被聪明误的又一例证。因此，要自觉约束自己手中的权力，真正做到把权力关进制度的笼子里。

二是不可逾越党的决定

党的路线、方针、政策和各项工作任务，都是党的各级领导机关按照组织程序作出决定并付诸实施的，所有党员都必须坚决地无条件地结合实际，坚决执行党的决定。这是党员个人服从组织最集中的体现。区分党员干部与普通群众，检验一名党员干部合不合格，一个重要方面就看讲不讲党性，对于规矩和纪律仅仅是嘴上说一说，还是打心底里敬畏。当今社会，年轻人主张“我的青春我做主”，但对党员干部来说，必须把下级服从上级、个人服从组织摆在更高位置，这是组织原则；很多人向往“说走就走的旅行”，但对党员干部来说，重大事项必须向组织请示报告，这是党性要求；普通人求职可以“双向选择”，但对共产党员来说，组织交给的任务、作出的决定，要不折不扣落实，这是组织纪律。当前，有的党员干部对于上级甚至中央决定的事项，说三道四、指手画脚。这是个严肃的政治问题，是漠视组织纪律的表现，说明少数单位和个人思想上的分散主义、政治上的自由主义还没有挖掉根，还有一定的市场，必须引起重视，把强化组织意识、党员意识、服从意识提升到“讲政治、严纪律、守规矩”的高度去认识、去解决，决不能再“顶着干”“硬着来”，“打埋伏”“装糊涂”，甚至“乱告状”“乱反映”。当然，服从并不等于盲从，而是主动、自觉地执行组织确定的事项。对党的决议和政策，如有不同意见，可以按组织程序反映，但在组织没有改变决定之前，不得以任何借口阻挠、延缓、消极抵制决议的执行。

三是不可逾越党规的时代要求

习近平总书记在十八届中纪委五次全会上，系统概括了党的规矩的四个方面主要内容，突出强调党在长期实践中形成的优良传统和工作惯例也是十分重要的党内规矩。并鲜明提出："必须维护党中央权威，决不允许背离党中央要求另搞一套；必须维护党的团结，决不允许在党内培植私人势力；必须遵循组织程序，决不允许擅作主张、我行我素；必须服从组织决定，决不允许搞非组织活动；必须管好亲属和身边工作人员，决不允许他们擅权干政、谋取私利。"这些指示要求，观点鲜明，态度坚决，直击时弊，抓住了严守政治纪律和政治规矩的关键要害，具有很强的现实针对性。每名党员干部特别是领导干部都要把"五个必须、五个决不允许"当作为官从政的"紧箍咒"、个人家庭的"护身符"、立身做人的"座右铭"，时刻铭记于心，处处见诸于行。

三、党规是严于国法的交往"规则"

一是为避免对外交往庸俗"划线"

党员队伍是个特殊群体，党员交往也是有一定规矩的，不仅要遵守党的制度规定，而且要执行党的规矩。一些同志在与群众的交往中，却逐渐淡忘了党员身份。尤其是对交往存在片面认识，把一些乱拉关系、权钱交易、团团伙伙等支流现象当成了主流，总感到只有讲哥儿们义气、搞利益输送才能和人拉近关系，而看不到我们党整顿吏治的大气候、党委政府正风肃纪的大格局。有的还没有摆脱以往交往中形成的陈规陋习，明明按政策可以正常办的事，却非要搞一些潜规则。有的还在通过领导向上面搭天线、找门路，明修栈道、暗度陈仓。这种不讲政治、不守规矩的行为，必然会受到党纪党规的严厉惩处。

二是为避免对外交往过滥“划线”

人需要社会交往，但交往有原则、有底线、有规矩，否则就容易出轨出事。从上级通报的案件看，这几年有因乱交往被套进去的，有因交友不慎被拉下水的。“三圈”不净，必然染病；“三圈”干净，心安神静。全体党员特别是领导干部要自觉净化交往圈、生活圈、娱乐圈，涵养健康生活情趣，多交诤友益友，不能光交酒肉朋友，更不能交狐朋狗友。社会上一些心术不正的人千方百计与党员领导干部拉关系、套近乎，不是真讲感情，而是别有所图，不是内心尊重，而是设局利用。翻开那些被查处的腐败分子的忏悔书，这样的例子很多。这些案例告诉我们，领导干部要慎重把握好“八小时”外的朋友圈、生活圈、娱乐圈，保持健康情趣，严把“爱好”尺度，严防“雅贿”陷阱。还要认真吸取“家族式腐败”的深刻教训，管好家属子女，防止他们利用领导干部的影响牟取非法利益。要不断提高自我警醒的约束力、抵御腐朽思想侵蚀的免疫力，始终保持共产党员的政治本色、高尚操守和人格追求。

三是为避免对外交往过奢“划线”

“成由勤俭败由奢”。当年，国民党曾反省过自己腐败溃烂的原因，他们认为，过去北洋军阀被打败是他们本身腐朽，但在北伐后，“所有北洋军阀的毛病，在国民党的军队身上都已习染，不论在精神上、在行动上，都渐次趋于腐化堕落”，“几乎与北洋的军队如出一辙。”诸如滥肆吸烟、酗酒、打牌、嫖妓等。这是国民党军队溃败的最大原因。近几年，中国共产党党风廉政建设和反腐败斗争中揭露出来的一批反面典型，从反面充分说明了崇俭戒奢的极端重要性。奢侈奢靡、追求享乐、沉迷酒色是一些贪官的共同特点。广东贪腐会计吴灿乾在被法院审理时说了三句发人深省的话：第一，人的一生自由最重要；第二，人不可贪；第三，一个男人一辈子只跟一个女人睡觉是最幸福的事情……可谓话糙理不糙，发人深思。还是要提倡简食、简穿、简住、简行，健康生活、快乐工作。通过整风整改，现在应酬少，身体负担轻，神清气爽。越来越多的同志注意体育锻炼，不仅身体素质好了，而且跑出了好的生活习惯、好的生活作风。

【专家观点】……………………………………………………

黄新初：用纪律规矩把党员干部管紧管严管好

坚持纪在法前、以纪治吏，用纪律规矩管住大多数。党纪如同设于法律之前的屏障和防线，党纪失守了，党员干部就可能滑向违法犯罪的深渊。近年来，查处的领导干部违纪违法案件也深刻表明，“破法”者无不始于“破纪”。因此，全面从严治党，不能等党员干部违法了才去被动地执纪，而应把纪律规矩挺在法前，用纪律规矩管住大多数。只有这样，才体现了对组织的真负责、对事业的真担当和对干部的真爱护。

古语有云，不矜细行，终累大德。干部管理更是如此。事实证明，对干部存在的“小”问题搞“下不为例”“功过相抵”之类的“冷”处理，甚至“睁一只眼闭一只眼”，最后只会让干部的问题由小变大、由大变炸。这样做，表面上是在维护干部，实际上是害了干部。对此，积极借鉴中医“治未病”的理念，把严明纪律融入干部日常管理监督之中，充分发挥纪律规范行为、约束权力、预防犯罪的重要作用。重点通过专家讲授、集体讨论、案例宣传等多种方式，深刻阐释党纪和国法之间的辩证关系，教育引导广大党员干部充分认识到“党纪严于国法”“执纪优于执法”，在模范遵守国法的基础上，以更高标准、更严要求全面遵守党纪。

向各类违纪行为鲜明亮剑，严格执纪。法律的生命力在于实施，纪律也一样。如果纪律只是写在纸上、挂在墙上、讲在嘴上，而不能落实到行动上，长期下去就会成为“纸老虎”“稻草人”，丧失应有的权威和效用。过去一段时间，“四风”问题和腐败现象之所以在一些领域滋生、蔓延，一个重要原因就在于执纪失之于软、失之于宽。因此，落实全面从严治党的部署要求，严格纪律执行标准，始终坚持纪律面前人人平等、遵守纪律没有特权、执行纪律没有例外，确保纪律不因人因事一会儿紧、一会儿松，防止纪律变成“橡皮筋”，从而带来“破窗效应”。同时，把纪律执行情况作为监督检查的重要内容，以执纪必严、有违必查的决心和勇气，向各类踩“红线”、闯“雷区”的行为下狠手、出重拳，让已违纪者受到追究、付出代价，让想违纪者受到震慑、悬崖勒马。

（摘编自中国共产党新闻网2015年5月26日，作者：黄新初）

林伟：党纪国法是最基本的规矩和底线

被誉为“学者型官员”的广州市国土资源和房屋管理局原局长李俊夫，44岁便担任广州市正局级实职干部，他带领着广州对口援建汶川前线工作组在援建期间立下大功；他一人身兼市国土房管局、市住房保障办、市“三旧”（旧城镇、旧厂房、旧村庄改造）办、市土地开发中心四个部门一把手，意气风发……然而，正是这样一个学识渊博、思路清晰的光鲜人物，在短短的四年时间，竟变成了一个插手“民生工程”、聚敛数千万财富的“蛀虫”。

人不以规矩则废，家不以规矩则殆，党不以规矩则乱。党纪国法是最大的规矩，是从政做人的底线，是不可逾越的“红线”。身为党员干部，如果心中无党纪、眼里无国法，就必然会“踩雷”“越界”，甚至滑向腐败堕落的深渊。

在李俊夫的案例中，有许多抢眼之处。譬如，李俊夫是北京大学博士后，其妻王某是武汉大学的法学博士、知名律师，通过诚实劳动取得稳定、可观的收入，完全可以满足家庭的正常需要。当年‘5·12’大地震，李俊夫带领广州援建工作小组赶到汶川灾区，夜以继日，战天斗地，三年重建任务两年完成，被当地老百姓称为“英雄”。遗憾的是，英雄无视纪律和规矩，把党纪国法当成摆设，李俊夫把自己迅速切换为“阶下囚”，最终失去荣誉、失去家庭、失去自由。

要深刻汲取李俊夫的惨痛教训，做到“言非法度不出口，行非公道不萌于心”。要切记：心怀敬畏，才能慎始敬终；警钟长鸣，才能警笛不响。

（摘编自中国共产党新闻网2015年9月6日，作者：林伟）

郭俊奎：党员干部“讲规矩”就是坚守政治底线

俗话说，没有规矩，不成方圆。对广大党员、干部特别是领导干部来讲，规矩既包括党纪国法、规章制度，又包括道德规范、标准礼仪。作为担负着发展一方、稳定一方重任的人民公仆，坚决用规矩、按制度办事，体现的是品德和修养，表现的是政治上的清醒与成熟。只有讲规矩、守规矩，才能强化政治意识、大局意识、责任意识和纪律观念，自觉置身于规矩之下，严格按党性原则办事，按政策法规办事，按制度程序办事。也才能把握好自己的角色和位置，清楚自己的身份和职责，工作上尽职尽责，到位而不越位、错位。否则，就可能逾越章法，蔑视制度，最终走上违法犯罪的道路。

习近平指出：“遵守政治纪律和政治规矩，必须维护党中央权威，在任何时候任何情况下都必须在思想上政治上行动上同党中央保持高度一致；必须维护党的团结，坚持五湖四海，团结一切忠实于党的同志；必须遵循组织程序，重大问题该请示的请示，该汇报的汇报，不允许超越权限办事；必须服从组织决定，决不允许搞非组织活动，不得违背组织决定；必须管好亲属和身边工作人员，不得默许他们利用特殊身份谋取非法利益。”这些要求非常具体，非常发人深思。按道理，这些规矩大家应该都明白，可为什么在落实过程中会出现变调走样的问题？说一千道一万，是我们一些党员、干部特别是领导干部党性观念淡薄造成的。

坚强的党性修养就是规矩意识、纪律意识，就是底线思维，就是对规矩的敬畏之心。因此，党员、干部特别是领导干部一定要加强党性修养。要坚定理想信念，坚守党的政治方向，自觉维护党中央权威；要勇于担当、敢于负责，对党忠诚；要严以修身、严以用权、严以律己。讲程序守纪律，真正做到不放纵、不越轨、不逾矩。要坚决纠正不把规矩当回事，信口定规矩、随意改规矩、动辄废规矩的现象。要坚决防止为了个人或局部利益，搞“上有政策，下有对策”，或打擦边球、走偏门小道、翻越围墙等问题的发生。只有这样，才能让规矩和制度入脑入心，见微知著、防微杜渐，把住小节、守住底线，成为党和人民放心的人民公仆。

（摘编自中国共产党新闻网 2015 年 1 月 15 日，作者：郭俊奎）

【视野拓展】

王一：共产党的领袖这样立规矩

西柏坡纪念馆内，有这样一块展板，上面写着“根据毛泽东的提议，全会作出六条规定：一、不做寿；二、不送礼；三、少敬酒；四、少拍掌；五、不以人名作地名；六、不要把中国同志同马恩列斯平列。”这是当年对中国共产党人定下的规矩。

毛泽东对自己也立下不少规矩。他曾说自己的“亲情规矩”有三原则：恋亲不为亲徇私，念旧不为旧谋利，济亲不为亲撑腰。

1946 年初，毛岸英从苏联回到延安。离别 18 年的父子团聚，当然很高兴。可是毛泽东并没有把毛岸英留在身边。他对毛岸英说：“你在苏联大学毕业了，还参加过苏联卫国战争，可是你还没有上过中国这个革命大学。你对中国的情况了解得很少。缺乏实践，这一课应当补上。你应该到农村去拜农民为师，在那里可以学到在外国学不到的许多有益的东西。”

1950 年抗美援朝战争爆发，为了送毛岸英上前线，生怕彭德怀不同意，毛泽东备下家宴，为子求情报名。当听到爱子牺牲的消息时，毛泽东掩住悲伤之情，说道：“谁叫他是毛泽东的儿子啊。”

毛泽东兴趣广泛，还是诗人、书法家，他收到过许多书画家、收藏家、艺术家朋友馈赠的诗书画印等文物，但他并未将这些珍玩国宝归为己有。他自立规矩：党和国家领导人所收礼品，一律缴公。

1950 年，毛泽东亲笔致信当时的文物局局长郑振铎，将友人姚虞琴先生赠送的王夫之手迹《双鹤瑞舞赋》转交国家。他在信中强调：据云此种手迹甚为稀有，今送至兄处，请为保存为盼。获悉墨迹交至故宫博物院后，毛泽东甚为欣慰，但不欲将自己捐献之事过分张扬，便批复：此物似乎只可收藏，不必陈列展览。

此后，毛泽东又多次将中外友人所赠之私人礼品上缴国家。据原国家文物局局长吕济民回忆，1952 年 12 月，毛泽东还将友人赠送的钱东壁临写的《兰亭十三跋》转送故宫。

1956 年，大收藏家张伯驹先生将自己收藏的李白《上阳台帖》赠送给毛泽东。毛泽东对李白诗词颇为推崇，面对这件可能是唯一的李白传世墨迹，自然爱不释手，但仍按规定将《上阳台帖》转赠故宫博物院收藏。

（摘编自中国共产党新闻网 2015 年 6 月 5 日，作者：王一）

第八章

讲规矩是对党员干部党性的重要考验

讲规矩是对党员干部党性的重要考验，是对党员干部对党忠诚度的重要检验。党的政治规矩是依据于党的性质、宗旨、任务等在长期的革命建设过程中逐步形成的，是党的理论、路线、纲领、经验等在政治实践中的体现，也是党员领导干部的党性观念、宗旨意识的体现，尤其强调要加以自我约束。自觉遵守党的政治规矩，不仅符合党的利益、符合国家和人民的利益，更意味着牢固树立了党的意识，有较强的党性观念和觉悟。有了这样的党性和觉悟，就必然会为自觉地遵守党的政治纪律奠定扎实的思想基础，从而能够更好地恪守全党在政治方向、政治立场、政治言论、政治行动方面的刚性约束，始终同党中央保持高度一致。

【问题点击】

党员干部必须遵守政治规矩

不可否认，在一些干部和党组织那里，依然存在对政治纪律不以为然、把政治规矩不当回事的误区。比如，有些人认为，自己没有腐败问题就行了，其他问题都“不算个事”，没什么可怕的。一些党组织习惯于把监督防线只设置在反对腐败上，认为只要干部没有腐败问题，其他问题就都可忽略不计，没有必要也不愿意加以追究。

“纪纲一废，何事不生”？事实证明，思想上放松了政治纪律和政治规矩这根弦，言行上就会弊端丛生。为了所谓的“仕途”，搞团团伙伙、拉帮结派的有之，搞匿名诬告、制造谣言的有之；为了所谓的“羽毛”，搞自行其是、阳奉阴违的有之，搞东西摇摆、左右逢迎的有之；甚至为了所谓的“美誉度”，口无遮拦、毫无顾忌，什么共识都敢挑战、什么底线都敢触碰，全然没有一个共产党人的起码觉悟和规矩。

“不矜细行，终累大德”，不守规矩特别是不守政治规矩是最大的危险。政治问题和贪污腐败、违反党纪和触犯国法，其实是一条藤上的两个瓜，往往是相伴而生的。不懂规矩、不守纪律，长此下去就会言行失当、失范、失控、失节。吃吃喝喝里面有名堂，勾勾搭搭背后有猫腻，搞拉帮结派、收买人心这些事，没有物质手段能做到吗？反过来，如果动了贪腐心思、存在腐败行为，就会想方设法搭“过墙梯”、寻“安全通道”、找“保护伞”，就会去搞团团伙伙、帮帮派派，就会无视和破坏党的规矩。

在严格党的政治规矩上，殷鉴不远。苏联解体前，苏共放弃了民主集中制原则，党员公开反对党的决议、对抗党的政策，从无视规矩到破坏规矩，从思想混乱演变到组织混乱。在 20 万党员时建国、200 万党员时卫国、2000 万党员时却亡国，政治规矩动摇的教训，十分惨痛。在大是大非问题上有坚定立场，对背离党性言行有鲜明态度，这是每个共产党员应有的基本政治觉悟。懂规矩才有定力，守规矩才不乱方寸。对领导干部来说，必须做到任何时候、任何情况下都不越界、不越轨、不越底线。

（摘编自《人民日报》2015 年 1 月 19 日第 4 版，作者：思远）

【深度阐释】……………………………………………………

一、讲规矩就要对不良现象高度警惕

一要高度警惕信仰缺失的问题，防止思想变质、丧失定力

有的贪污腐败干部，管灵魂的出卖灵魂，管反腐的带头腐败，管干部的带头卖官鬻爵，讲艰苦奋斗的带头贪图享乐。说一套做一套、明一套暗一套，台上讲信仰治贪腐、台下弃灵魂要特权，口是心非、人格分裂，是典型的“两面人”。以毛泽东所讲的“进京赶考”标准来衡量，他们无疑是“落榜生”。当前，有些党员干部对党的方针政策和上级决策部署，学得不深、理解不透，说三道四；有的对改革议论纷纷，政策还没有出台，就跟着散布谣言；有的对一些贬损党的领导和国家形象的言论抵制不力，人云亦云；还有的遇事求神问卦，迷信风水和“大师”，等等。这些问题对普通民众可能是一般小事，但对共产党员来说，根子上就是涉及信党、忠党、护党的问题。党员干部一举一动、一言一行，群众都会看在眼里、记在心里，如不谨言慎行，势必会损害党的形象。加强党员队伍建设必先强心、强心重在铸魂。我们一定要从贪腐分子身上汲取教训，高度警惕信仰缺乏的问题，始终仰望星空坚守精神高地，脚踏实地深扎信念之根，真正做到利益在前而不见，疾雷破柱而不惊，风浪考验而不惧。

二要高度警惕弱化党的领导的问题，防止传统丢失、政治投机

有的贪污腐败干部，把权位置身于党纪法规之外，把权重凌驾于集体领导之上，把市侩作风渗透进党内生活之中，把江湖法则运用于官场权术之内，组织之外搞组织，程序之外设程序，竭力把党组织搞成宗派主义的小山头，严重破坏党的思想路线、组织路线、干部路线，严重玷污党的领导，践踏党的组织原则和政治规矩，损毁党的威信。这就要求我们全体党员要始终扭住对党忠诚这个核心，始终在思想上、政治上、行动上与党中央和习近平总书记保持高度一致，始终摆正党员的身份位置，自觉接受党的领导、教育管理和监督，确保不越政治红线。

三要高度警惕用权任性的问题，防止弄权谋私、唯亲唯利

有的贪污腐败干部，崇尚权力本位，自恃言重于法、权高于法、情大于法，肆意破坏党的组织制度和原则，选人用人唯亲唯利，明目张胆卖官鬻爵，致使搞人身依附、不跟组织跟个人、找关系架天线等歪风邪气滋生蔓延。吏治腐败是最大的腐败。现在有些现象仍然值得我们关注，比如：以人划线、以地域划线、以感情划线的问题在个别单位还有反映；有的是非不分，成长进步感谢个人不感恩组织；在权力姓公还是姓私的问题上，还有一些干部信奉“有权不用、过期作废”，巧立名目、吃拿卡要等行为还未彻底杜绝，等等。这些用权行为都背离了我们党的根本宗旨，损害党的凝聚力和感召力。要知道权有多大，责就有多重，我们必须坚持“法无授权不可为”，多讲“按规矩办”、少讲“我说了算”，切实珍惜权力、管好权力、慎用权力。

四要高度警惕道德滑坡的问题，防止贪慕虚荣、交往庸俗

有的贪污腐败干部，在虚荣和享乐心理驱使下，凡事讲身份、讲排场、讲面子，把人民的血汗肆意挥霍，把国家的钱财据为己有，把单位的底子掏空偷尽。他们热衷于与商人大款打交道，利用职权帮助商人投机，最终在违法犯罪的道路上越陷越深。反思党员干部队伍建设现状，有的玩心较重，事业心责任感不强；有的喜欢攀比，爱慕虚荣，热衷穿名牌、高消费；个别还参与赌博，留恋声色犬马，管不住八小时之外的圈子；等等，这些生活方式与“勤俭节约”“艰苦朴素”“品格高尚”等光荣传统和德行修养要求是格格不入的。党员干部德不配位，早晚要出问题。我们一定要紧紧扭住立身立业立德的基本问题，自觉培养高尚的道德情操和健康的生活情趣，永葆党员的先进性模范性。

二、讲规矩就要对党规尺度严格把握

（一）要把忠诚于党作为最高要求，做到政治上始终保持清醒

对党忠诚，既是守纪律讲规矩的最高要求，也是做一名合格党员的基本标准。习近平总书记指出：“全党同志要强化党的意识，牢记自己的第一身份是共产党员，第一职责是为党工作，做到忠诚于组织，任何时候都与党同心同德。”对应这一指示要求，应该说广大党员干部队伍在举什么旗、走什么路上总体是清醒坚定的，重要关口、重大是非面前能站稳立场、经受住考验，这一点要充分肯定。但在具体工作和实际生活中，也有不少表现出“亚忠诚”“伪忠诚”，甚至不听组织招呼、只围绕个人转的“愚忠诚”现象依然存在，从根子上讲都是缺少爱党、忧党、兴党、护党的自觉意识。

一是必须在深学党纪条规上忠诚，不装模作样。守纪律讲规矩，起决定作用的还是内因，思想生了锈行为才会锈。党的十八大以来，中央制定出台干部任用、工程建设、财经管理、纪律约束等一系列党纪条规，特别是《中国共产党廉洁自律准则》《中国共产党纪律处分条例》，很具体很明确，指向性很强，集中体现了党的最新大政方针和政策主张。对这些新规定新要求，不能等待观望，要立学立行、立整立改、立竿见影，千万不能再按老套路办，否则就会稀里糊涂犯错

误。实际上，很多事情党纪条规都有明确规定，平时认真学一学、看一看，做事前好好查一查、想一想，就能形成依法从政、依纪办事的思想自觉和行为自觉。

二是必须在高举党的旗帜上忠诚，不犹豫摇摆。我们党成立时，在嘉兴南湖的红船上，党的一大代表郑重宣誓“为共产主义奋斗终身，永不叛党”。从那一刻起，忠诚就镌刻在党的旗帜上，成为共产党人的强大精神支柱。现在社会思潮纷繁复杂，多元思想文化交融交锋，各种噪声杂音此起彼伏。如果没有很高的政治素养，就会被假象所迷惑、歪理所蛊惑，甚至迷失政治方向。要求我们必须始终以党的旗帜为旗帜、以党的方向为方向，准确把握中央对国际国内形势的科学判断、对热点敏感事件的准确定性，把言行一致、忠诚于党放在第一位，决不能嘴上喊忠诚、私下不忠诚，更不能想怎么干就怎么干。

三是必须在遵守党的纪律上忠诚，不说三道四。网上热议的毕福剑“饭局门”事件，其言行折射的是对党不忠、表里不一。这种不守规矩的问题，不仅仅是对个人荣誉的损害，更是对党的威信的严重危害。新颁发的《中国共产党纪律处分条例》第四十六条明确规定：“妄议中央大政方针、破坏党的集中统一的，丑化党和国家形象的，诋毁、诬蔑党和国家领导人的，或者歪曲党史、军史的”，情节严重要开除党籍。我们应当以此为戒，始终把权利与义务统一起来，不能只要党员名号不尽党员义务，只享受入党带来的光荣不履行党员义务；把人格与党格统一起来，不能昧着良心，“一边吃共产党的饭、一边砸共产党的锅”；把说的和做的统一起来，不能嘴上说的好、实际行动差，推诿扯皮瞎忽悠，做到对上对下一致、对人对己一致、人前人后一致，绝不能犯政治上的幼稚病、糊涂病。

（二）要把自觉锤炼党性作为根本指向，做到原则面前始终保持硬气

党性原则是共产党人的根本政治品格，是严守政治纪律和政治规矩最集中的体现。习近平总书记指出：“要在大是大非考验中、在与不正之风斗争中、在处理解决各种复杂矛盾和棘手问题中锤炼党性。”这三种环境既是在锤炼党性，更是在检验规矩。

一是越是重要关口越要经受磨炼。党员干部在工作实践中会遇到各种各样的风险和考验。比如，任务面临复杂情况和危局险情时，是勇于决断、敢于担当，还是畏首畏尾、怕负责任，这是个考验；当遇到建设难题和棘手敏感问题时，是直面问题、迎难而上，还是回避退缩、等靠推脱，这也是考验；与同志们有不同看法和意见分歧时，是顾全大局、求同存异，还是意气用事、固执己见，这还是考验；当在进退走留问题上没有如愿时，是正视现实、正确对待，还是怨天尤人、意志消沉，这更是考验。在这些考验面前，党员干部必须做出正确选择。这最能检验党性，也最能锤炼党性。只有经常对照党章的要求、岗位的责任检讨反思自己，才能努力克服私心杂念，做到严守规矩、一心为公。

二是越是矛盾尖锐越要坚守党性。习近平总书记指出，党内政治生活是锻炼党性、提高思想觉悟的熔炉，如果炉子长期不生火，或者生了火却没有足够温度，是炼不出钢来的。前一段时间，我们两级党委召开了专题民主生活会，虽然会议质量相比以往有了明显的提升，该向组织说清楚的说清楚了，该交明白账的交了明白账，但仍有一些实质性的问题还没有真正解决到位。需要我们进一步在落实组织生活制度上严起来，特别要把贯彻民主集中制作为必修课，减少违反政治纪律和政治规矩的几率；在批评与自我批评上严起来，特别要经常开展积极健康思想交锋，倡导如实反映问题，自觉维护党内团结；在组织监督管理上严起来，特别是在处理一些应该由上级组织统一决定的重要问题时，必须事前请示、事后报告，不能搞先斩后奏，甚至斩而不奏。

三是越是位高权重越要老实做人。周恩来总理有一句名言，“世界上最聪明的是最老实的人，因为只有老实人才能经得起事实和历史的检验”。现在看来，所谓的老实人大抵有三种表现：一是憨厚朴实不作为的；二是善于伪装不显露的；三是忠诚智慧有担当的。前两类人，看似都很老实，但决不是我们倡导的，因为人不可能以憨厚和虚伪换来同情、获得信任，靠包装、靠权术，肯定不会长久。如果党员干部特别是领导干部说的与做的不一样、台上与台下不一样、人前与人后不一样，世故圆滑，给人一种不可靠、不安全感。党员干部怎么样，一个单位的群众最有发言权。只有说话办事襟怀坦荡、对上对下诚恳实在，只有经常用纪律之镜照自己、拿规矩之尺量自己，做到任何时候正人先正己，才能以真理的力量、人格的力量影响和感召群众。

（三）要把履行岗位职责作为重要任务，做到责任面前始终坚持担当

纪律和规矩的生命力在于执行，权威性也在于执行。所以守纪律讲规矩，就是要担当尽责。一个具有人格魅力的党员干部，既是一个守规守纪、坚持原则的人，也是一个勇于作为、敢于担当的人。

一是必须在是非面前敢于较真。衡量一名党员干部有没有担当精神，很重要的是看在大是大非面前有没有旗帜鲜明的态度、坚决果断的行动和主动到位的意识。当前各种文化交融交锋，网上网下斗争激烈，各方力量竞相发声，各种谣言甚嚣尘上，对群众思想冲击很大，对党员领导干部的思想定力影响不小，一定要有清醒认识。无论是理论学习、思想教育还是文化建设等各方面，都要注重围绕解决群众现实问题和活的思想去做。对那些否定党的领导、攻击社会主义制度等政治性问题，以鲜明态度主动发声、有理有据正面回应，坚决将其批驳倒，绝不能藏头缩尾、沉默失语，更不能随声附和。

二是必须在危机面前敢于出手。现在有些党员干部，缺乏担当精神，面对困难推卸责任，尤其是一些棘手问题，脑子里只装着“请示”二字，往上级推，不作为现象突出，把风险和矛盾上交；貌似尊重上级，实则是为了推卸责任。作为党员干部，应该对党和国家的长远建设负责，而且要负责到底，不能遇到矛盾绕着走、出了问题就扯皮，而是主动靠前、主动作为、敢抓敢管，想方设法化解矛盾、破解难题，替组织分忧，让群众信赖。尤其面对突发情况要有胆有识、果断决策，危难关头豁得出来、顶得上去，带领广大群众战风险、渡难关，真正在关键时刻发挥关键作用。

三是必须在错误面前敢于担责。人非圣贤，孰能无过。工作中出现失误并不可怕，可怕的是不敢正视错误、承担责任。随着依法依规治党力度加大，问责追责力度必然加大。一个班子成员出问题，要查主要领导的责任；下级出问题，要查上级的责任。不能责任落到自己头上，还感到很委屈，上推下卸、挑不起来。现在有少数同志，一心想进步，但又不用心干事，该管的事不管，该负的责不负，有了成绩都归自己，出了问题都推给他人，只想舒舒服服当官，不想兢兢业业做事。作为党员干部，必须功过分明，勇挑重担，严格遵规守纪。

三、讲规矩就要对党规界线保持清醒

（一）常练内功，在自觉认同中筑起思想防线

一是在真懂上下功夫。学纪知纪，才能守纪用纪。党员干部必须带头学习党纪法规、各项规章制度，尤其要注重加强近些年修订或出台的党内新规学习，逐条逐项弄清楚什么该干、什么不该干、标准是什么、有什么要求。始终牢记法律红线不可逾越、法律底线不可触碰，严格按照法规制度议事决策、开展工作、处理问题，讨论问题讲民主、决策问题讲程序、执行决议讲纪律，自觉用法规制度管人、管事、管钱、管物，坚决防止搞自由裁量、打“擦边球”甚至集体闯“红灯”。

二是在笃信上下功夫。有的同志只是把纪律和规矩当口号喊、当标签贴，始终没有化作内心认同，在执行政策中，“两个嘴巴说话，两张面孔做人”，这就是不信规矩、不守规矩的表现。守规矩就要体现在坚定不移贯彻上级指示要求上，不能当面一套、背后一套，搞

“独立王国”。

三是在践行上下功夫。能不能践行政治纪律和政治规矩，是党员干部党性观念的试金石。敬爱的周恩来总理曾以“十条家训”严格约束自己和家人，并终生坚守。其一，晚辈不准丢下工作专程来看望我，只能在出差顺路时来看看；其二，来者一律住国务院招待所；其三，一律到食堂排队买饭菜，有工作的自己买饭菜票，没工作的由我代付伙食费；其四，看戏以家属身份买票入场，不得用招待券；其五，不许请客送礼；其六，不许动用公家的汽车；其七，凡个人生活上能做的事，不要别人代办；其八，生活要艰苦朴素；其九，在任何场合都不要说出与我的关系，不要炫耀自己；其十，不谋私利，不搞特殊化。正是严于这样的家训，周总理的夫人邓颖超作为党内元老定级为行政五级，本来无可非议，可是他硬是压下一级。他的弟弟周恩寿，侄辈周秉德、周秉健等人非但没“沾光”，反倒因此多受了一些苦。作为党员干部要像周总理那样，严于律己，以身作则，凡是纪律规定要求做到的都要带头做到，凡是纪律规定禁止的都要带头禁止，坚持处事讲原则、用权守规矩、为官保本色。

（二）常敲警钟，在严于自律中不断砥砺

所谓“畏法度者最快乐”。党员干部要始终做到警钟常鸣，视党纪法规为悬在头顶的“三尺利剑”，自觉克服“无人知、没人见”的侥幸心理，牢记“若要人不知，除非己莫为”的古训，才能在严于自律中砥砺过硬的政治品格。

一方面要始终心存敬畏。敬畏方能禁止。敬畏规矩是一种信念、一种素质、一种态度，更是一种修养境界。一个人只有对规矩有敬畏之心，才会思而合乎理智、行而不忘法纪，自觉用纪律规矩约束自己。个别党员干部之所以走上违法犯罪道路，很重要原因就是缺少“怕”的意识，总以为自己本事很大、“能量”很足，不把组织、领导放在眼里，甚至对法规也要蔑视几分。比如，原广州市委书记万庆良，在中央八项规定出台特别是中央整治“会所中的歪风”通知下发以后，仍然先后出入高档会所21 次，在会所高消费，大吃大喝。可以说是目无法纪，胆大妄为，最终受到组织严肃查处。因此，每名党员干部，都要常怀对法纪的敬畏之心，牢记法纪红线不可逾越、法纪底线不可触碰，做到心中有法纪、办事守法纪、言行合法纪。另一方面要保持谨小慎微。人的思想变化往往都是从“第一次”开始的，有了“第一次”，就会渐渐习以为常，甚至一发不可收拾，从而彻底滑入贪腐深渊。谷俊山、王守业等腐败分子走向犯罪的深渊，都是从吃一顿“便饭”、进一次舞厅等看似小事开始的。党员干部要有一种“积小善成大德”的精神，不因善小而不为，不因恶小而为之，自觉做到以“蝼蚁之穴、溃堤千里”的忧患之心对待一思一念，以“如临深渊、如履薄冰”的谨慎之心对待一言一行，以“夙夜在公、寝食不安”的公仆之心对待一岗一职。

（三）常晒阳光，在接受监督中不断校正

阳光是最好的防腐剂。党的发展历史证明，严格的组织生活，是有效教育、管理和监督党员，引导党员自觉加强党性锻炼、发扬正气、纠正歪风的重要措施，是党始终充满生机活力的内在动力。一方面，要严格落实组织生活制度。党章明确规定“每个党员，不论职务高低，都必须编入党的一个支部、小组或其他特定组织，参加党的组织生活，接受党内外群众的监督。”很多走入犯罪的领导干部在忏悔时都讲到，自己没有过过组织生活，久而久之，就失去了这种意识。鹤壁市军分区原参谋长鲁先诚严重违纪违法案件，就是他长期脱离组织生活，放纵自我，该学习的时间他溜号，该过组织生活的时候他在拜神供佛，最后，沦为了阶下囚。另一方面，要自觉接受组织和群众监督。作为党员干部，自觉接受组织和群众监督是保持党员本色的客观要求和重要保证。党员领导干部应当明白，组织和群众监督，表面上看是与自己“过不去”，实际上是政治上的关心和爱护，只有自觉接受监督，才能永葆党员的先进性。因此，党员领导干部无论职务高低、资历深浅、功劳大小，都要把自己置于组织和群众监督之下，不做特殊党员。2015 年 9 月查处通报的湖南省交通厅原党组书记陈明宪案就非常典型。陈明宪头顶全国劳模、“茅以升桥梁大奖”获得者等多个光环，但他在主政期间，不接受组织和群众监督，违法乱纪令人发指，涉案 6 000 余万元。他回忆为期两年半的“一把手”生涯时，说道：当了“一把手”，说话算话，管用了！反对我的人不吭声了，远离我的人一下子亲近了，不听话的服服帖帖了，一呼百应，呼风唤雨！据了解，在他任上，交通厅党组会长期不开，从工程立项到干部人事安排，一手遮天，失去了组织和群众的监督，使他忘乎所以，直至堕入腐败的深渊。

【专家观点】

高波：讲纪律、守规矩是中国共产党人的一个政治基因

讲纪律、守规矩，这是中国共产党人的一个政治基因。在党史当中有很多的细节场景、人物故事等，启人深思、发人深省。我们通过阅读这样的党史方面的研究著作，回到我们党群、干群关系的原生态，找回忠诚、干净、担当的原动力。

我们的纪律是活在党章中，因为党章是我们党的根本大法，治党管党的总章程。党章在历史的发展过程当中，根据革命、改革、建设、发展的形势的变化在做适应性的调整。在修正、调整党章的过程当中，党的纪律也是在与时俱进、与时俱新的。党章是一把尺子，量出了我们党的规矩和方圆。从党章中的纪律、规矩，我们可以看出，我们中国共产党人的品牌资产是牢不可破的。

党的十八大以来正风反腐取得了非常明显的、举世公认的成效。有一个基本的经验，就是中央以身作则、以上率下、言出必行，说到

做到。中央党校门口有四个大字“实事求是”。“实事求是”的前端有一个基本的道理，“说到做到”。言出必行，言必信、行必果。周恩来总理和邓颖超，虽然他们是夫妻，但他们在长期的革命生涯当中，甚至在家庭生活当中，都严守秘密，不该说的事情绝对不会说，不该问的事情绝对不会问。这是一种严格的自律，从我做起这样一种行为示范，榜样的力量。

（摘编自人民网－中国共产党新闻网 2015 年 4 月 2 日，作者：高波）

邓联繁：政治纪律是第一位的纪律

中共中央印发新修订的《中国共产党纪律处分条例》（以下简称《条例》）对以下六种“乱作为”和一种“不作为”现象说不。

一是不当的政治言论和政治表达（第四十五条至第四十八条）。新《条例》首先规范的是政治言论和政治表达，包括反对党的基本理论、基本路线、基本纲领、基本经验、基本要求或者重大方针政策等言行，特别是反对或违背四项基本原则、改革开放决策的言论。如，广西壮族自治区南宁市委原书记余远辉公开发表与全面从严治党要求相违背的言论，触碰到了政治纪律的底线。

二是非组织政治活动（第四十九条至第五十二条）。严密的组织纪律性是党的凝聚力、战斗力和创造力的基本保证，组织涣散、拉帮结派则是党的大忌和大患。新《条例》列举了以下四种非组织政治活动：第一种是旨在反对党的领导、反对社会主义制度或者敌视政府等组织的活动；第二种是组织、参加会道门或者邪教组织；第三种是在党内组织、参加秘密集团或者其他分裂党的活动；第四种是在党内搞团团伙伙、结党营私、拉帮结派、培植私人势力或者通过搞利益交换、为自己营造声势等活动捞取政治资本的活动。其中，第四种行为系修订新增。如，周永康、令计划、苏荣等案，暴露出拉帮结派的严重危害。

三是不与中央保持一致的失职滥权行为（第五十三条）。同党中央保持一致不是一个空洞口号，其基本要求是：在指导思想和路线方针政策以及关系全局的重大原则问题上，全党必须在思想上政治上行动上同党中央保持高度一致，决不允许有令不行、有禁不止，甚至自以为是、另搞一套。新《条例》剑指“拒不执行党和国家的方针政策以及决策部署”，是严重的失职行为；“故意作出与党和国家的方针政策以及决策部署相违背的决定”，“擅自对应当由中央决定的重大政策问题作出决定和对外发表主张”，是严重的滥权行为。上述三种行为，最后一种属于此次修订新增，它们都明显没有与中央保持一致，严重损害中央权威。如，内蒙古自治区政府原副主席潘逸阳等在党的十八大后仍不收敛、不收手，顶风违纪，影响恶劣。

四是违反党和国家民族政策和宗教政策的行为（第五十四条至第五十六条）。具体包括：挑拨民族关系制造事端或者参加民族分裂活动的行为；组织、利用宗教活动反对党的路线、方针、政策和决议，破坏民族团结的行为；组织、利用宗族势力对抗党和政府，妨碍党和国家的方针政策以及决策部署的实施，或者破坏党的基层组织建设的行为。民族问题、宗教问题历来是政治问题，关系到国家的统一和安全。新《条例》基本上继承了旧《条例》的规定，体现了对民族政策和宗教政策延续性的重视。

五是对党不忠的行为（第五十七条至第五十九条）。党章规定，对党忠诚老实是党员必须履行的义务，“对党忠诚”是入党宣誓词的重要内容。信仰与行为，在国内与国外、顺境与逆境的表现，都可以反映出是否对党忠诚。新《条例》具体规定了以下对党不忠的行为：对抗组织审查；组织或参加迷信活动；在国（境）外、外国驻华使（领）馆申请政治避难，或者违纪后逃往国（境）外、外国驻华使（领）馆，等等。其中，对抗组织审查行为或参加迷信活动系新增。如，不久前通报的国家安全生产监督管理总局原党组书记、局长杨栋梁存在干扰、妨碍组织审查的违纪行为。

六是在涉外活动中造成恶劣政治影响，损害党和国家尊严、利益的言行（第六十条）。随着我国的发展，国内外的党际交往、涉外活动越来越多，加强涉外活动的纪律要求，势在必行。旧《条例》仅针对“行为”，新《条例》将之修改为“言行”，更加全面。

七是不作为（第六十一条）。新《条例》将“党员领导干部对违反政治纪律和政治规矩等错误思想和行为放任不管，搞无原则一团和气”纳入纪律处分范围，有利于更好地维护政治纪律的严肃性和权威性。如，2015 年6 月，湖北省地税局原党组书记、局长许建国因全省地税系统不认真落实中央八项规定精神，不认真整改巡视组发现反馈的问题，被追究主体责任、免去职务。

（摘编自人民网－中国共产党新闻网 2015 年 11 月 3 日，作者：邓联繁）

【视野拓展】

薛庆超：党中央延安时期“立规矩”

习近平总书记强调，要严明政治纪律和政治规矩、加强纪律建设。这是针对新形势新任务新情况对党员、干部提出的严格要求。从历史上看，中共中央在延安时期曾针对严重违反政治纪律的王明专门“立规矩”。

当时，王明刚从苏联回国，就在中央政治局作报告，反对中央路线。他任长江局书记期间，反对毛泽东提出的独立自主的山地游击战，反对把党的工作重心放在战区和敌后；拒不执行中央指示，不经中央同意，擅自代表中央发表宣言、决议和违背中央方针的演说与文章。

为了统一全党思想，中央决定召开六届六中全会。会前，从苏联回国的王稼祥向中央政治局传达共产国际总书记季米特洛夫的意见

“（共产）国际认为中共的政治路线是正确的，中共在复杂的环境及困难条件下真正运用了马列主义。”

1938年秋，中共六届六中全会通过政治决议案，同时强调增强党的团结和加强党的纪律的重要性，“共产党的团结统一，首先是中央及各级领导机关，尤其是八路军、新四军中党的领导干部，和各中央局及省委的团结和统一，是保证抗日民族统一战线向前巩固和扩大的最基本前提。”“每个共产党员应该爱护党和党的团结统一有如生命。”针对王明破坏党的团结和纪律的行为，重申“少数服从多数、个人服从组织、下级服从上级、全党服从中央”。

六届六中全会制定了几个党的重要“规矩”：《关于中央委员会工作规则与纪律的决定》《关于各级党委暂行组织机构的决定》《关于各级党部工作规则与纪律的决定》等，强调党员必须遵守民主集中制原则，中央委员如果没有中央委员会、中央政治局及中央书记处的委托，不得以中央名义向党内党外发表言论与文件；中央委员不得在中央委员会以外对任何人发表与中央委员会决定违反的意见，亦不得有任何相违反的行动。

历史和现实都证明，共产党员尤其是领导干部，必须讲规矩。只有这样，才能保持党的团结和统一，夺取革命、建设和改革的胜利。

（摘编自《人民日报》2015年3月24日第18版，作者：薛庆超）

第九章

把党的规矩立起来严起来

习近平总书记在十八届中央纪委五次全会上强调，党的规矩不能立起来、严起来，党的团结统一就无法保障，我们这个党就不会有前途和希望。党的规矩不张，总根子在于一些党组织管党不严、治党不力。为此，必须坚持全面从严治党，把纪律建设摆在党的建设更加重要的位置，切实把党的规矩立起来、严起来。守纪律讲规矩不是一句空话，必须具体体现到各级党组织管党治党的全方位和党员干部日常工作生活的全领域之中，切实做到政治上讲忠诚、组织上讲服从、行动上讲纪律。这就要求各级党组织按照全面从严治党的要求，把严明党的规矩放到重要位置来抓，努力在全党营造讲规矩、守规矩的氛围。

【问题点击】

旗帜鲜明地反对无视党的规矩的现象

从近年来查处的领导干部严重违纪违法案件看，破坏党的政治规矩、无视党的政治纪律的现象非常严重，在一些地方和单位，无视党的规矩的现象带有一定普遍性，甚至成为“流行病”“传染病”，突出表现在以下几个方面。一是搞小圈子，拉帮结派。有的领导干部为了谋取权力和巩固地位，搞结党营私、团团伙伙；有的以地域、同学、战友或出身、经历划界，立山头、搞宗派，把正常的同志关系扭曲成庸俗的人身依附关系。一些党员干部也整天琢磨拉关系、找门路，加入形形色色的“小圈子”，相互盘根错节、结成势力、左右决策、尾大不掉。二是搞本位主义，阳奉阴违。一些地方和单位在落实政策、执行决策上打折扣、作选择、搞变通。这些行为，往往穿上考虑地方实际、鉴于特殊情况、有利地方发展等“合法外衣”，具有很强的隐蔽性，表面是工作问题，实质是纪律问题，是不听号令、政令不畅，违反政治纪律和政治规矩。三是搞自由主义，乱发议论。有的党员干部对党的路线方针政策和上级重大决策部署，不负责任地随意发表不一致的言论。有的热衷于编段子、发段子、讲段子，传播政治谣言，丑化党的形象。有的无密可保，常委会还在研究的事项就能不胫而走，党内还未传达的精神党外已经传开。四是搞虚无主义，信仰丧失。十八大以来湖北省查处的省管领导干部中，29.5%的干部有违反社会主义道德的行为。大多数被查处党员干部的“忏悔录”中都有一条，就是理想信念迷失，精神家园失守。

党的规矩不张，总根子在于一些党组织管党不严、治党不力。一些党组织和党员干部关注腐败问题忽视政治问题，党的规矩的约束性被“弱化”。相当一部分党组织把管党治党的防线设在反对腐败上，认为干部只要没有腐败问题，其他问题就都不要紧，没有认真对待，加以追究；一些党员干部也认为只要没有腐败问题就行了，其他问题都不是大问题，没有什么可怕的。在这种观点下，党的规矩成了不带电的“高压线”，严肃性、约束性被削弱。

（摘编自求是网2015年2月25日，原文标题：把党的规矩立起来严起来，作者：侯长安）

【深度阐释】

一、把党规当作履职尽责的规范去遵循

一是在坚持党性原则中遵循政治规矩

我们常讲要始终与党中央保持高度一致，坚决贯彻上级指示要求，这绝不能停留在口头表态上，而是要真正体现在具体行动上。然而，有的同志政治上“伪忠诚”，思想上“亚健康”，具体表现在个别党员干部职责不明，身份不清，混同与一般群众，甚至不如一般群众，嘴上说同党委保持一致，内心却与党委貌合神离、离心离德、另搞一套，表态上豪言壮语、落实上背道而驰、我行我素；有的对西方制度体制盲目崇拜，散布消极思想，发布消极言论；有的对上级决策部署说三道四、口无遮拦，热衷于打听议论爆料所谓的内幕消息，甚至信谣传谣造谣；有的组织纪律观念淡薄，说话办事不注意分寸场合，会上不说、会后乱说；有的口是心非、言行不一，做当面一套、背后一套的“两面人”，这些实质上就是不听招呼、不守规矩的问题，必须从政治的高度来看待、以严肃的态度来对待。

二是在落实党内生活制度中遵循政治规矩

严格落实党内生活制度是坚守政治规矩的重要保证。但一些基层

组织落实党内政治生活制度不严格，党组织活动开展不经常，一旦工作冲突，就草草了事甚至不开展，党章明确规定的组织生活都落实不好。基层方面，个别党委支部以行政会议代替党的会议，该研究不研究、该部署不部署、该分工不分工，用领导思想的统一代替党委支部决策，导致一些党组织作用发挥不明显，还有的即使开会也只是浮于表面，照抄照搬，分析思考研究问题的不多。长期以来，我们党形成了一整套严格的党内生活制度，像“三会一课”、思想汇报、民主生活会、领导干部过双重组织生活等，都是很好的平台和载体。2015年8月14日，习近平总书记在以普通党员身份参加所在党支部组织生活会时郑重指出：“共产党员这个称号，是一个组织称号，在组织里的人，就要过组织生活，不参加组织活动的人，也就脱离党了。”因此，共产党员人人都应该以此为范、以此为镜，按照贵在经常、重在认真、要在细节的要求，把组织生活制度严格起来，该上的党课必须上，该汇报的思想必须汇报，该过的组织生活必须过，不能随意化，不能假大空，更不能娱乐化庸俗化。尤其是各级领导干部，要积极开展批评和自我批评，既深入检省自己的错误思想和行为苗头，更要以坚强的党性与各种不正之风作斗争，不能“见死不救”“当老好人”。同时，也要以普通党员身份过好双重组织生活，自觉接受群众的评议和监督。

三是在提升落实党的决定执行力中遵循政治规矩

党的十八大以来，中央在干部思想作风、从政用权定下了一系列新规矩，为党员干部一言一行划出了“硬杠杠”，应该说，标准更高、要求更严，大家都有深切感受。但现实中，有的同志却侥幸心理作祟、私心杂念作怪，总认为组织不会发现，同志难以察觉，查到的都是“隔墙头扔砖头”被砸到的“倒霉蛋”，表面上有所收敛，实际上仍然在干。主要体现在个别领导干部落实党的决定粗枝大叶，不负责任，方案计划照搬照抄，以文件落实文件，上下一般粗，搞“文件旅游”；制订方案就是名字一改，不结合自身实际、不开会集体研究，没有应有的责任意识；个别干部不是把工作当成事业干，而是当作谋生手段和跳板，对单位建设没有长远的发展规划；有的执行力不强，落实上级决策指示讲条件、打折扣、搞变通，合意的就执行，不合意的就不执行，等等。我们每名党员干部都是组织培养起来的，是先有组织后有个人，而不能本末倒置。忘记身份就意味着背叛。从加入党组织那天起，就决定了第一身份是共产党员，第一职责是为党工作。组织决定的事必须积极落实，组织作出的决议必须无条件执行，组织要求解决的问题必须自觉解决。对组织要有感恩之心，不能把干工作当成晋职晋级的筹码，不能把履职尽责当作向组织讨价还价的资本，更不能把个人意志和利益凌驾于组织之上。始终多想想组织对自己的培养，多体谅组织的困难，多为组织分忧，做到知恩、知足、知责、知报，为党和国家尽一份应尽的责任和义务。

二、把党规当作为官用权的准则去坚守

（一）经常祛除思想雾霾

当前，国际国内各种思想文化交流交融交锋，稍不注意就会麻痹人的神经、迷惑人的心智、搅扰人的灵魂，很容易让人犯糊涂。我们一定要经常拿起思想上的“掸子”，扫除悬在头顶的雾霾，不断净化灵魂、明辨是非。要着重在以下三个方面叩问自省。

第一，对党中央的决策号令，必须做到坚决执行。党的十八大以来，习近平总书记围绕内政外交国防、治党治国治军提出了一系列重大战略思想、重大理论观点、重大决策部署。对习近平总书记的决策指示，能不能饱含深情的学习、发自肺腑的拥护、毫不含糊的执行，是衡量党员干部政治意识、号令意识的鲜明标志。我们一定要把忠诚于党作为“命根子”抓住，把习近平总书记的指示要求作为“号令剑”高高托起，切实用以武装头脑、指导实践、推动发展。

第二，对深化改革的举措，必须做到真心拥护。全面推进改革开放，事关中国梦的顺利实现。身为党员干部，要有很强的大局意识，自觉做到个人服从组织、局部服从全局、感情服从政治；要有很强的纪律意识，不传谣信谣、不说三道四，坚决抵制政治上的自由主义；要有很强的作为意识，积极主动宣传改革、投身改革、支持改革，传递正能量、营造好环境，做改革的积极参与者、真心拥护者和坚定促进者。

第三，对整风整改的常态，必须做到坚持到底。要紧跟大势，清醒认识作风积弊的反复性顽固性，绝不掉以轻心、松懈麻痹；要刀刃向己，不惜刮骨疗毒，清理自身污垢；要持续用力，在任不避难，新官理旧事，不怕得罪人，敢啃硬骨头，以认真来较真，以过硬来碰硬。

（二）时刻保持政治敏锐

一要认清历史发展的基本趋势，保持在根本方向上的清醒。改革初期，有些人借党在“文化大革命”期间的失误对党进行攻击，邓小平敏锐地意识到，这是一股资产阶级自由化思潮，于是果断提出了坚持四项基本原则。由此可见，保持政治敏锐性，很重要的就是善于用马克思主义的政治眼光和对党和人民高度负责的精神，从历史发展的根本趋势中，敏锐洞察和鉴别政治思想文化领域的各种现象，在重大原则问题上坚定立场。

二要透过现象看本质，保持在决策部署上的清醒。1941 年边区政府召开会议研究征粮问题，一位县长不幸当场遭雷击身亡，有一个农民借机发泄和传播不满说，“雷公为什么没有把毛泽东打死呢”？消息不胫而走，毛泽东听了这个话也很吃惊，但经过调查研究发现，这一年边区公粮征收太多了，老百姓负担太重，于是就有了“大生产运动”。这段历史告诉我们，要透过现象、抓住本质，不被假象所迷惑，洞察其可能带来的政治后果。

三要辨别意识形态领域重大是非，保持在基本界限上的清醒。在高度开放的今天，各种矛盾和问题错综复杂、互相交织，一些大是大非问题并不是“泾水清渭水浑”，而往往披着时髦而华丽的外衣，具有很大的迷惑性。这就要求我们善于从政治上分析和处理问题，防微杜渐、见微知著，在细小环节中捕捉信息，在复杂因素中趋利避害。

（三）主动砥砺增强党性

一要坚决贯彻执行民主集中制。认真学习掌握民主集中制的基本原则、基本要求、基本程序，不断规范党委决策和工作运行，坚持集体领导，发扬民主作风，严格执行议事规则和程序，坚决克服不按规矩、不按程序、不按集体意志办事，甚至盲目决策、集体闯红灯等现象。

二要严格落实党内生活。用好批评与自我批评这一有力武器，大力倡导互助式思想交锋，坚决抵制庸俗化倾向，始终做到开诚布公、真刀真枪，真正促进自我净化、自我完善、自我革新。

三要自觉维护党内团结。团结才能凝聚力量、干出成绩、干好事业。同志间要相互包容，肝胆相照，大事讲原则，小事讲风格，对同志身上存在的苗头性、倾向性问题，及时拉拉袖、提提醒，用掏心见胆、并肩奋斗的真团结，凝聚起砥砺党性、增强活力的好氛围。

（四）自觉融入岗位实践

一要敬业奉献。杨善洲一辈子忠于党的事业，一辈子为群众谋利，一辈子没有公权私用，退休后不在城市安享晚年，而到农村艰苦造林，病逝前把价值3亿元的林场无偿交给国家。他之所以奋斗终身，根本就是具有强烈的党员意识，始终保持敬业奉献的崇高境界。我们要以他为榜样，时时牢记自己的党员身份，把为党工作作为人生的最大追求，以此自勉自励。

二要务实求实。为官之道，贵在实干。当前，有这么些现象值得警惕：一个是盯着位置干，一个是熬着年头干，一个是看着眼色干，一个是等着机遇干。这都是与苦干实干背道而驰的。各级要以“志不求易、事不避难”的境界，以踏石留印、抓铁有痕的韧劲，以一年干几件事、几年干一件事的恒心，脚踏实地、矢志不渝，真正带出一个好队伍、打下一个好基础、培养一种好风气、开创一片好天地。

三要锐意进取。当前，改革所涉及的广度和深度是空前的，其矛盾和困难也是空前的。在推进“四个全面”建设上，我们面临很多新情况新问题。解决这些问题，没有现成答案，没有固定模式，必须探索新路子，总结新经验。一定要以开拓创新的观念、奋发进取的精神、敢为人先的勇气，努力攻坚、破解矛盾。

（五）坚决抵御腐蚀诱惑

一要崇尚节俭。无数案例警示我们，精神上的腐蚀诱惑是场无硝烟的战争，一旦丧失底线，就会堕入深渊。党员干部要自觉提升道德境界，追求高尚情操，远离低级趣味，抵制歪风邪气。奥地利著名音乐家斯蒂芬说过，享乐对人生来说是很危险的东西，虽然没有牙齿，但可以吃掉你的理想；没有双脚，但可以把你引向歧途；没有烟味，但可以熏黑你的灵魂；不是砒霜，但可以毒害你的人格。要把崇尚节俭当作一种品质、一种修养，保持生活待遇上的平常心，以“艰”励志、淡泊明志，以“俭”养德、修身齐家，以“简”求效、精打细算。

二要慎重交往。有人说，交友就是交人生、交命运，这话很有道理。重庆司法局原局长文强在《悔过书》中写道：“我是被人下了几个套，老板下的套，糊涂地钻；部下下的套，勇敢地钻；朋友下的套，仗义地钻。”事实证明，“以势交者，势倾则绝；以利交者，利穷则散；以色交者，色衰则尽”。大家一定要谨记，对那些怀着个人目的拉拉扯扯、搞感情投资的人，那些特别敢送礼、特别敢花钱、特别能恭维你的人，那些生活趣味庸俗、社会交往混杂的人，务必保持警觉，拉开必要的距离。

三要管住情趣。赖昌星就放肆地说过，不怕领导讲原则，就怕领导没爱好，最终几十名党政军领导干部被他一一拉下水。过好“政治关”“纪律关”，离不开过好“情趣关”。每名同志都要自觉培养积极健康的兴趣爱好，管住小节细节，修养品行、遏制贪欲，不给别有用心的人可乘之机，模范遵守社会公德、职业道德、家庭美德和个人品德，树立和维护党员干部的良好形象，自己也一辈子受用不遗憾。

三、把党规当作保持操守的护符去敬畏

习近平总书记在与中央党校县委书记研修班学员座谈时告诫大家，党员干部要把好权力关、金钱关、美色关，要切实解决好高尚的道德情操和健康的生活情趣问题。

（一）在笃定信仰中铸就忠诚操守

一要深扎信仰根子。习近平总书记讲："现实中的一些人出这样那样的问题，包括腐败分子，说到底是信仰迷茫、精神迷失。"我们常说，仪式上入党一阵子，思想上入党一辈子。周永康、薄熙来、郭伯雄、徐才厚等人在工作之初也曾表现良好，但在"糖衣炮弹"的攻击下，思想失衡、行为失范，逐渐背弃党的信仰和宗旨。因此，党员干部要常补足精神上的"钙"，牢牢抓住理想信念这个总根子，大力倡导"拿到习近平总书记讲话如获至宝、学习习近平总书记讲话如饥似渴、讲起习近平总书记讲话如数家珍"的学习精神，掌握蕴含其中的精神实质、贯穿的立场方法和赋予党员干部的使命责任，不断打牢听党话、跟党走的思想根基，确保忠诚于党更加自觉。

二要坚持言行一致。知易行难。两千多年前荀子就说"口能言之，身能行之，国之瑰宝"。言行一致、行胜于言，是党员干部特别是领导干部应有的鲜明特质。如果我们表里不一、言行脱节，重表态轻落实，说功好做功差，群众不但不买账，反而更加排斥你，更谈不上什么形象威信。有的贪腐干部口头上总是信誓旦旦的表白"永远忠于党热爱党"，但实际上灵魂深处早已同党离心离德。令计划被查处前，还在《求是》上发表文章，大谈学习习近平总书记重要讲话的体会。其言行折射的也是对党不忠、表里不一。如果党员干部说一套做一套、当面

一套背后一套，怎么能让群众信服，又还有什么威信呢？所以，我们无论是什么职位，在什么场合，都不能忘记自己的党员身份，不能忘记党员标准，忘记党员义务，真正与党同心同德、同向同行。

三要确保忠诚于党。毛泽东指出："一个队伍经常是不大整齐的，所以就要常常喊看齐，向左看齐，向右看齐，向中看齐，我们要向中央基准看齐。"这个"看齐"，就是保持与党中央的高度一致。当前，对全体党员来说，最紧要的是看对党和国家的大政方针能不能真心拥护、参与支持，不传谣信谣、不妄加议论，只要上级一声令下，坚决听从指挥，做到个人服从组织、局部服从全局、感情服从政治，真正把忠诚于党内化为党员干部钢铁般的政治信念，把服从大局转化为全体党员崇高的使命追求；最重要的是看对上级决策要求能不能坚决执行、高效落实，不打折扣、不搞变通，尤其在一些重大原则问题上，能否及时报告，按级请示，不擅作主张，不自行其是，确保决策执行到位。

（二）在坚持党性原则中铸就为官操守

党性原则是党员干部为官从政的"法则"，是检验能否严守政治纪律政治规矩的分水岭和试金石。有了原则，自身就硬气，做事就正气，群众就服气，就能传递正能量、增强凝聚力、带出好风气。现在我们一些单位风气建设质量不高，很重要的一点就是党的原则制度贯彻落实不好。有的把行政职务、任职资历带进党内，相互间总是争你高我低，别别扭扭、磕磕碰碰的情况不少，表面上风平浪静，实则是团结中的"假和谐"；有的班子"一盘棋"思想树得不牢，合心程度、合作深度、合拍力度还不够，特别在研究重大问题上议不深、议不透的现象还不同程度存在，影响了单位建设质量；有的在权力姓公还是姓私上，仍深谙"有权不用、过期作废"的庸俗哲学，私买公报、搭车报销等行为虽然明显好转，但未彻底根绝；还有的行事不规矩、不严格，对一些重要情况、重大事项，事先不请示，事后不报告，自作主张，等等。以上现象都是积重难返的旧账，如果不痛下决心整改纠治，对政治生态的损害将不可估量。因此，党员干部特别是领导干部要清醒认识“利己”与“为公”之间的差距，着力解决为官操守不够正的问题。

2015年10月12日，习近平总书记主持召开中央政治局会议，审议通过了新修订的《中国共产党廉洁自律准则》《中国共产党纪律处分条例》，其中《准则》坚持正面倡导、重在立德，为党员和党员领导干部树立了看得见、摸得着的高标准；《条例》则是开列负面清单，重在立规，划出了党组织和党员不可触碰的底线。一个高标准，一条底线，规定出了党组织和党员领导干部的活动区域和范围，体现出了党中央全面从严治党的新思路，这就是既要坚持纪严于法、纪在法前，把纪律挺在前面，也要坚守理想信念、优良传统，占领道德上的精神高地。既然入了党，有了党员这个身份，就不能把当官作为封妻荫子的“利己私途”，而是要笃行“为党干事”“为民造福”的“为公正道”。当然，亲情眷顾，人皆有之，没有谁生活在真空中。但问题的关键在于，这种眷顾，究竟是私事私办，还是私事公办？是花一己之费，还是慷公家之慨？是以普通人身份，还是利用特殊地位？领导干部的亲朋好友和身边工作人员，虽然并不执掌权力重器，在身份上却有特殊性，没有一定的规矩约束和教育引导，稍不注意就可能逾矩失范、开败事之端。共产党人决不能奉行“一人得道、鸡犬升天”那一套，决不能搞“前门当官、后门开店”的鬼伎俩，否则到头来结果只有一个：身败名裂、同堂受审。因此，党员干部要按照习近平总书记指出的那样，处理好公和私、情和义、利和法的关系。不能公私不分，把公权力用于回报私情；不能情大于义，因感情因素而有失公正；不能利压倒法，为谋取私利而罔顾国法。只有这样，才能真正理顺为民与为己的价值排序，从盘根错节、无孔不入的亲族关系、裙带关系中跳脱出来，实现小我与大我的相得益彰。

（三）在抵制不良诱惑中铸就道德操守

一是道德的高标准，要体现在增强定力上。这是党员干部道德修养的核心，也是政治大节。讲政治定力，最大量的则是面对利益诱惑和人情干扰，正确处理个人得失与党的事业的关系，不折不扣地执行党纪法规和各项要求。当然，还有最容易模糊、最需要警惕的，就是在任何时候任何情况下，能不能始终坚持实事求是。那种不顾客观真理盲目唯上、不顾实际盲目跟风的做法，表面上看是在执行上级指示要求，实际上是对上级指示要求的曲解，也是对上级最大的不负责任。增强定力，应当从大处着眼、从细节着手，把党的理论、党的原则、党的政策，贯注到思想和行动的方方面面。

二是道德的高标准，要体现在维护正义上。作为领导干部，自己不违反原则只是一个起码的要求。坚决刹住各种歪风邪气，确立公平公正的鲜明导向，才是党委领导更大的责任。对跑官要官、投机钻营、庸俗关系等不良现象不管不问，甚至推波助澜，各种潜规则和不正之风必然盛行，广大群众的正当权益和合理诉求就会受到严重侵害，风清气正、干事创业的良好环境就无法形成。作为党的领导干部，不能光是独善其身，更要有维护公平、坚守正义的担当，努力肩负起扶正祛邪的责任。

三是道德的高标准，要体现在洁身自好上。遵守政治纪律和政治规矩，不单单是个听指挥、听招呼的问题，它最容易在日常生活和对外交往中被违反、被突破。如果大家都我行我素，自行其是，今天违反一条纪律，明天违反一条纪律，那党的事业大厦迟早也会被搞塌的！这就告诫我们：社会再变，灵魂不能浮躁；诱惑再多，行为不能放任。一名领导干部成长起来不容易，但从身居要职到身败名裂往往也只是一念之差、一步之遥。所以我们都要学会算政治账，不能只算经济账，学会算长远账，不能只算眼前账，始终记住世界上没有白给的东西，不是自己的不能乱拿和贪占，拿了占了就有可能为人情、为利益突破底线，办一些不符合制度规定的事，犯一些无法挽回的错。始终牢记“政治课不能白上、忏悔录不能白读、警示片不能白看”的道理，利用空闲的时间多读读书，与家人交流交流感情，做一些自己感兴趣的事。只有这样，才能真正为干净廉洁、遵规守纪安一道铁门、上一把金锁。

【专家观点】

张广昭："规矩"意识立起来

近日，中纪委通报中国传媒大学、中央音乐学院等违反中央八项规定的案例，引起公众关注。关注的背后反映的是中国共产党对守规矩的"较真"。党如果在守规矩上不"较真"，失去的不仅是党规党纪的权威，更是人民的信任感和执政的正当性。

党的十八大以来，习近平将"从严治党"的治党思路，延伸发展为"全面从严治党"，作为"四个全面"战略布局的重要一环。全面从严治党，首要是党员要有规矩意识，讲规矩是对党员干部党性的重要考验，是对党员干部对党忠诚度的重要检验。

三年来，中央通过八项规定锻造的"规矩"意识已经超越党内，向政府权力使用延伸传导。党员在党内炼就的"规矩"意识，潜移默化地影响到权力使用。官员在使用权力、施政作为时，更加透明、有度，更加制度化、规范化，乱作为现象减少。政党组织的规矩意识，与政府系统"把权力关进制度的笼子里"理念是相通的。

三年来，"规矩"意识影响到民间社会，深入到普罗大众内心。党风对民风社风具有导向作用，党风纯正，规矩意识鲜明，继而党内政治生态好转，带来的是民风、社风的好转。规矩意识立起来，"潜规则"就会倒下去，经济社会系统的运行就会更加公平正义，政商环境就会更加纯粹清朗。

新修订的《中国共产党廉洁自律准则》和《中国共产党纪律处分条例》，就是从制度和机制上布局党的建设，将党内规矩意识具体化、制度化、正式化。一个政党，只有筑牢规矩意识，才是制度化、组织化的现代政党，才能治理好一个国家。从中国共产党是中国社会发展过程中最重要的核心力量的视角看，锻造党内规矩意识，极具战略意义。

（摘编自中国共产党新闻网2015年12月3日，作者：张广昭）

马建芳：把纪律和规矩挺到最前沿

把纪律和规矩挺到最前沿已经成为当前各级党委必须迅速解决、迅速做好的一项刻不容缓的时代课题、历史任务。要实现这一目标，我们就必须从以下几方面入手。

一要狠抓纪律和规矩的制定。让每一项工作、每一次活动都有一套严格的纪律和规矩，要让纪律和规矩成为铁笼子、硬限制，逾越不得、忽视不得。借鉴公安制警“五项禁令”的手段与办法，制定严厉的惩处措施与规定，使每一条的纪律与规矩都是一条禁令。要切实保证让一部分人在对待纪律和规矩问题上由“无视”变为“重视”、由“无畏”变为“敬畏”。

二要狠抓监督检查。纪律和规矩订立下来，要保证其权威性、要保证其真正发挥作用，那就得开展严密有效的贯彻执行情况的监督检查，要积极发挥网络、社会各界监督的补充作用，要通过经常性的检查，保证纪律规矩带上“高压电”，切实让所有人知道它的存在，注重遵守与遵循，通过密集的监督检查，切实保证违规逾矩在日常的方方面面容易高发的势头得到有效遏制。

三要狠抓各级纪委统领和监督作用的发挥。纪委要发挥监督的再监督、检查的再检查，要通过会议、通报、检查等方式，切实做好对下级党委纪委履行严把纪律和规矩关职责的督促工作，要通过实施“一案双查”、问责倒逼等措施手段切实推进纪律和规矩首先在最基层得到重视。要通过强有力的追责，切实消除或降低各级纪委在抓纪律与规矩时失之于宽失之于软现象的发生。

四是狠抓纪律规矩的入心入脑教育。就是不断强化纪律规矩的正面教育引导和反面警示教育工作。通过各种形式的宣传教育，以及必要的检查检验，保证纪律与规矩看得见、学得上、记得住、记得全，切实保证各级党员干部懂事理、明分寸，熟悉、敬畏纪律与规矩。

（摘编自中国共产党新闻网2015年7月10日，作者：马建芳）

慎海雄：党员干部必须守纪律讲规矩

“欲知平直，则必准绳；欲知方圆，则必规矩。”纪律和规矩都是规范社会运行的行动指南和准则。俗话说“闭门造车，出门合辙”，不守规矩，必有倾覆之虞。作为一个拥有8 700多万党员的世界最大执政党，我们党在90多年的艰难求索中，许多行之有效的规矩，无不是一代又一代共产党人通过探索、试错和创新的结晶，无不是奋斗智慧、经验得失的积淀，有些规矩，还是付出惨重代价后痛定思痛总结形成的。无论是血雨腥风的革命战争岁月，还是激情澎湃的改革发展年代，党员是否讲纪律守规矩，直接关乎党的事业的兴衰成败。

中国共产党最宝贵的品质，不仅在于始终和人民在一起，还在于始终以严明的组织纪律做坚强保证，确保我们党不变质不走偏。党的十八大以来，习近平总书记强调要大力加强包括党章党纪、法律法规等在内的制度建设，增强制度执行力，坚决维护制度的严肃性和权威性。在谈到如何“守纪律讲规矩”时，习近平总书记一针见血地提出了“五个必须”“矩不正，不可为方；规不正，不可为圆。”习近平总书记语重心长地强调党员领导干部要守纪律讲规矩，并且把守纪律讲规矩作为对党员、干部党性的重要考验，对党员、干部对党忠诚度的重要检验。漠视政治纪律往往是一切腐败现象的源头。从近年来陆续查处的腐败窝案看，一些地方和领域出现的塌方式腐败、整体性沦陷，充分暴露出在某些领导干部眼中，党的政治纪律、政治规矩已被视若无物。我们党岂能容忍！以刮骨疗毒的决心和勇气除恶务尽，彻底割除党内的腐败毒瘤，才能形成和巩固风清气正的政治生态。守纪律讲规矩，这就是我们党的规矩。对党忠诚，是讲政治的首要原则，是管党治党的前提。“举头三尺有纲纪”，领导干部守纪律、讲规矩，才能有权不“任性”，始终对党纪国法心存敬畏。古人说：“凡善怕者，必身有所正、言有所规、行有所止”“畏则不敢肆而德以成，无畏则从其所欲而及于祸”，领导干部唯有敬畏法纪，恪守“三严三实”，才能慎初、慎微、慎行，确保忠诚、干净、担当。

（摘编自新华网2015年1月25日，作者：慎海雄）

【视野拓展】

任建明等：习近平反腐新讲话十余次提“规矩”

习近平在讲话中强调，党章是全党必须遵循的总章程，也是总规矩。党的纪律是刚性约束，政治纪律更是全党在政治方向、政治立场、政治言论、政治行动方面必须遵守的刚性约束。国家法律是党员、干部必须遵守的规矩。党在长期实践中形成的优良传统和工作惯例也是重要的党内规矩。

任建明指出，习近平多次重申“规矩”，就是明确各级党员干部要从严执纪、各级党委要加强监督问责，避免制度成为纸老虎、稻草人。

在谢春涛看来，习近平在中纪委全会上集中论述“规矩”，有着鲜明的现实针对性，实际上是在为十八大以来查处的贪腐问题剖析原因。十八大以来的腐败案例，特别是比较典型的高级领导人腐败、整个地区的“塌方式腐败”，一些政法领域甚至纪检干部也出现腐败现象，都反映出一些官员无视制度、纪律，肆意妄为，说明当前的党内规矩还不到位，现有的规矩出现了失灵。从反腐败、抓党建的层面谈“规矩”，其实是习近平从严治党的一贯思路，“从上任伊始的八项规定，到此后整饬作风的道道禁令，再到十八届四中全会提出的全面推进依法治国，建设党内法规体系，可以说，习近平一直都在阐释以规矩抓党建的治党思路。”

竹立家也指出，观察十八大以来查处的贪腐案件，特别是涉及整个领域、整个行业的贪腐窝案、串案，归根结底都是根源于官场权力体系“私化”严重，公共权力变为私人权力，权力运行的“潜规则”代替了“明规则”。为遏制这些歪风，习近平在会上要求，“必须遵循组织程序，重大问题该请示的请示，该汇报的汇报，不允许超越权限办事；必须管好亲属和身边工作人员，不得默许他们利用特殊身份谋取非法利益。”他并要求，各级领导干部特别是高级干部要在守纪律、讲规矩上作表率。从习近平这次关于“规矩”的论述可以判断，党的十八大后中共反腐思路，在重点“治标”之后，将开始着力推进“治本”的制度建设。习近平不仅明确了今年反腐的四个重点要求，更是大篇幅着墨未来反腐制度建设的路径。习近平说，党的十八届三中全会作出全面深化改革重大部署，党的十八届四中全会对全面推进依法治国作出战略部署，体现了“破”和“立”的辩证统一。深入推进党风廉政建设和反腐败斗争，同样要做好“破”和“立”这两篇文章。

中国反腐如何“破”与“立”？习近平指出，反腐倡廉建章立制要着重抓好四个方面的制度建设，一是要着力健全党内监督制度，着手修订党员领导干部廉洁从政若干准则、中国共产党纪律处分条例、巡视工作条例，突出重点、针砭时弊。二是要着力健全选人用人管人制度，加强领导干部监督和管理，敦促领导干部按本色做人、按角色办事。三是要着力深化体制机制改革，最大限度减少对微观事务的管理，推行权力清单制度，公开审批流程，强化内部流程控制，防止权力滥用。四是要着力完善国有企业监管制度，加强党对国有企业的领导，加强对国企领导班子的监督，搞好对国企的巡视，加大审计监督力度。

竹立家说，这四个要重点“立规矩”的方面，其中，纪律处分条例、巡视工作条例是反腐的制度抓手；选人用人管人制度是从根本上铲除腐败、破除“团团伙伙”歪风的关键；推行权力清单和规范审批流程，是杜绝权力寻租、滥用的根本；完善国企监管制度，则是明确当前反腐的紧迫领域，破除国企监管疏漏的弊病。

（摘编自中国新闻网 2015 年 1 月 14 日）

第十章

做政治纪律和政治规矩的明白人

讲政治是对党员领导干部第一位的要求，政治上的明白是最大的明白，政治上的成熟是最好的成熟。遵守党的政治纪律和政治规矩，是党员的基本义务。毛泽东曾指出：不讲政治，就等于没有灵魂。遵守政治纪律和政治规矩是坚持党的政治立场、政治原则和政治方向的前提，是政治上成熟明白的第一要求，是各级党组织的首要职责，是每一名党员干部的责任义务。

【问题点击】……………………………………………………………

“圈子文化”破坏政治规矩

广东茂名、山西吕梁等窝案查处的背后，总会发现有一个“小圈子”在兴风作浪。“小圈子”不可小视，已经成为损害党风政风的“毒瘤”，成为异化和绑架干部的“套子”。

在我国历史上，“圈子文化”由来已久。唐朝的牛李党争、北宋的新旧党争、明末的东林党争、清末的帝后党争，最终都加剧了统治危机，留下了“朋党兴、政事乱”的历史警思。

现实生活中，拉帮结派的“圈子文化”仍未肃清。有的整天琢磨拉关系、找门路，分析某某是谁的人，某某是谁提拔的，该同谁搞搞关系套套近乎，看看能抱上谁的大腿。有的热衷组织战友会、同乡会、同学会之类，看着好像漫无目的，其实醉翁之意不在酒。有的领导干部喜欢当家长式的人物，希望别人唯命是从，认为对自己百依百顺的就是好干部，而对别人、对群众怎么样可以不闻不问，弄得党内生活很不正常。

邓小平早就指出：“小圈子那个东西害死人呐！很多失误就从那里出来，错误就从这里犯起。”他多次调任工作，却“连勤务员都不带”，唯恐在自己身边出现拉帮结派、团团伙伙现象。他评价自己：“我不是完人，也犯过很多错误，但是我问心无愧，其中一点就是从来不搞小圈子。”

党内绝不允许搞团团伙伙、结党营私、拉帮结派，搞了就是违反政治纪律和政治规矩。一个“小圈子”好比一个利益共同体，他们把党组织等同于领导干部个人，把对党尽忠等同于人身依附，把团结等同于结团，相互抱团取暖，党同伐异，只讲人情，不讲原则，只看亲疏，不论是非，政治原则和组织纪律则形同虚设，对政治生态的危害之大，对政治规矩的破坏之深，对同志关系的异化之烈，莫过于此。

人不以规矩则废，党不以规矩则乱。习近平总书记说："各级党组织要把严守纪律、严明规矩放到重要位置来抓，努力在全党营造守纪律、讲规矩的氛围。"广大党员特别是领导干部要在守纪律、讲规矩上作表率，自觉做政治上的"明白人"，决不能搞封建依附那一套，决不能搞小山头、小圈子、小团伙那一套，决不能搞门客、门宦、门附那一套，确保绝对忠诚、绝对纯洁、绝对可靠。

（摘编自人民网 2015 年 1 月 28 日，作者：沈德富）

【深度阐释】……………………………………………………………

一、价值观念上要追求高尚

培养党员干部做政治纪律和政治规矩的明白人，不仅要提出明确要求，更要教育引导，严格制度约束，营造良好环境，使规矩成为广大党员的价值追求和自觉行动。要把强化价值观念教育放在党员干部教育培训的突出位置。党员干部都应以见善则迁、有过则改的胸怀，认真查找解决存在的突出问题，认真做一次触及灵魂、触动思想的党性追问，自觉进行价值观改造。

（一）把强化理想信念作为固本之策

违纪违法案件警示我们，党员干部的党性修养不会随着年龄增长而自然提升，不会随着职务升迁而自然提高。甚至是职务越高，所要经受的考验反而更多更大更具体，如果不时时刻刻自警自省，信仰之堤、信念之墙总有被腐败恶浪冲垮的那一天，个人也终会被腐败分子拖下水。坚定理想信念，最核心的是补足精神之钙。习近平总书记指出："理想信念就是共产党人精神上的'钙'，没有理想信念，理想信念不坚定，精神上就会‘缺钙’，就会得‘软骨病’。”当前，应该讲我们对“举什么旗、走什么路”总体是清醒坚定的，重要关口、大是大非面前能站稳立场、经受住考验。但有两种现象需要高度警惕。一个是“亚忠诚”现象，我们有的同志对理论武装、思想改造不够重视，一说起学习就提不起兴趣、稳不住心神，在入心入脑、真学真用上还有很大差距，对坚持党的领导还缺乏深刻认识；一个是“伪忠诚”现象，有的口是心非、言行不一，面上一套、背地里又是一套，耍小聪明、做“两面人”；有的对意识形态领域复杂形势认识不清，缺乏自身免疫力和抵抗力，对所谓的“新思想”“新观念”不分是非、不辨良莠，特别对政治谣言、小道消息津津乐道，对肃贪反腐听风就是雨，人云亦云、妄加议论，等等。这些问题对普通民众可能是一般小事，但对共产党员来说，就是理想信念不够坚定的表现。加强党员队伍建设必先强心、强心重在铸魂。坚定理想信念、对党绝对忠诚，必须以绝对的标准抓“绝对”，始终做到理论上的绝对清醒、政治上的绝对坚定、行动上的绝对自觉，这是对一名共产党员最起码的要求。

（二）把强化精神追求作为动力之源

党员干部如果精神上缺了钙，人生追求就会迷失，甚至走上违法犯罪歧途。个别党员干部不读书、不学习，党的十八大后还说的是旧话、行的是老路，看不清形势，认不清危害，仍然贪腐成风，身陷囹圄也是必然。

一是加强党性锻炼。每一名党员干部必须加强党性锻炼和思想改造，坚定共产主义远大理想，坚定对中国特色社会主义和中国梦的必胜信念，坚定对以习近平同志为总书记的党中央的高度信赖；必须坚持不懈用中国特色社会主义理论体系武装头脑，深入学习贯彻习近平总书记系列重要讲话精神，把理想信念建立在对科学理论的理性认同上，以理论上的清醒保证政治上的坚定；必须坚守正道、弘扬正气，知行合一、笃志躬行，在大是大非面前旗帜鲜明，在风浪面前无所畏惧，在各种诱惑面前立场坚定，永葆共产党人的政治本色。各级党委要大力加强思想政治建设，把补精神之钙、筑思想之魂的工作抓紧抓实，不断增强忠诚信仰、拒腐防变的自觉性和坚定性。

二是对党忠诚老实。对党忠诚、襟怀坦白，是对共产党员根本的政治要求。周永康、薄熙来、徐才厚、郭伯雄、令计划等严重违纪违法，显著特征是说一套做一套、明一套暗一套，对党不忠诚、对组织不老实。无数经验和教训表明，忠诚于党，表里如一，是一个党员进步的前提，是每名共产党员须臾不可懈怠、终生都须进行的必修课。各级特别是党员领导干部要切实增强党的意识，始终与党同心同德，无论人在何处、身居何位，始终把党放在心中最高位置，牢记自己的第一身份是共产党员，第一职责是为党工作。大家要认识到，我们每个党员的利益与党的利益是连在一起的。“皮之不存，毛将焉附”！如果党受玷污、受损害，对我们党员个人有什么好处？我们都要认清这个理，真正做到在党言党、在党忧党、在党为党，坚决反对政治上的自由主义和组织上的分散主义，决不能犯政治上的幼稚病、糊涂病。

三是用好党性锻炼平台。长期以来，我们党形成了一整套严格的党内生活制度，像思想汇报、民主生活会、领导干部过双重组织生活等，都是很好的平台和载体。2015 年 8 月 14 日，习近平总书记在以普通党员身份参加所在党支部组织生活会时郑重指出：“共产党员这个称号，是一个组织称号，在组织里的人，就要过组织生活，不参加组织活动的人，也就脱离党了。”总书记身体力行、率先垂范，我们还有什么借口可以找、什么托词可以说呢？因此，共产党员人人都应该以此为范、以此为镜，按照贵在经常、重在认真，要在细节的要求，把组织生活制度严格起来，该上的党课必须上，该汇报的思想必须汇报，该过的组织生活必须过，不能随意化，不能假大空，更不能娱乐化庸俗化。尤其是各级领导干部，要积极开展批评和自我批评，既深入检省自己的错误思想和行为苗头，更要以坚强的党性与各种不正之风作斗争，不能“见死不救”“当老好人”。同时，也要以普通党员身份过好双重组织生活，自觉接受群众的评议和监督。

（三）把端正价值追求作为根本举措

严守党的政治纪律政治规矩，必须在自省自警中端正价值追求。一个人能否严守纪律规矩，最先要过的坎就是自己，最难战胜的敌人也是自己。革命老人谢觉哉一生坚持的修养法则，就是自己当“被告”，自己当“律师”，自己当“法官”，针对自己的过失毫不留情地跟自己“打官司”，进行深刻地自我反省剖析，从而毕生保持了共产党人的高尚情操。广大党员干部必须养成“吾日三省吾身”的习惯，自觉对照党员标准，以反面典型为镜鉴，不断地完善自己、提高自己。

一要清廉从政。“清浊贪廉一念间，荣辱生死两重天”。春秋时期，鲁国有位宰相叫公仪休，他喜好吃鱼，百姓听说后，争相买鱼送他，他却从不接受。弟子问为何，他说：如果我收了鱼，就得看别人脸色办事，这看起来是小节，但小节不守终累大德，就可能做出违法乱纪之事，如此一来甚至可能会被革职。现在虽然不能吃别人送的鱼，但我想吃鱼可以自己买，不是年年有鱼吃吗！这则故事对党员干部廉洁从政有很重要的启示意义，从一个侧面告诉我们，人的思想变化往往是从“第一次”开始的，有了“第一次”，就会有“第二次”，渐渐习以为常，甚至一发不可收拾。所以，作为党员干部一定要管住管好自己的“第一次”，特别是面对第一份不义之财要避若蛇蝎，面对第一顿“不明饭局”要断然拒绝，警惕“堤溃蚁穴、气泄针芒”。

二要谨慎交往。中国是个人情社会，有一些正常的人际往来无可厚非，但军人和党员干部的身份特殊，决定了交往不是小事。习近平总书记讲：“用权讲官德，交往讲原则。”党员干部不是什么人都能交，什么地方都能去，如果稍不注意，就会被别有用心的人绑架。党的十八大以来，查处的“石油帮”“秘书帮”“山西帮”都是一个人违纪一大批省部级官员倒下，一个人落马依附着的远亲近邻等一帮人锒铛入狱。所以，我们一定要引以为戒，择善而交、择贤而交，牢记交往之中有政治，交往之中有形象，交往之中有纪律，纯洁我们的工作生活“圈子”。

三要管住情趣。“物必自腐，而后虫生”。许多贪腐官员在忏悔时都说，受到了虚荣心和享乐心理驱使才一步步走向犯罪道路。事实一再证明，党员干部一旦与“声色”有染，陷“物欲”不拔，理想信念、道德情操、价值追求就会渐行渐远。我们身处一个现代开放的社会，各种形形色色的诱惑充斥和考验着党员干部，关键是看能不能把握住自己，真正管好自己。各级党员干部必须坚决杜绝那些庸俗、媚俗的东西，把全部心思和精力用在学习提高上、工作突破上，保持好共产党人的格调高雅和崇高追求，为党和国家的建设和长远发展尽心尽责、贡献力量。

二、政治品格上要自觉锤炼

作为党员干部，锤炼政治品格要长期坚持，恪守遵循，进一步增强锤炼政治品格的思想觉悟和行动自觉，始终牢记自己是一名党员，自重自律自警自省、慎独慎微慎始慎终，带头奉纪守法、带头加强修养，以更高的标准、更严的要求，实现自我净化、自我完善、自我革新和自我提高。

（一）忠诚是共产党人最重要的政治品格

党员对党忠诚老实就是要绝对忠诚，就是要坚持原则，求真务实，与时俱进，清正廉洁。“忠，德之正也。”这是一个共产党员必备的政治品格，也是一个共产党员政治上是否合格的重要标准。党的领导人关于党员对党要忠诚老实有一系列重要论述。毛泽东说：“一个共产党员，应该是襟怀坦白，忠实，积极，以革命利益为第一生命，以个人利益服从革命利益。”邓小平说：“一个自觉的革命者无论何时何地，在何种情况下，都要做到忠诚老实，对党要忠诚，要老老实实地说话，老老实实地办事，老老实实地做人。”江泽民说：“共产党员特别是领导干部，说话办事都应当老老实实，对党负责，对人民负责。”胡锦涛指出：“要大力提倡忠心耿耿、不折不扣地贯彻执行党的路线、方针、政策和中央的决定，反对政出多门，各行其是；大力提倡模范实践党的全心全意为人民服务的宗旨，尽职尽责，秉公行事，反对以权谋私，假公济私，损公肥私，化公为私；大力提倡实事求是，光明磊落，做老实人，说老实话，办老实事，反对弄虚作假，瞒上欺下，言行不一，华而不实。”习近平强调：“做人要实，就是要对党、对组织、对人民、对同志忠诚老实，做老实人、说老实话、干老实事，襟怀坦白，公道正派。”每一个党员都应当认真领会这些重要论述，严格执行《党章》规定，自觉履行党员义务，践行入党誓词，努力做一名忠诚老实的共产党员。党员干部忠诚老实才能经受住考验。自以为聪明、不忠诚老实的人，也许会得到一时之利，但最终往往没有好结果。面对改革开放、发展市场经济和长期执政的环境，党员特别是党员领导干部面临的诱惑和考验越来越多，只有对党忠诚老实，才能经受住各种诱惑和考验。人民群众对一个党员满意不满意，主要是看他对党是否忠诚老实，能不能全心全意为人民服务。无论社会如何发展变化，忠诚老实始终应当是公民共同的道德规范，而共产党员是人民群众中的优秀分子，更应该把忠诚老实作为修身处事的基本准则。

（二）忠诚的品格需要不断加强自我修养

忠诚老实是共产党员政治品格的核心要求。忠诚老实是领导干部为民执政、为民谋利的根本保证。对党忠诚老实，必须坚定理想信念，忠诚党的事业，在思想上、政治上、行动上与党中央保持高度一致。杨善洲说：“理想信念是革命者的精神支柱，有了这个精神支柱，就会产生勇敢和毅力，就能克服一切艰难险阻，就能经得起生死的考验。”做一名忠诚老实的共产党员，就要像杨善洲那样，坚定理想信念，一辈子忠于党，一辈子坚守共产党人的精神家园，发挥先锋模范作用，把党的路线方针政策贯彻到基层、落实到群众。做忠诚老实的共产党员，必须牢记党的宗旨，把人民的利益放在心中最高位置。人民利益高于一切，是共产党人思想和行动的最高原则。对党忠诚老实，必须坚持求真务实，干实事、解难事、求实效，开拓创新，始终保持强烈的事业心和责任感，保持锐意进取的激情和艰苦奋斗的韧劲，以火一般的热情对待工作，不因事小而轻视大意，不因事简而敷衍塞责，不因事难而回避拖延。对党忠诚老实，必须增强忧患意识，坚持原则，敢负责、有担当、讲操守，守纪律，常怀忧党之心，恪尽兴党之责，维护党和人民的利益。敬畏权力、敬畏群众、敬畏历史，老老实实用权，老老实实为人民办事。在用人上，坚持任人唯贤，反对任人唯亲，坚持五湖四海，不搞小圈子。要抵制来自各个方面的不正之风和腐败现象，淡泊名利，不为名利所累，不为私欲所扰，耐得住寂寞，守得住清贫，经得住诱惑，受得住委屈，自觉抵制拜金主义、享乐主义和自由主义，自觉培养浩然正气，永葆共产党人忠诚老实的本色。

（三）忠诚的品格需要脚踏实地去践行

培养忠诚老实的政治品质，不仅要提出明确要求，更要教育引导，严格制度约束，营造良好环境，使忠诚老实成为广大党员的价值追求和自觉行动。要把忠诚老实教育放在党员干部教育培训的突出位置，加强马克思主义理论特别是建党理论的教育。党员干部应主动学习马克思主义经典著作，自觉学习党的领导人关于党的建设的重要论述，这些论述是党建经验的科学总结，是当代中国的马克思主义建党学说。加强党章教育，深刻理解和始终牢记党的性质、纲领和党员干部的条件、义务和权利。坚持和完善党性分析制度，定期对遵守党章情况进行自我剖析。加强党史教育，加强对党忠诚老实修养的自觉性和坚定性。扎实开展“爱读书、读好书、善读书”活动，不断丰富知识，加强理论修养，陶冶情操，提高素质。坚持“不让老实人吃亏”的用人导向。选拔干部要坚持德才兼备，以德为先的原则，把对党忠诚老实放在第一位。创新对干部德才的考察考核方式，像邓小平所说，把“从上看和从下看”结合起来，真正使忠诚老实的干部能推荐出来，提拔上来。大力宣传对党忠诚老实的先进典型，发挥好他们的示范引导作用，在全党进一步形成崇尚忠诚老实的氛围，让忠诚老实的政治品质永远绽放光芒。

三、工作实践中要严格恪守

严守政治纪律政治规矩，贵在认真较真，重在长期实践。各级党员干部要带头坚持知行合一，内练修身之本，恪守为官之道。当前，尤其要认真贯彻落实习近平总书记提出的“五个必须、五个决不允许”和“十个天天见”，实质应该是坚持不懈、持之以恒，自觉以纪律为准绳、按规矩做事情，切实树起标杆、作出表率。

（一）要在头脑中严格恪守

习近平总书记指出，“讲规矩是对党员、干部党性的重要考验”。党员领导干部讲规矩，应当不断强化党性修养，始终重视、持续解决好思想入党的问题，夯实严守政治纪律政治规矩的思想根基。

一要抓好理论武装这个根本。信仰源自对真理的追随。习近平总书记在中央政治局第二十六次集体学习时强调，践行“三严三实”，要立根固本、挺起精神脊梁。严守政治纪律政治规矩，要始终把强基固本、凝魂聚气作为战略工程来抓，扭住理论武装不放松，特别是要深入学习贯彻习近平总书记系列重要讲话精神，确保把忠诚于党的理念落实到行动中。

二要铸牢对党忠诚这个灵魂。对党忠诚是党员领导干部的政治操守和政治生命。《党章》明确指出，每个党员要“对党忠诚老实，言行一致”。这是党员最起码的义务，也是对每个党员的现实考验。周永康、令计划、苏荣等人搞非组织政治活动，搞团团伙伙、拉帮结派，搞自行其是、阳奉阴违，本质上就是对党不忠。我们必须把对党忠诚放在首要位置，始终与党同心同德，特别是在涉及重大原则立场、观点等问题上保持清醒的头脑，站稳政治立场，做到政治上坚定、思想上同心、行动上同向。

三要强化政治意识这个关键。衡量一个人有没有政治头脑，政治上成不成熟，关键看政治意识强不强，能否站在讲政治的高度观察、分析和处理问题。特别是面对敌对势力渗透破坏，意识形态领域的斗争，不良思潮侵蚀，黄赌毒黑影响，对确保党员队伍纯洁巩固提出了很高要求。党员干部要对照习近平总书记提出的“增强政治自觉和实际能力”的要求，努力提高政治敏锐性和政治鉴别力，增强抵御各种错误思潮的免疫力，在大是大非面前保持清醒的政治头脑和坚定的政治信念，始终与以习近平为总书记的党中央保持高度一致，做政治上的“明白人”“清醒人”。

（二）要在决策中严格恪守

严守政治纪律政治规矩是对每个党员干部的要求，对于党员领导干部来讲，更要在领导决策行为中自觉践行好、落实好。

一要认真贯彻落实民主集中制原则。习近平总书记强调：“对每个领导干部，都要加强民主集中制的教育培训，使大家熟悉民主集中制的规矩，懂得民主集中制的方法。”领导干部要把学习民主集中制作为必修课，打牢贯彻落实的思想理论基础，切实提高科学决策、民主决策、依法决策的意识和能力。要严格执行党委统一的集体领导下的首长分工负责制，凡属重大问题，必须坚持集体领导，该请示报告的要及时请示报告，该上会研究的必须上会研究，该集体决策的必须集体决策，决不能搞个人说了算，充分发挥“定海神针”的作用。这是个大规矩。

二要严肃认真开展党内政治生活。党内生活是坚强党性、锤炼作风的熔炉。要按照贵在经常、重在认真、要在细节的要求，增强党的生活制度的约束力和执行力，使党内生活这炉“三味真火”常烧常旺，使每名党员干部在其中不断加强党性修养、强化党员意识。要落实执行好从严治党“四种形态”（批评与自我批评要经常开展；党纪轻处分和组织处理要成为大多数；对严重违纪的重处分、作出重大职务调整应当是少数；而严重违纪涉嫌违法立案审查的只能是极少数），改变要么是“好同志”、要么是“阶下囚”的状况。要切实用好批评与自我批评这个武器，开展积极健康经常的思想斗争，经受党性锻炼，加强党性修养。要严格落实党员领导干部参加党的组织生活相关规定，认真过好双重组织生活，自觉接受群众监督，确保班子党内生活制度化、成员行为规范化、党委工作科学化。

三要坚持依法依规议事、决策、落实。领导决策必须做到于法有据，不仅考虑要不要干，更要考量能不能干，把合法性作为首要选项，经常与政策法规对表；必须做到行事有序，有的事情虽然结果对了，但程序不对也不行，决不能搞忽略程序的“迈过锅台上炕”，或者是做先斩后奏的“事后诸葛亮”；必须做到依法办事，自觉在法规制度框架内想问题、作决策、搞指导，养成遇事找法、办事依法、解决问题靠法的习惯。同时，各单位要结合整风整改“八项清理整治”要求，从选人用人、工程建设、物资采购、物业租赁等方面进一步立规矩守规矩，切实把权力关进制度的笼子里。

（三）要在执行中严格恪守

严明的纪律规矩是党员干部的基本行为准则，必须从点滴入手，从自身做起。

一要反躬自省。不论是领导干部，还是普通党员，严守政治纪律政治规矩人人有责，什么时候什么情况下都要坚持高标准、严要求。要自觉以党章为依据，以习近平总书记指出的“五个必须、五个绝不允许”为遵循，以郭伯雄、徐才厚等人为镜鉴，对照“三严三实”要求反躬自省，常思理想信念是否坚定，廉洁意识是否牢固，言行方面是否恪守，切实炼就“金刚不坏之身”。

二要强化执行。纪律的生命力在于执行。要强化全局观念，按照党中央的要求，正确处理“大家”与“小我”的关系，不折不扣贯彻执行上级决策指示，确保政令畅通，确保与上级同频共振、步调一致；要强化法治观念，坚持把尊崇法治作为政治要求、党性修养、责任义务来恪守，保证工作循于法、秩序统于法、忙乱止于法；要强化纪律观念，坚持把党的纪律挺在前面，认清法是“铁规矩”、律是“钢判官”，认清纪律和规矩不仅是约束、更是保护，任何时候都不越界、不越轨。

三要守住底线。必须牢记法纪红线不可逾越、不可触碰，学会在纪律约束中工作，习惯在规矩管束下行事。在思想上要正本清源，通过理论学习、党性修养，拔除思想上的病原体，剔除头脑中的潜规则，纠正思维惯性、侥幸心理，着力解决好人生观、世界观、价值观等“总开关”问题；在用权上要依法秉公，牢记公款姓公不能装错口袋，厘清履职用权边界，做到既干事又干净；生活上要讲究格调，自觉节制嗜好，净化“三圈”，追求道德高线，守住政治底线、法纪底线。

（四）要在履职中严格恪守

党员领导干部讲纪律守规矩，既要躬身践行，更要敢抓敢管。

一要强化责任担当。这次中央通报，河南省委查处新乡市委原书记李庆贵不认真履行管党治党主体责任、严重失职问题，查处新乡市纪委履行监督责任不力问题，就充分说明各级组织和领导干部在管党治党上的重大责任，释放出有责必问、问责必严的强烈信号。各级党组织要把管党治党的主责真正担起来，坚守政治担当，坚持党性原则，强化组织功能，从严管好队伍、带好班子；各级纪委要把监督责任真正负起来，明确自身定位，清晰责任权限，积极发挥作用，为党委落实主责提供有力监督支撑；各级领导干部要把模范表率作用真正发挥出来，带头对党忠诚、带头干事创业、带头遵规守矩，以自身的干净过硬增强管党治党的底气和魄力。

二要加强监督制约。很多出问题、栽跟头的党员干部在忏悔时，往往都有一个共同的省悟，就是如果组织上管得及时一些、批评的严肃一点、约束紧一点，自己不致落到今天的下场。汲取他们的教训，就是要在平时加大监管力度，扭住各级党委这个主体、领导干部这个关键、敏感问题这个重点，坚持党内监督、纪检监督、职能监督、群众监督联合发力，确保党员干部始终在“无影灯”下履职用权。要充分认清接受批评是一种境界，接受监督可以使我们的权力行为更有约束、更加安全。在这个问题上，领导干部要有胸襟，要有度量，不能听到不同声音、不同意见就不高兴，甚至找人家毛病，抓“辫子”。

三要坚持从严惩戒。习近平总书记鲜明指出，从严治党，惩治这一手决不能放松；对一切违反党纪国法军纪的行为，都必须严惩不贷，决不姑息，决不手软。这“三个决不”，字字千钧，充分显示了我们党从严执纪、严惩违纪的坚强决心。在 2016 年 1 月，全国就查处违反八项规定 3945 起，处理 5459 人，给予党纪政纪处分 4480 人，为全体党员高高地立起了警示牌。查处往往就是最好的教育。必须坚持违纪必惩、惩治必严，对违反政治纪律政治规矩的人和事，发现一起查处一起，决不能大事化小、小事化了，决不搞下不为例、法外开恩，让每名党员干部心有戒律、行有戒尺。同时要压实责任链条，严肃追责问责，对于不敢抓不敢管、发现问题不制止不报告的，要把板子打到相关责任人身上，切实使政治纪律政治规矩真正成为永不断电的“高压线”。

【专家观点】……………………………………………………

宋璇涛：坚持对党绝对忠诚的政治品格

保持思想纯洁是对党绝对忠诚的首要条件。思想纯洁是共产党人的政治本色。党员干部只有保持思想纯洁，不断增强党的意识，才能在任何情况下都稳得住心神、管得住行为、守得住清白、经受住考验，做到对党绝对忠诚。理想信念是思想纯洁的重要基石。对党忠诚从哪里来？最根本的是来自理想信念。理想信念坚定，绝对忠诚才能建立在理性基础之上，才能有思想自觉和行动自觉。奉献精神是思想纯洁的内在要求。共产党人讲忠诚，就要坚决抛却私利，为党和人民的事业奉献终生。严以修身是思想纯洁的源泉动力。“欲流之远者，必浚其泉源”。保持思想纯洁一刻离不开严以修身。

具有坚强党性是对党绝对忠诚的内在要求。具有坚强党性，是做合格共产党员的基本要求。党员干部只有自觉增强党性意识，不断加强党性修养，养成并坚守坚强党性，才能靠得住、信得过、能放心，做到对党绝对忠诚。坚定的政治立场是对党忠诚的基石。从目前党内现状看，在重大原则问题和大是大非面前立场摇摆、态度暧昧者大有人在。一些党员干部口头上拥护中央，暗地里对中央决定说三道四，甚至公开发表同中央精神相违背的言论，阳奉阴违、当面一套背后一套，等等。只有坚决克服这些现象，始终保持政治信仰不变、政治立场不移、政治方向不偏，才能做到对党绝对忠诚。面对复杂形势、艰巨任务和严峻考验，党员干部对党忠诚、与党同心，站稳立场、保持定力，比以往任何时候都更加重要。

政治纪律和政治规矩是对党绝对忠诚的“试金石”。只有坚守党的信仰，恪守党的纪律和规矩，才能做到对党忠诚不动摇。有的领导干部热衷于搞小圈子、小团伙，搞非组织活动；有的个人事项申报不实，重大问题不请示不汇报，搞先斩后奏；有的接受组织审查时心存侥幸、隐瞒事实，甚至订立攻守同盟，千方百计对抗组织；有的纵容配偶子女非法牟利，默许他们为所欲为。习近平总书记强调指出，守纪律讲规矩是对党员、干部党性的重要考验，是对党员、干部对党忠诚度的重要检验。纪律和规矩是党的生命，对党忠诚就必须严格遵守党纪党规，把纪律挺在前面。领导干部不仅要把“守纪律如生命、讲规矩为天职”作为自觉遵循，而且要坚持原则，旗帜鲜明地反对和查处违反纪律和规矩的人和事，不能让党纪党规成为“纸老虎”“稻草人”，严防“破窗效应”，推动形成遵规守纪的良好氛围。

（摘编自新华网 2015 年 11 月 19 日，作者：宋璇涛）

谢非：党员干部都是党的形象代言人

党员干部因“雷人”言行招来非议，近年来屡有发生。最近，某地一官员上班时间在服务大厅嗑瓜子、不作为被曝光。其直接领导回应称：该官员有糖尿病需不断进食，否则就会晕倒。此言一出，立即引起网上网下一片质疑与吐槽。此事已经过去一段时间，当事人也受到了相应处理，但它从反面告诫我们：党员干部都是党的形象代言人，都有责任和义务维护党的形象、巩固党的执政基础和群众基础。

有同志认为，党的形象是通过各级党组织和所有党员的总体形象来体现的，个人在其中所起的作用微不足道。这种观点似是而非。不错，党的形象是一个整体，个别党员干部的不良形象并不能代表党的整体形象。然而，整体是由部分组成的，共性寓于个性之中。在日常工作、学习和生活中，每名党员干部的一言一行都会对党的形象带来影响。实际上，群众也正是通过这些“一言一行”来衡量党员干部进而对党的形象进行评价的。俗话说，“村看村，户看户，群众看干部”，说的就是这个道理。

在基层一线工作的党员干部，每天都同群众面对面打交道。群众对这些党员干部工作的感受更直接、更具体，对他们的形象看得更清楚、更真切。因此，人们常常把这些党员干部的工作岗位比喻为“窗口”。身处“窗口”的党员干部，决不能以为自己人微言轻，言行无所顾忌；而应珍惜自己所处的“窗口”位置，树牢宗旨意识、公仆意识，真心实意地为群众办实事、解难事、做好事，与群众干在一起、打成一片，使“窗口”成为展示自身良好形象、党的良好形象的重要平台。

对党组织和领导干部来说，要有效维护党的形象，一个前提是决不能“护短遮丑”。有的党组织和领导干部对本部门、本单位存在的不良作风和不良现象不愿“揭短亮丑”，认为“家丑不可外扬”，甚至在出了问题之后还找种种借口来遮掩。实际上，这是对党员干部的自由放任和不负责任，不但无助于维护党的形象，而且会对党的形象造成更大伤害。常言道："护短短更短，遮丑丑更丑。"一味护短遮丑，就会助长党内的歪风邪气，进一步损害党在人民群众心目中的形象和威信。

让所有党员干部都成为党的良好形象的代言人，一靠自律，二靠他律，关键要用有效的规章制度来"托底"。为此，各级党组织应进一步完善规章制度，并贯彻落实到位。同时应看到，党员干部在工作中出现一些失误、存在一些问题也属正常。在严格问责的同时，也应给党员干部改正错误、改善形象留出空间和余地。《论语》有言："君子之过也，如日月之食焉。过也，人皆见之；更也，人皆仰之。"党员干部在工作中出现失误和问题并不可怕，只要虚心接受各方面尤其是群众的监督和批评，及时纠正失误、解决问题，就能重塑自己在群众心目中的形象，团结带领群众更好地干事创业。

（摘编自《人民日报》2015 年 4 月 21 日第 7 版，作者：谢非）

刘本良：守规矩是为官从政的基本"职业操守"

习近平总书记要求广大县委书记要做政治的明白人、发展的开路人、群众的贴心人、班子的带头人。做到这些要求，必须带头执行新修订的廉洁自律准则和纪律处分条例，讲规矩、懂规矩、守规矩，把严守规矩作为为官从政的基本"职业操守"。

做政治的明白人，守好政治规矩是前提。新条例规定了六大纪律，政治纪律排在首位。"人之忠也，犹鱼之有渊。"县委书记是党在一县的"代言人"，忠诚于党、忠诚于人民，要求我们始终同党中央在思想上政治上行动上保持高度一致，始终保持政治定力，把抓好党建作为最大政绩，严格落实全面从严治党主体责任。

发展是党执政兴国的第一要务，县委书记作为"一线总指挥"，必须不断强化自身的规矩底线意识。当发展的开路人，就应当摒弃那种“先上车后补票”“先发展后规范”的发展理念，不踩黄线、不越红线、守住底线；同时，心中默念“功成不必在我”，钉好“钉子”，“一张蓝图绘到底”。

群众路线是党在长期实践中形成的党内规矩，新条例把群众工作纪律作为六大纪律之一。身为县委书记，自当带头执行中央八项规定，深入群众，问计问需问难。这几年的工作体验也验证了这一点，越是下乡调研，我越能感觉到群众的力量才是干事创业的底气和动力。当前，扶贫攻坚是基层工作的重中之重，高坪作为西部欠发达地区，贫困人口4.8万人，随着大量资金项目实施，如何确保惠民政策执行好、惠农资金落实好、群众期盼解决好？这是个大考验。我们将定期开展民生项目、资金使用和第一书记三项检查，及时亮剑，清理害群之马，把好事办实，把实事办好。

打铁还需自身硬。县委书记须以身作则，率先垂范，给班子成员带好头，给党员干部示好范，尤其是带头学条例守规矩，做到以政策法规为准绳，以职责权限为依据；带头执行民主集中制，严格遵守意见征求、沟通酝酿等决策程序，认真执行“三重一大”等事项的集体议事规则，带头落实“一把手”五个不直接分管制度，防止独断专行、简化程序，让权力在制度规矩之笼内阳光运行。

共产党人是最讲规矩的群体。60多年前，中国共产党人“进京赶考”前，在西柏坡定下了六条规矩，习近平总书记告诫全党“面临的‘赶考’远未结束”。主政一方，我们必须坚决服从、认真执行新颁布的“两项党内法规”，真正把纪律约束转为行动自觉。

（摘编自《人民日报》2015年10月27日第18版，作者：刘本良）

【视野拓展】

陈晋：中共靠着纪律和规矩一路走来

我们党成立伊始，就强调立规矩、讲纪律。1922 年在上海召开二大的时候，尽管全国只有 195 名党员，但在大会通过的党章中，便专列“纪律”一章，计九条。其中规定，各地党的组织“不得自定政策”，凡关系全国之重大政治问题，各地党组织不得违背中央立场“单独发表意见”，“言论行动有违背本党宣言章程及大会各执行委员会之议决案”，则必须开除党籍。党的历史上第一部党章，严明政治纪律，立下这些规矩，使党和那些只在口头或书案上讲讲马克思主义的松散学术团体之间划出了一道鸿沟。当时，确实有些人，包括曾积极宣传马克思主义甚至参加筹备建党的一些社会名人，受不了这些纪律和规矩，先后离开了党，或被党开除了党籍，但党的队伍更加生机勃勃。此后大约不到 5 年时间党员就超过 5 万人，由此迎来了国共合作的大革命高潮。大革命失败前夕召开的党的五大，面对危急的形势明确提出：“宜重视政治纪律”。

大革命失败后，我们党陷入生死存亡之境，叛变者有之，不听招呼者有之，消极动摇者有之，在党内另立派别者也有之。在这种情况下，如何强化信念和纪律、维护党的团结、提高战斗力，至关重要。1927 年 10 月，毛泽东同志在创建井冈山革命根据地的过程中，亲自主持了一场入党仪式，在他确定的 24 个字的入党誓词中，便有“服从纪律”这 4 个字。这份入党誓词后来虽几经调整和修改，但“服从纪律”这条意思仍保留至今，最新的誓词表述是“严守党的纪律”。与此同时，毛泽东同志还创设了人民军队的基本纪律，后来发展为“三大纪律、八项注意”，其中第一条纪律“一切行动听指挥”，讲的就是政治纪律。1929 年的《古田会议决议》之所以重要，在于它对党和红军内部存在的不讲政治的单纯军事观点，对削弱党的战斗力的极端民主化倾向，对不执行党的决议、不开展正确的党内批评的非组织化观点，对小团体主义和享乐主义，制定了切实有效的反对措施。正是靠着这样的纪律和规矩，我们党走出绝境，重新形成了红红火火的局面。哪怕是后来由于“左”倾教条主义的错误，我们党再次陷入绝境，也依然靠着这些纪律和规矩所形成的凝聚力和战斗力，走过了千难万险的长征之路。

延安整风初期，为了统一全党的思想，毛泽东同志在 1941 年 9 月中央政治局扩大会议上提出了一个著名的论断：“路线是‘王道’，纪律是‘霸道’，这两者都不可少”。意思是党的建设，既要靠正确的路线方针来指导，也要靠铁的纪律来约束。为什么讲这个话？毛泽东同志说得很清楚：搞宗派主义，既排外，又排内，“闹独立性、不服从决议、没有纪律的现象，必须整顿”。视纪律为“霸道”，是强调其刚性约束，党员干部必须有敬畏之心，不敬畏，就不会去认真遵守，就会影响党的路线方针政策的贯彻落实。1942 年普遍整风开始后，毛泽东同志又讲：身为党员，铁的纪律就非执行不可，孙行者头上套的箍是金的，共产党的纪律是铁的，比孙行者的金箍还厉害，还硬。这就是“认真”，就是“霸道”。对纪律和规矩心存敬畏，才可能形成自觉。延安整风的一个重要成果，就是通过坦诚的批评与自我批评，在党风党纪建设上形成了一种广泛的自觉，克服了多年形成的宗派和山头现象，使全党在新的高度上实现团结和统一。正是在这个意义上，我们说延安整风是提出和推进党的建设这项伟大工程的里程碑。

西柏坡是我们党在农村的最后一个指挥所，但同样是严纪律、立规矩的地方。1948 年，解放战争开始打得比较顺利时，党内无纪律倾向有所抬头，作决策不请示报告的情况屡有发生。毛泽东同志对此高度警觉，要求全党“懂得必须消灭现在我们工作中的某些严重的无纪律状态或无政府状态”。1948 年 9 月，中央政治局专门召开扩大会议，主要议题就是“军队向前进，生产长一寸，加强纪律性，革命无不胜”。会议强调要建立请示报告制度，党的下级的重要决议必须呈报党的上级组织批准以后方准执行；各级党的领导机关，必须将不同意见的争论，及时地、真实地向上级报告，其中重要的争论必须报告中央。随后，即将进入北平时，我们党在西柏坡召开的七届二中全会，又提出了“两个务必”的重要思想，确定了必须遵循的“六条规定”。这些做法，对我们党最终取得新民主主义革命的伟大胜利，进而顺利地转变为在全国执政的执政党，有着重大意义。习近平同志2013年7月到西柏坡视察时，敏锐地点出了这个意义。他在当年中央政治局开会的屋子里与人们座谈时说：“这里是立规矩的地方。党的规矩、制度的建立和执行，有力推动了党的作风和纪律建设。”

历史就这样告诉我们，我们党从小到大、从弱到强，最终成为在今天依然执政并将长期执政的马克思主义政党，就是这样走过来的。上海、井冈山、延安、西柏坡、北京，这些立规矩的地方，都成为醒目的路标，上面都写着“纪律”二字；每一段行程的跨越，靠的是确保全党统一意志、统一行动、步调一致前进。

回顾历史，是为了今天。我们党今天面临着“四大危险”和“四大考验”，怎样应对，需要深思。在党的政治纪律和政治规矩面前，一些党员干部精神松懈，不以为然，违规违纪的情况不在少数。不严明政治纪律，不树立规矩意识，就会迷失方向、损毁形象、失去力量，要进行具有新的历史特点的伟大斗争谈何容易，要坚持和发展中国特色社会主义这个“王道”更为艰难。因此，以猛药去疴、壮士断腕的决心从严治党，非严明纪律这条“霸道”不可。我们党靠着纪律和规矩，一路走来；必须靠着纪律和规矩，才能一路走好。

（摘编自中国新闻网2015年1月20日，作者：陈晋）

第十一章

习近平总书记系列重要讲话精神的科学真理性

我们党历来重视理论创新、理论武装和理论指导问题。在90多年的革命和建设历程中，中国共产党人不断地把马克思主义普遍真理和中国不断发展的革命和建设实践紧密结合起来，不断地推进马克思主义中国化的创新和发展，产生了毛泽东思想、邓小平理论、“三个代表”重要思想、科学发展观等一系列的马克思主义中国化成果。党的十八大以来，习近平总书记站在坚持和发展中国特色社会主义事业战略和全局的高度，发表了一系列重要讲话，就新形势下改革发展稳定、内政外交国防、治党治国治军的一系列重大理论和实践问题，提出富有创造性的新思想新观点新要求。中共中央办公厅印发《关于在全体党员中开展“学党章党规、学系列讲话，做合格党员”学习教育方案》，并发出通知明确指出，以习近平总书记系列重要讲话精神武装头脑、指导实践、推动工作，着力解决党员队伍在思想、组织、作风、纪律等方面存在的问题，努力使广大党员进一步增强政治意识、大局意识、核心意识、看齐意识，坚定理想信念、保持对党忠诚、树立清风正气、勇于担当作为，充分发挥先锋模范作用。

【问题点击】

为什么要深入学习习近平总书记系列重要讲话精神

要把深入学习习近平总书记系列重要讲话精神，作为党的一项基本理论建设、政治建设来抓。理论联系实际、理论和实践相结合，是我们党加强理论建设和领导革命、建设、改革的根本原则。

习近平总书记系列重要讲话，同毛泽东思想、邓小平理论、“三个代表”重要思想、科学发展观一样，本身就是理论联系实际、理论和实践相结合的结晶。只有坚持理论联系实际、理论和实践相结合，才能学习领会好，贯彻落实好。而要学习领会好，首先要下功夫搞懂搞通贯穿其中的思想理论。只有理论上搞懂搞通了，才能高屋建瓴，才能势如破竹，才能事半功倍，才能举一反三，才能联系实际，才能解决问题。而要搞懂搞通理论，没有别的捷径可走，只有认真读书、刻苦读书一途。

深入学习习近平总书记系列重要讲话精神，开创用马克思主义中国化最新成果武装全党和党的思想理论建设新局面，是在我国改革发展稳定和国家治理新的重大历史关头，党的一项基本理论建设、政治建设，不能一蹴而就，必须下深入持久的功夫。要作为我们党迎接新的历史任务的重要思想理论准备，以党的高中级干部为重点，在党内集中开展一次习近平总书记系列重要讲话精神学习活动。重点学习贯穿其中的国家治理思想，包括坚持和发展中国特色社会主义思想，全面建成小康社会思想、全面深化改革思想、全面依法治国思想，以及全面加强国防和军队建设思想、全面推进中国特色大国外交和国际战略思想等。要一个问题一个问题地系统阅读、系统清理、系统提高，要一个问题一个问题地统一思想、统一意志、统一行动。要把学习习近平总书记系列重要讲话精神，同学习马列主义、毛泽东思想，同学习邓小平理论、“三个代表”重要思想和科学发展观结合起来。

在学习过程中，特别要注意掌握贯穿其中的实事求是、群众路线、独立自主的马克思主义立场、观点、方法。实事求是，是马克思主义的根本观点，是中国共产党人认识世界、改造世界的根本要求，是我们党的基本思想方法、工作方法、领导方法。不论过去、现在和将来，我们都要坚持一切从实际出发，理论联系实际，在实践中检验真理和发展真理。群众路线，是我们党的生命线和根本工作路线，是我们党永葆青春活力和战斗力的重要传家宝。

（摘编自《龙》杂志2015年夏季号，作者：李洪峰）

【深度阐释】……………………………………………………

一、马克思主义中国化的最新成果

（一）习近平讲话作出了推进“全面建成小康社会”的新部署

小康社会是由邓小平同志在20世纪70年代末80年代初在规划中国经济社会发展蓝图时提出的战略构想，即著名的“三步走”战略，其中第二步战略目标就是人民生活达到小康水平，实现的标志是国民生产总值人均一千美元。党的十八大之后，习近平总书记围绕“全面建成小康社会”提出了一系列新思想、新论断、新要求，准确科学地回答了全面建成小康社会面临的诸多重大问题，使“新的三步走”战略部署更加清晰。

一是第一次将全面建成小康社会定位为“实现中华民族伟大复兴中国梦的关键一步”。2020年全面建成小康社会是“三步走”战略的重要节点，是2050年实现富强民主文明和谐的社会主义现代化国家的台阶，是中华民族伟大复兴的一个重要里程碑，也是实现中国梦的基础。

二是全面建成小康社会新在全面、重在全面。这个“全面”体现在覆盖人群的全面，是不分地域、城乡、民族的全面小康，是共同富裕的小康，是不让一个人掉队的全面小康。

三是全面建成小康社会不再单纯追求物质，在精神层面也提出更高要求。习近平总书记指出，全面小康是“国家物质力量和精神力量都增强，全国各族人民物质生活和精神生活都改善”，“让人民群众在每一个司法案件中都感受到公平正义”，“望得见山、看得见水、记得住乡愁”，“更好的教育、更稳定的工作、更满意的收入、更可靠的社会保障、更高水平的医疗卫生服务、更舒适的居住条件、更优美的环境”等。

（二）习近平讲话谋划了推进“全面深化改革”的新方略

一是明确了全面深化改革的总目标和路线图。党的十八届三中全会第一次将全面深化改革的总目标，确定为“完善和发展中国特色社会主义制度、推进国家治理体系和治理能力现代化”。全会还要求，到2020年，在重要领域和关键环节改革上取得决定性成果，形成系统完备、科学规范、运行有效的制度体系，使各方面制度更加成熟更加定型。这是改革的路线图。

二是统筹协调、整体推进全面深化改革。由于深化改革难度大，矛盾盘根错节，需要大量的协调与统筹，而且当前社会对改革的具体措施仍存在较大分歧，需要一个超越行政管理部门的专门领导机构来领导和统筹规划。因此中央成立全面深化改革领导小组，习近平同志亲自任组长，负责改革的总体设计、统筹协调、整体推进、督促落实。

三是把促进社会公平正义、增进人民福祉作为全面深化改革的价值追求。习近平同志强调，要把促进社会公平正义、增进人民福祉作为一面镜子，审视我们各方面体制机制和政策规定，哪里有不符合促进社会公平正义的问题，哪里就需要改革；哪个领域哪个环节问题突出，哪个领域哪个环节就是改革的重点。

（三）习近平讲话形成了推进“全面依法治国”的新思路

一是以建设中国特色社会主义法治体系为总抓手，加快建设社会主义法治国家。党的十八届四中全会明确了全面推进依法治国的总目标是建设中国特色社会主义法治体系，建设社会主义法治国家。这一总目标既明确了全面推进依法治国的领导力量、制度基础和理论指导，又突出了全面推进依法治国的工作重点和总抓手，为我们推进社会主义法治建设提供了基本遵循、正确路径和行动指南。

二是把依法治国与深化改革作为实现全面建成小康社会的两大并行举措。习近平总书记在2015年新年贺词中说：“我们要让全面深化改革、全面推进依法治国如鸟之两翼、车之双轮，推动全面建成小康社会的目标如期实现。”这是我们党的历史上第一次将全面依法治国，论述为全面深化改革的“姊妹篇”，形成“鸟之两翼、车之双轮”。鸟无翼不飞，车无轮不走，要想飞得高、行得远，就必须在不断全面深化改革的同时更加注重全面依法治国。

三是将党内法规体系纳入法治体系，体现了中国特色社会主义法治体系的特色所在。将党内法规体系纳入法治体系，有利于把依法治国与从严治党统一起来，有利于改善党对依法治国的领导，不断提高党领导依法治国的能力和水平，促进广大党员把法治理念和法治精神体现到工作实践之中，不断提高运用法治思维、法治方式解决问题的能力，做尊法、学法、守法的模范。

（四）习近平讲话明确了推进“全面从严治党”的新路径

一是系统思考、科学统筹、整体谋划全面从严治党。党的十八大之后，以习近平为总书记的新一届中央领导集体以中央八项规定为肇始，以作风建设为突破口，以党的群众路线教育实践活动为抓手，以反腐倡廉为动力，开启了全面从严治党新常态。这一系列有机统一、环环相扣的新举措和新办法，既标本兼治、又固本培元，既全面推进、又重点突破，注重全面从严治党的系统性、整体性、协同性。

二是形成了全面从严治党的新思路。体现在：把思想建党作为全面从严治党的根本要求，使广大党员干部把好思想上的“总开关”，抓住了全面从严治党的根本；把从严治吏作为全面从严治党的重点，抓住了“关键的少数人”；把改进作风作为全面从严治党的突破口，用“钉钉子”的精神一抓到底；把反腐肃贪作为全面从严治党的第一要务，“猛药去疴、重典治乱”；把制度治党作为全面从严治党的重要保障，“踏石留印、抓铁有痕”。

三是构建了新的全面从严治党机制。通过范围全覆盖、内容全方位、全程无止境的全面从严治党，保持反腐肃贪的高压态势不放松，实现“不敢腐”；把权力关进制度的笼子，实现“不能腐”；深化党的纪律检查体制改革，实现“不想腐”。

二、灵活运用马克思主义哲学的光辉典范

（一）习近平讲话坚持和运用了马克思主义的实践观点、实践原则

实践的观点是马克思主义哲学首要的和基本的观点，实践的原则是马克思主义哲学的建构原则。习近平讲话坚持以改革开放和社会主义现代化建设的实践为基础，以我们正在做的事情为中心，树立问题导向意识，善于在实践中提出问题、分析问题、解决问题，善于在人民群众的实践探索中总结经验、认识事物、把握规律，具有鲜明的实践特色。

一是坚持一切从实际出发。习近平讲话的一个显著特点，就是一切从实际出发。他强调要把社会主义初级阶段这个当代中国的最大国情、最大实际作为想问题的立足点，把认识规律、遵循规律、按客观规律办事作为决策的前提条件，把深入群众、深入实践进行调查研究

作为抓工作的基本要求。

二是坚持实践是检验真理的唯一标准。习近平总书记鲜明提出了检验工作的实践标准，强调我们的各项工作都要经得起实践、人民、历史的检验，党的干部要创造出经得起实践、人民、历史检验的实绩。

三是坚持理论联系实际。习近平讲话立足我国发展的阶段性特征，着眼于解决发展中的深层次问题、改革中的重点难点问题，提出了一系列具有战略性、前瞻性的理念、思路和方法，抓住要害、一针见血、有的放矢。

（二）习近平讲话贯穿和体现了一切依靠人民、一切为了人民这一唯物史观的核心立场要求

理论立场是阶级立场、政治立场、政党立场的表现，回答和解决了理论为什么人服务的价值取向问题。习近平讲话站在中国最广大人民的立场上，顺应人民的意愿，为中国最广大人民服务，“人民群众是历史创造者”这一马克思主义哲学原理和观点，既是贯穿习近平讲话的一条红线，也是认识和理解讲话的一把钥匙。学习习近平总书记系列重要讲话就是要保持公仆情怀，牢记共产党员永远是劳动人民的普通一员，密切联系群众，全心全意为人民服务。

一是始终把老百姓摆在最为重要的位置。习近平讲话始终贯穿一切为了人民、一切依靠人民这个马克思主义政党的根本政治态度和政治立场，始终饱含着对广大人民群众的深情和厚爱。党的十八大以来，以习近平同志为总书记的党中央提出实现中华民族伟大复兴的中国梦，把人民对美好生活的向往作为自己的奋斗目标，多次强调人民群众是历史的创造者，是我们力量的源泉，在任何时候任何情况下，与人民同呼吸共命运的立场不能变，全心全意为人民服务的宗旨不能忘，人民群众是真正英雄的历史唯物主义观点不能丢。

二是凸显“以百姓心为心”的至深民生情怀。习近平总书记指出，我们共产党人对人民群众的疾苦要有仁爱之心、关爱之心，更多关注困难群众，不断提高全体人民生活水平。他在考察调研中始终率先垂范、身体力行，深入基层，深入贫困地区和困难群众家中，看真贫、扶真贫、真扶贫，对老百姓利益受到侵害深恶痛绝，对实施能给老百姓带来好处的政策措施不遗余力，对解决党员干部队伍存在的突出问题迫不及待。

三是体现人民至上的价值取向。习近平讲话贯穿着马克思主义群众观点和人民立场，以增进人民福祉为价值取向，坚持解放和发展生产力，不断满足人民日益增长的物质文化需要，实现好、维护好、发展好最广大人民的根本利益。

（三）习近平讲话丰富和创新了马克思主义哲学思维方法

一是在继承中完整准确地把握马克思主义立场观点方法，反映马克思主义唯物史观、唯物论、辩证法、认识论的核心精神和要求。唯物辩证法是马克思主义的精髓和灵魂，是我们做好工作的基本方法。在习近平讲话中，既注重总体谋划又注重牵住“牛鼻子”，既从战略上思考又从战术上谋划，既阐述思想又指明路径，既部署任务又指导方法，善于处理局部和全局、当前和长远、重点和非重点的关系，在权衡利弊中趋利避害、作出最为有利的战略抉择，辩证法运用得炉火纯青，充分体现了马克思主义唯物辩证法的哲学智慧。

二是在创新中赋予马克思主义立场观点方法的新的时代内涵。在习近平讲话中，坚持用世界眼光、战略思维认识问题、分析问题、解决问题，顺应时代潮流，善于从当代世界的大势大事中把握发展趋势和走向，未雨绸缪，增强定力，从而在国际风云变幻中，处变不惊，在纷繁复杂的形势下，赢得主动。这些灵活性运用、创造性转化、创新性发展，都丰富和拓展了辩证思维的内涵和外延，增强了工作指导的系统性、科学性和预见性。

三是借鉴吸收当代科学思维的合理成果。创新思维、系统思维、底线思维、法治思维、精确思维等现代科学思维方法及其成果，既丰富和深化了马克思主义辩证思维方法，又证实和丰富了马克思主义哲学辩证思维的观点，并进一步促使马克思主义辩证思维方法具体化、精确化。习近平讲话把马克思主义辩证思维方法与现代科学思维方法有机地统一起来，借鉴了现代科学思维方法的有益成分，并从战略层面、底线把握、系统角度、创新要求等方面来谋篇布局、制定政策、开拓前进，推动中国特色社会主义事业的科学发展。

三、新历史起点新发展阶段教育党员队伍的科学指南

（一）习近平讲话是教育广大党员坚定中国特色社会主义理想信念的新遵循

一是必须更加坚定共产党人的信仰追求。革命理想高于天。习近平总书记强调，理想信念不能丢，不忘本来才能开辟未来，不能做历史虚无主义者。他反复强调，对马克思主义的信仰，对社会主义和共产主义的信念，是共产党人的政治灵魂，是共产党人经受住任何考验的精神支柱。他形象地指出，理想信念是共产党人精神上的钙，理想信念坚定，骨头就硬，没有理想信念，或理想信念不坚定，精神上就会缺钙，就会得软骨病，就可能导致政治上变质、经济上贪婪、道德上堕落、生活上腐化。这些论述，体现了共产党人坚定的政治信仰和崇高理想。学习习近平讲话，就是更加坚定共产党人的信仰追求，在涉及道路、理论、制度等大是大非问题上旗帜鲜明、态度坚决，不能模棱两可，在继承创新的基础上，继续把坚持和发展中国特色社会主义这篇大文章写下去。

二是必须更加坚定中国特色社会主义道路自信、理论自信、制度自信。道路自信、理论自信、制度自信，三个“自信”是我党统一指导思想、明确奋斗目标、凝聚共识力量，坚定对以习近平同志为总书记的党中央的政治自信、组织自信和能力自信的重要基础。增强三个

“自信”，使广大党员树立正确的世界观、人生观、价值观，坚定共产主义理想和社会主义信念，并在此基础上凝聚全体党员的思想意志，不断提高党组织的创造力、凝聚力和战斗力，使我们的党能始终站在时代的前列，从最广大人民群众的根本利益出发，与时俱进地保持先进性和生命力，把改革开放和社会主义建设事业不断向前推进，把中国特色社会主义制度的优越性充分体现出来。

三是必须更加坚守共产党人的政治本色。90 多年来，我们党在领导革命、建设、改革的过程中，在推动中华民族伟大复兴的实践中，铸就了坚定理想、服务人民、求真务实、开拓创新、清正廉洁、艰苦奋斗等马克思主义政党鲜明的政治本色。这些政治本色，是共产党人政治生命的基因，是党生生不息、发展壮大的本源，是党的事业枝繁叶茂的根系。在革命、建设、改革的历史进程中，无数优秀共产党员在不同岗位上展现了坚定革命理想、坚守民族大义、坚持为人民服务宗旨的宝贵品格。丢掉本色，就是忘记过去，就意味着背叛。当前，广大党员要坚守共产党人的政治本色，自觉站在党和人民立场上，增强忧患意识、使命意识、进取意识，自觉消除私心杂念，本着对党、对人民、对历史负责的态度，奋力把各项工作推向前进。

（二）习近平讲话是提升党员队伍形象、能力和威信的新标杆

一是注重在提高党性修养中树好形象。党性，犹如一道防火墙，保护党的肌体不为各种“病毒”所侵害。学习习近平讲话，要抓好党性教育这个核心，教育引导党员干部牢固树立正确的世界观、权力观、事业观，坚定政治立场，明辨大是大非。面对新形势新任务新挑战，加强党性修养，很重要的一条就是认真学习贯彻党章，自觉用党章规范自己的一言一行，努力在自我净化、自我完善、自我革新、自我提高中不断修正人生坐标、提升思想境界，永不褪色、永不变质，充分展示人民公仆的形象和风采。

二是注重在不断加强学习中提升能力。事有所成，必是学有所成。好学才能上进，好学才有本领。广大党员要带着执著的信念学习，带着求知的欲望学习，带着实践的需要学习，通过学习，把学习成果转化为强大的精神动力，转化为改造客观世界和主观世界的力量源泉，转化为观察和解决现实矛盾和问题的科学方法，转化为开拓创新的实际行动，以学益智、以学修身、以学增才，强固立身做人之本、夯实为政做事之基。

三是注重在自觉躬行实践中树立威信。广大党员要树立威信，必须积极投身建设和发展中国特色社会主义的伟大实践，坚持党的群众路线，忠实代表人民利益，坚持问政于民、问需于民、问计于民，从人民群众的伟大实践中汲取智慧和力量；必须以公事为重，一心为公，时刻把党和群众交给的任务装在心上，兢兢业业不遗余力地去完成本职任务，多做顺民意、解民忧、惠民生的好事实事，坚决纠正损害群众利益的行为；必须从严要求自己，时刻注意清扫思想灰尘，保持清正廉洁，恪守为政底线，做到一心为公，把“官本位”思想彻底摒弃，把高人一等的特权思想抛到一边，把名利看得淡一些、把自己的位置摆得靠后一些、把个人利益得失看得轻一些，做一个有风度、有气度、能谦卑的好党员、好干部。只有这样，才能得民心、聚民意，才能真正地树起威信。

（三）习近平讲话是强化广大党员责任担当的新导向

一是要坚持原则，面对大是大非敢于亮剑。作为一名共产党员，必须时时刻刻讲党性，有正确的是非观，在根本原则问题上要旗帜鲜明，面对歪风邪气敢于坚决斗争。在社会思想多样、多元、多变的新形势下，意识形态领域的较量是经常的、现实的，制度模式、发展方向等重大原则问题的考验也是经常的、现实的。对于否定共产党领导、攻击社会主义制度的错误观点，广大党员不能在重大原则问题上无动于衷、避退三舍，要敢于站出来说话，敢于表明自己的立场态度，并给予有理有据的正面回应，绝不能沉默失语。对于工作生活中的不正之风，要敢于较真碰硬，坚决斗争，不能奉行好人主义，自我批评怕丢面子，批评上级怕穿小鞋，批评同级怕伤和气，做“你好我好大家好”的无原则的“圆滑官”。

二是要认真负责地履职尽责。“为官避事平生耻”，领导干部对党忠诚、对党和人民事业负责，就要为党分忧，勇于做事，敢于担责。勇于担责，就是积极主动认真地承担党和人民赋予的各项任务，尤其是急难险重任务。一些同志缺乏进取精神，抱着“多一事不如少一事”“不出事就是政绩”的心态，只要不出事，宁愿不做事，甘于平庸；有的缺乏开拓精神，不敢有丝毫创见性突破，满足于四平八稳；有的缺乏挑战精神，不敢迎难而上，遇到困难矛盾问题绕着走，习惯于推诿。因此，广大党员要事不避难，勇于担责，对党的事业、对人民群众有利的事，看准了就要大胆去做，奋勇向前。即使有了问题、出现失误，也要敢于承认，主动承担，不回避、不遮掩、不推诿，及时纠正和改正，善于在总结汲取教训中更好地开展工作。

三是要具有敢担当、重实干、有作为的工作作风。就是端正指导思想，做到对党负责、对人民负责、对事业负责，创造经得起实践、历史和人民检验的实绩；对工作任劳任怨、尽心竭力，始终保持振奋的精神、实干的劲头、担当的勇气，知难而进，有逢山开路遇河架桥、把事业做实的精神；遇到问题不回避，遇到困难不躲避，遇到风险不逃避，敢于担责、敢于亮剑、敢于开拓创新。

【专家观点】……………………………………………………

曲跃厚、李步前：习近平系列讲话的哲学底蕴

哲学是世界观，是对世界总的根本的看法。马克思主义哲学是辩证唯物主义和历史唯物主义，其最基本的原理是：世界是物质的，物质决定意识，意识能动地反映世界。毛泽东用中国语言把这一原理表

述为“实事求是”四个大字。实事求是，是马克思主义活的灵魂，是党的思想路线的核心，也是习近平总书记系列重要讲话的唯物论底蕴。

（一）坚持实事求是，必须从实际出发

实事就是客观实际。坚持实事求是，必须从客观实际出发，而不是从头脑和教条出发。用习近平同志的话来说，就是必须“脚踏实地”，“把情况搞清楚”。

从实际出发，最重要的是从社会主义初级阶段这个当代中国最大的实际出发，这是建设中国特色社会主义的总依据。关于中国的特点，习近平同志指出：第一，中国是有着悠久文明的国家；第二，中国是经历了深重苦难的国家；第三，中国是实行中国特色社会主义的国家；第四，中国是世界上最大的发展中国家。脱离了初级阶段这个总依据，我们党就不可能提出科学的思想理论观点，制定正确的路线方针政策，作出符合实际的决策部署。所以，我们在任何时候、任何情况下都要牢牢立足社会主义初级阶段这个最大实际。这是我们想问题、作决策、干事情的基本前提。

（二）坚持实事求是，必须调查研究

实际情况是通过调查研究得来的，调查研究是贯彻实事求是的基本途径。用习近平同志的话来说，调查研究“千万省略不得，马虎不得”。

习近平同志高度重视调查研究。他在浙江工作期间就多次谈到调查研究的问题，仅《之江新语》收录文章中直接涉及调查研究的讲话和文章就有好几篇。他强调，调查研究务求“深、实、细、准、效”：要深入群众，深入基层；作风要实，真正做到听实话、摸实情、办实事；认真听取意见，深入分析问题，全面掌握情况；善于发现问题，透过现象看本质，把握规律性的东西；提出切实可行的解决问题的办法，出实招，见实效。

（三）坚持实事求是，必须着力解决问题

问题是时代的声音，是时代的口号。习近平同志坚持实事求是的一个鲜明特点是强调突出问题导向、着力解决问题。他强调："我们中国共产党人干革命、搞好建设、抓改革，从来都是为了解决中国的现实问题。"

从哲学的角度看，一要解决世界观的问题、理想信念的问题。这是一个根本的问题，是总开关、总阀门的问题。这个问题解决不好，就会精神缺"钙"，得"软骨病"，进而导致政治上变质、经济上贪婪、道德上堕落、生活上腐化。二要解决"举什么旗、走什么路"的问题。习近平同志在党的十八大闭幕后主持召开的新一届中央政治局第一次会议上，就向全党全国人民和全世界郑重宣示，高举中国特色社会主义伟大旗帜，走中国特色社会主义道路，鲜明地表明了我们党决不走改旗易帜的邪路和封闭僵化的老路的坚定决心。这是以习近平同志为核心的党中央坚持实事求是、从社会主义初级阶段出发作出的重大决策。三要解决群众的利益问题。实现好维护好发展好最广大人民群众的根本利益，因为"人们奋斗所争取的一切，都同他们的利益有关"，而"'思想'一旦离开'利益'，就一定会使自己出丑"。

习近平同志之所以如此强调一切从实际出发、调查研究、解决问题，最根本的原因就是他是一个唯物主义者。这种实事求是的品格和态度，就是他的唯物论底蕴。

（摘编自《中国特色社会主义研究》2014 年第 5 期，作者：曲跃厚、李步前）

韩庆祥：习近平理论创新六个重要特征

总的来说，习近平总书记理论创新具有问题意识、战略思维、辩证分析、人民立场、求真务实和大众话语六大重要特征。

问题意识重根本

具有"问题意识"，是第一个重要特征。领导干部首先是要解决问题的。习近平总书记在治国理政的基本思路和执政风格上，在积极推进中国经济社会发展时，总是强调“问题意识”。作为中国特色社会主义建设的总任务和总目标的中国梦，可以说是围绕“中国向何处去”这个事关全局的根本问题提出的；中国道路是习近平总书记对实现总目标、总任务之根本路径问题的深刻思考。

战略思维重全局

注重“战略思维”，是第二个重要特征。思考、分析根本的命运性问题，需要具备战略思维。战略思维，主要是习近平总书记针对如何统筹好国内国际两个大局，如何实现未来的理想目标，以及在分析、思考改革发展稳定的根本问题时强调的。党的十八大把国家战略进一步明确为两大战略，即1990—2020年的全面建成小康社会战略和2021—2049年实现中华民族伟大复兴中国梦战略。从“战略部署”高度考虑我们党的奋斗目标及其实现，考虑党和国家事业的发展，从顶层设计和整体谋划通盘考虑全面深化改革，体现了习近平总书记思考和分析问题时高瞻远瞩的战略思维。

辩证分析重思想

注重“辩证分析”，是第三个重要特征。在思考和谈论我国改革发展稳定中的一些重大关系，以及我国改革发展进程中的一些矛盾和问题时，习近平总书记十分注重辩证思维和辩证分析，注重思想的力量。重视哲学的辩证思维和辩证分析，在他分析、思考问题中具有核心的地位。针对当前的形势与任务，习近平总书记具体提出了四种思维方式，即“战略思维”“系统思维”“创新思维”“底线思维”。这四种思维以全面深化改革为核心，分为三个层次，即“战略思维→系统思维和创新思维→底线思维”。战略思维，主要针对当前我国全面深化改革的定位这一重大问题。

人民立场重情怀

注重“人民立场”，是第四个重要特征。习近平总书记在分析、思考一切问题时，其出发点、落脚点和遵循的基本原则，都是基于人民立场，即一切要依靠人、一切要为了人、一切要尊重人。“问渠哪得清如许，为有源头活水来。”习近平总书记的讲话之所以总是能够切中要害、沁人心脾，主要就是因为他始终站在人民大众的立场上，为大众利益立言，心怀炽热的大众情怀。简要言之，习近平同志思考和谈论问题的方方面面，都从人民立场出发，最终都落脚到人民立场上来。

求真务实重落实

注重“求真务实”，是第五个重要特征。在探寻事物的本质和规律时，在强调贯彻落实的实践行动时，习近平总书记特别强调求真务实。习近平同志从政以来，一贯强调求真务实、重抓落实，这已经成为他鲜明的执政风格和工作作风。

大众话语重文风

注重“大众话语”，是第六个重要特征。习近平总书记的一些讲话，举重若轻、如话家常，总是给人耳目一新的感觉，这里显示出他论述问题时引经据典、言简意赅、通俗易懂的特征。

（摘编自人民网－人民论坛2014年10月17日，作者：韩庆祥）

【视野拓展】

张全景：从红色文化中汲取精神动力

红色文化是马克思主义基本原理同中国具体实际相结合的精神结晶，是对中华优秀传统文化和世界优秀文化的继承、发展与创新。它彰显马克思主义的先进性、真理性，是中国共产党的信仰、制度、作风、道德、革命精神、革命传统等的综合体现，具有鲜明的民族性、科学性、大众性。

习近平同志强调，一个国家、一个民族的强盛，总是以文化兴盛为支撑的，中华民族伟大复兴需要以中华文化发展繁荣为条件；要不断丰富人民精神世界、增强人民精神力量，不断增强文化整体实力和竞争力，朝着建设社会主义文化强国的目标不断前进。这些重要论述，为新时期社会主义文化建设提出了要求、指明了方向。在各种文化中，红色文化以其鲜明的政治立场、崇高的价值取向、深厚的群众基础、坚决的奋斗精神等，为实现中华民族伟大复兴提供强大精神动力。

当前，尤其应注意发挥红色文化在意识形态工作中的作用。一个时期以来，西方敌对势力竭力对我国进行思想文化渗透。他们否定我们党的指导思想和社会主义道路，鼓吹所谓“普世价值”、资产阶级“民主宪政”，挑起事端，制造民族分裂，妄图使我们改旗易帜。对此，我们必须保持高度警惕。红色文化百炼成钢，是抵御西方腐朽反动思想文化侵蚀、防止“和平演变”的利器。应充分认识其内涵、意义，切实用好这一思想武器。

弘扬红色文化，最根本的是认真学习马克思列宁主义、毛泽东思想，重点把握列宁所讲的马克思主义的三个来源与三个组成部分、恩格斯所讲的马克思一生的两大发现即唯物史观和剩余价值学说、毛泽东同志的系列论著。同时，要与学习中国特色社会主义理论体系、学习习近平总书记系列重要讲话结合起来，掌握识别真伪的武器，从思想上武装起来，增强建设中国特色社会主义的思想自觉和行动自觉。坚持党的基本路线，坚持四项基本原则，同形形色色的错误思想进行坚决斗争，保持全党全国各族人民思想认识的清醒和统一，齐心协力、共同奋斗。

弘扬红色文化，还要高度重视对青年一代的教育引导。应通过加强革命历史、传统文化、国情社情等爱国主义教育，帮助青年一代树立正确的世界观人生观价值观，坚定正确的理想信念，提高明辨是非的能力，筑牢抵御拜金主义、享乐主义、极端个人主义等腐朽思想侵蚀的思想道德防线，成为中国特色社会主义事业的合格建设者和可靠接班人。

（摘编自《人民日报》2015 年 11 月 13 日第 7 版，作者：张全景）

第十二章

习近平总书记系列重要讲话的精髓要义

习近平总书记系列重要讲话从中国特色社会主义道路、理论体系和制度等方面，全面阐述了事关中国特色社会主义前途命运一系列重大原则问题，所阐明的新思想、新论断、新观点、新方法、新要求构成了一个完整体系，充分体现了中国特色社会主义理论成果的最新进展。在全党开展“两学一做”学习教育，基础在学，关键在做。要把党的思想建设放在首位，以尊崇党章、遵守党规为基本要求，以用习近平总书记系列重要讲话精神武装全党为根本任务，教育引导党员自觉按照党员标准规范言行，进一步坚定理想信念，提高党性觉悟；进一步增强政治意识、大局意识、核心意识、看齐意识，坚定正确政治方向。

【问题点击】

习近平治疗“病树”的讲话言近旨远

处事不公、吃拿卡要、侵占群众利益，甚至贪污腐化，确实是很多党员干部多年来养成的通病。习近平总书记把他们比喻为“烂树”“病树”“歪树”，确实非常形象。笔者觉得，习近平总书记关于治疗“病树”的讲话言近旨远。

我们常说：“严是爱，宽是害”。纵观近年来一些一步一步走上腐败道路的干部，无不是组织对他们的管理“失之于宽、失之于软”造成的。他们有的由“树皮”烂到了“树心”，最终不得不清理掉；有的虽然还没有烂到“树心”，但也“皮开肉绽”，惨不忍睹，如再不好好治治，也将烂到“树心”；还有的，虽然还没有到“烂”的程度，但也被不正之风吹歪了，让人看着也闹心。因此，我们确实应该像习近平总书记讲的那样，拿出壮士断腕、刮骨疗毒的勇气，整治干部队伍。

拔“烂树”就是要坚定不移地清理腐败分子。查办腐败分子不动摇，惩处腐败行为不手软，有贪必反、有腐必惩、有案必查，发现一起、查办一起，决不让任何腐败分子逃脱党纪国法的惩处，不让形形色色的腐败分子在党内有立锥之地。只有凡腐必反，把“烂树”连根拔起，才能做到除恶务尽。

治“病树”就是要依法规范干部的行为。对干部严格要求、严格教育、严格管理、严格监督。对存在这样那样问题的干部，要对照党纪党规、法律法规，刮骨疗毒，该剔除的“烂皮烂肉”坚决剔除，通过精心救治，让其长出“新皮嫩肉”。只有咬着牙、忍着痛清除病灶，才能使“病树”早日康复。

正“歪树”就是要持之以恒地抓好干部作风建设。从刚参加工作抓起，从入党前抓起，从小事抓起，端正干部的世界观、人生观、价值观，清除“官本位”意识，纠正处事不公、吃拿卡要、侵占群众利益等不良习气。使干部在任何风浪面前，都能站得直、不弯腰，忠于党、忠于人民。

（摘自人民网－观点频道 2015 年 3 月 7 日，作者：郭俊奎）

【深度阐释】……………………………………………………………

一、在全面把握基础上加深理解基本内涵

（一）深刻理解坚持和发展中国特色社会主义的内涵

高举中国特色社会主义伟大旗帜、坚持和发展中国特色社会主义，是习近平讲话的核心主题。中国特色社会主义是我们党正在进行的伟大事业。这一事业是以邓小平同志为核心的党的第二代中央领导集体开创的，以江泽民同志为核心的党的第三代中央领导集体成功地把中国特色社会主义推向 21 世纪，以胡锦涛同志为总书记的党中央成功地在新的历史起点上坚持和发展了中国特色社会主义。这一事业是不断发展、与时俱进的，历史赋予以习近平为总书记的新一届中央领导集体的责任是，谱写中国特色社会主义事业的新篇章。坚持和发展中国特色社会主义的基本内涵：一是必须坚持走自己的路，与时俱进，拓展中国特色社会主义道路；二是必须顺应世界大势，统筹好国内国际两个大局；三是必须代表最广大人民根本利益，紧紧依靠人民；四是必须加强党的自身建设，使我们党始终走在时代前列、始终成为全国人民的主心骨、始终成为坚强领导核心；五是必须坚定中国特色社会主义的道路自信、理论自信、制度自信，不断开创中国特色社会主义事业新局面。

（二）深刻理解实现“两个一百年”奋斗目标、实现中华民族伟大复兴中国梦的内涵

2012 年 11 月 29 日，习近平同志在参观《复兴之路》展览时提出和阐述了“中国梦”。中国梦生动形象表达了全体中国人民的共同理想追求，昭示着国家富强、民族振兴、人民幸福的美好前景，为坚持和发展中国特色社会主义注入新的内涵和时代精神。中国梦已经成为凝聚党心民心、激励中华儿女为实现中华民族伟大复兴而奋斗的强大精神力量，其基本内涵：一是中国梦归根到底是人民的梦，中国梦是国家的、民族的，也是每一个中国人的，必须紧紧依靠人民来实现，必须不断为人民造福；二是实现中国梦必须走中国道路，因为中国特色社会主义凝结着实现中华民族伟大复兴这个近代以来中华民族最根本的梦想；三是实现中国梦必须弘扬中国精神，以爱国主义为核心的民族精神、以改革创新为核心的时代精神是凝心聚力的兴国之魂、强国之魂，为实现中国梦提供强大精神动力；四是实现中国梦必须凝聚中国力量，必须紧紧依靠人民，充分调动最广大人民的积极性、主动性、创造性；五是共圆中华民族伟大复兴的中国梦，需要包括港澳台同胞和海外侨胞在内的全体中华儿女共同努力；六是中国梦是和平、发展、合作、共赢的梦，与各国人民追求和平发展的美好梦想相通。

（三）深刻理解“四个全面”战略布局的内涵

2014 年 12 月，习近平同志在江苏考察调研时首次提出了协调推进全面建成小康社会、全面深化改革、全面推进依法治国、全面从严治党“四个全面”战略布局。这是习近平总书记系列重要讲话的主体内容，是党在新时期新阶段的行动纲领。“四个全面”战略布局的基本内涵：一是全面建成小康社会是工作目标，着力解决贫富差距问题；二是全面深化改革是动力，着力解决发展“瓶颈”、障碍问题；三是全面依法治国是保障，着力解决治国理政问题；四是全面从严治党是关键，着力解决党的建设问题。“四个全面”战略布局之间相辅相成、相互促进、相得益彰，是有机联系、相互贯通的顶层设计。

（四）深刻理解经济发展新常态的内涵

根据当前中国正处于增长速度换挡期、结构调整阵痛期、前期刺激政策消化期“三期叠加”的复杂局面，2014年5月，习近平同志在河南考察时第一次提及“新常态”的概念，他说：“我国发展仍处于重要战略机遇期，我们要增强信心，从当前我国经济发展的阶段性特征出发，适应新常态，保持战略上的平常心态。”习近平同志关于经济发展新常态的重要论述，是对中国经济基本面积极变化的科学判断，是创新宏观调控思路和方式、积极破解经济社会发展难题的新理念，是推动经济社会持续健康科学发展的新举措。经济发展新常态的内涵：一是中国经济要摆脱一段时期增长速度偏高、经济偏热、经济增长不可持续、环境污染加剧的“旧常态”，进入从高速增长转向中高速增长、从规模速度型粗放增长转向质量效率型集约增长、从要素投资驱动转向创新驱动的“新常态”。二是适应经济新常态，关键是要保持战略定力，应势而谋，不为一时起落而乱了方寸，不为风雨险阻而迷失方向，推动我国发展航船行稳致远。三是不断改革创新，坚持变中求新、变中求进、变中突破，走出一条质量更高、效益更好、结构更优、优势充分释放的发展新路。

（五）深刻理解牢牢掌握意识形态工作领导权管理权话语权的内涵

坚持中国道路，弘扬中国精神，凝聚中国力量，意识形态工作发挥着思想引领、舆论推动、精神激励的重要作用。2013年8月，习近平在全国宣传思想工作会议上发表重要讲话，深刻分析了当前宣传思想文化工作面临的新形势，深刻阐述了宣传思想工作的地位作用、目标任务、基本职责、方针原则、工作重点和政治保证等重大问题，鲜明回答了在新的历史条件下“为谁宣传、宣传什么、怎么宣传”的问题，系统阐述了一系列新思想、新观点、新论断、新要求，极大深化了党对意识形态工作的规律性认识，为在新的历史起点上开创宣传思想工作新局面提供了基本遵循、指明了前进方向。牢牢掌握意识形态工作领导权管理权话语权的基本内涵：一是意识形态工作是党的一项极端重要性和现实紧迫性的工作，事关党的前途命运，事关国家长治久安，事关民族凝聚力和向心力。二是意识形态工作的根本任务是巩固马克思主义在意识形态领域的指导地位、巩固全党全国人民团结奋斗的共同思想基础。三是做好意识形态工作的基本要求和着力点是围绕中心、服务大局。

（六）深刻理解建设社会主义生态文明的内涵

党的十八大以来，习近平同志站在谋求中华民族长远发展、实现人民福祉的战略高度，围绕建设美丽中国、推动社会主义生态文明建设，提出了一系列新思想、新论断、新举措，大力促进实现经济社会发展与生态环境保护相协调，开辟了人与自然和谐发展的新境界。这些重要论述为实现中华民族永续发展和中华民族伟大复兴的中国梦规划了蓝图，也为建设美丽中国提供了根本遵循。建设社会主义生态文明的基本内涵：一是顶层设计和总体部署生态文明建设，确保中华民族永续发展。二是坚持绿色发展的新理念，建设美丽中国。三是实现生态和谐，增进民生福祉，为人民创造良好的生产生活环境，为子孙后代留下天蓝、地绿、水清的美好家园。

（七）深刻理解总体国家安全观的内涵

2014 年 4 月，习近平同志在中央国家安全委员会第一次会议上首次提出了“总体国家安全观”的重大战略思想。总体国家安全观坚持将运用马克思主义基本原理同中国自身特点和内外安全形势结合起来思考国家安全问题，准确把握了国家安全形势变化的新特点新趋势，深刻回答了走中国特色国家安全道路的重大理论和现实问题，为在新形势下有效维护国家安全提供了重要的理论依据和有力的实践指南。总体国家安全观的基本内涵：一是以人民安全为宗旨，把人民安全放在第一位，一切国家安全活动的根本宗旨和根本目的是保护人民安全，保证人民的合法权益不受侵害。二是以政治安全为根本，不断巩固党的领导，确保社会主义制度的安全，坚持中国特色的国家发展道路和政治制度模式，保证国家的长治久安。三是以经济安全为基础，注重保障我国的经济制度安全、国民经济安全、金融体系安全、国家能源资源安全，不断夯实国家安全的坚实物质基础。四是以军事、文化、社会安全为保障，努力建设与我国国际地位相称、与国家安全和发展利益相适应的巩固国防和强大军队，提高国家文化软实力、建设社会主义文化强国，提高社会治理水平、全面推进“平安中国”建设。五是以促进国际安全为依托，加强国际安全合作，努力争取和平的国际环境来促进自身安全和发展，又要以自身的安全和发展来促进世界和平与发展。

二、在深刻领会基础上把握蕴含的思想精髓

（一）把握习近平总书记系列重要讲话中贯穿的坚定信仰追求

习近平总书记系列重要讲话的一个显著特点，就是坚定的理想信念和政治信仰，充满着对马克思主义、共产主义的坚定信仰，对中国特色社会主义的坚定信念，对党和人民事业必定胜利的坚定信心。开展“两学一做”学习教育，要增强针对性，“学”要带着问题学，“做”要针对问题改。着力解决一些党员理想信念模糊动摇的问题，主要是对共产主义缺乏信仰，对中国特色社会主义缺乏信心，精神空虚，推崇西方价值观念，热衷于组织、参加封建迷信活动等。针对当前一部分党员干部出现了不同程度的思想迷惘，淡漠、动摇甚至丧失了对马克思主义的信仰，缺乏原则立场，事不关己，高高挂起，好事不点头，坏事不摇头的现象，习近平同志指出，理想信念是共产党人精神上的“钙”，理想信念薄弱，精神上就会“缺钙”，就会得“软骨病”，就可能导致政治上变质，经济上贪婪，道德上堕落，生活上腐化。因此，我们要通过学习习近平讲话，进一步坚定道路自信、理

论自信、制度自信，以更加坚定的信念，增强政治定力，做共产主义远大理想和中国特色社会主义共同理想的坚定信仰者、忠实践行者；要把系统掌握马克思主义基本理论和党的创新理论作为看家本领，着力解决好世界观、人生观、价值观这个“总开关”问题，坚定“主心骨”、筑牢“压舱石”；要讲党性、重品行、作表率，严守政治纪律，任何情况下都要做到政治信仰不变、政治立场不移、政治方向不偏。

（二）把握习近平总书记系列重要讲话中贯穿的历史担当意识

习近平总书记系列重要讲话从历史的大视野和发展的大趋势考虑问题、分析问题，贯穿了历史担当意识。习近平同志强调要继往开来，锐意进取，把中国特色社会主义不断推向前进，取得“接力赛”中我们这一棒的优异成绩，这是中国共产党人的使命。因此，习近平同志把“为人民担当”作为其治国理政的核心理念。习近平同志当选总书记之后，同中外记者见面时的演讲主题，就是“人民对美好生活的向往，就是我们的奋斗目标”；演讲的核心内容，就是对民族的责任、对人民的责任、对党的责任。2014 年 2 月，他在接受俄罗斯记者采访时指出：“我的执政理念，概括起来说就是：为人民服务，担当起该担当的责任。”这些论述，既深刻体现了历史的厚重与底蕴，又充分体现了今天的责任和担当。

（三）把握习近平总书记系列重要讲话中贯穿的真挚为民情怀

习近平总书记系列重要讲话充满了真挚为民情怀。习近平指出，检验我们一切工作的成效，最终都要看人民是否真正得到了实惠，人民生活是否真正得到了改善。可以说，习近平总书记系列重要讲话集中体现了我们党全心全意为人民服务的宗旨和以人为本、执政为民的理念，体现了我们党坚持人民创造历史、人民是真正英雄的唯物史观，坚持人民至上的价值理念，体现了我们党真挚为民、人民至上的真挚情怀。

（四）把握习近平总书记系列重要讲话中贯穿的求真务实作风

作风建设关系到党、国家和民族的兴衰成败。习近平同志在谈到实现中华民族伟大复兴的中国梦时，一再强调“空谈误国，实干兴邦”，需要一代又一代人坚忍不拔、持之以恒的努力，说到的就要做到，承诺的就要兑现；在谈到工作落实时，提出要“踏石留印，抓铁有痕”，要以“钉钉子”的精神，把工作做实，善始善终、善作善成，防止虎头蛇尾；在谈到各级领导干部带头树立和发扬好的作风时，强调要以身作则、率先垂范，坚决抵制享乐主义和奢靡之风，厉行节约、反对浪费，做到严以修身、严以用权、严以律己，谋事要实、创业要实、做人要实。我们要深入把握讲话中贯穿的求真务实作风，坚持讲实话、办实事、求实效，以实干促发展，以实绩论英雄，脚踏实地，开拓进取，使党员干部作风进一步转变，各项工作有实实在在的改进。

（五）把握习近平总书记系列重要讲话中贯穿的科学思想方法

习近平总书记系列重要讲话贯穿并充分体现了马克思主义唯物史观和辩证法，充分体现了科学的思想方法、工作方法、领导方法。他强调战略思维，客观认识当代中国和外部世界，胸怀大局，把握大势，着眼大事，占领制高点，不断增强工作的科学性、预见性、主动性；他强调辩证思维，坚持“两点论”，既看到有利条件和积极因素，也看到各种困难和严峻挑战，始终保持清醒头脑，积极应对，趋利避害，及时防范和化解各种风险；他强调系统思维，把发展看作一个多维的复杂的系统工程，是集经济、政治、文化、社会、生态于一体的完整现象；坚持以经济建设为中心，在经济不断发展的基础上，协调推进政治建设、文化建设、社会建设、生态文明建设以及其他各方面建设；他强调创新思维，提出重点要抓好理念创新、手段创新、基层工作创新，永远保持创新的精神，适应新形势，应对新挑战，开创新局面；他强调底线思维，凡事从坏处准备，争取最好的结果，从而守住底线，有备无患，防患于未然，牢牢把握主动权，永远立于不败之地。我们要学习习近平总书记系列重要讲话中贯穿的辩证唯物主义、历史唯物主义世界观方法论，不断提高战略思维能力、综合决策能力、驾驭全局能力、解决问题能力，不断增强工作的科学性、前瞻性、主动性。

三、在融会贯通基础上指导具体工作实践

（一）统一思想、明确方向

一是用习近平总书记系列重要讲话中的新指示、新要求统一思想和行动。习近平总书记系列重要讲话把握时代和实践新要求，回应人民群众新期待，从着力协调推进“四个全面”战略布局、实现中华民族伟大复兴中国梦出发，提出一系列明确要求，指向明确，问题找准，道理讲透，方略得当，抓住了坚持和发展中国特色社会主义的关键和要害，既是发展的指针，也是工作的抓手，既给我们部署了“过河”的任务，又帮我们解决了“桥”和“船”的问题。我们要按照习近平讲话的指示要求，加强调查研究，集中各方智慧，找准症结有的放矢、对症下药，把解近忧和谋长远有机统一起来，切实增强工作的针对性、前瞻性、科学性，不断激发内生发展动力和活力，努力实现质量更高、效益更好、更可持续的发展。

二是用习近平总书记系列重要讲话中的新形势判断统一思想和行动。习近平总书记系列重要讲话中对我国所处历史方位的科学判断、对经济发展新常态的客观判断、对改革发展正处于爬坡过坎关键阶段的清醒判断，为我们观大势、明大局奠定基础，也为我们分析、把握当前面临的形势任务并作出准确判断提供依据。面对我国经济社会发展长期向好的基本面不变、运行态势总体良好以及广阔的发展前景，我们要坚定发展信心，把学习习近平讲话精神激发出的热情和干劲，化作改革发展的生动实践，全心全意把自己的事情办得更好。面对稳中向好的趋势并不稳固、经济下行压力仍然较大的复杂严峻形势，我们要保持战略定力，增强忧患意识，经过不懈努力，把发展的路子走

对走好，实现预期的发展目标。

三是用习近平总书记系列重要讲话中的新任务、新部署统一思想和行动。习近平总书记系列重要讲话从坚持和发展中国特色社会主义的政治高度和宽广视野，精辟分析当前我国面临的新形势新任务，立意高远、总揽全局，主题鲜明、内涵丰富，为我们进一步坚定主心骨、明确行动方向、凝聚智慧力量，切实承担起所肩负的历史使命和工作职责奠定了重要的思想政治基础。我们要扎扎实实学习贯彻习近平总书记系列重要讲话精神，加强理解，融会贯通，坚持理论联系实际，把改造主观世界和改造客观世界紧密结合，积极把思想和行动统一到讲话精神上来，将讲话精神转化为指导我们做好各项工作的行动指南，增强行动自觉，为深入推进各项工作增添动力，把各项工作要求落到实处。

（二）联系实际、学以致用

一是把学习贯彻习近平总书记系列重要讲话精神与推动党和国家各项决策部署的贯彻落实紧密结合起来。习近平总书记系列重要讲话精神确立了新形势下党和国家各项工作的战略方向、重点领域、主攻目标，我们要以讲话精神为指引，以强烈的责任意识对待自身使命，立足本地实际创新性地贯彻落实，在总体把握上级决策部署的基础上抓住关键环节，明确目标方向和办法措施，以更加坚定的信念、更加高昂的斗志、更加创新的举措，把各项工作推向新高度。

二是把学习贯彻习近平总书记系列重要讲话精神与正在做的工作紧密结合起来。广大党员都有自己的岗位和自己的工作，是社会各个领域、行业的业务骨干，是把习近平讲话精神落实到末端的主体。广大党员学习贯彻习近平讲话精神，必须强化走在前列的意识和标准，紧密联系职能任务和工作实际，把讲话精神贯穿于各项工作之中，转化为谋划工作的思路、促进发展的举措，心无旁骛干事业，只争朝夕抓工作，一门心思奔目标，一步一个脚印地把上级提出的各项目标任务落实，不辱共产党员的使命，不负党和人民的重托。

三是把学习贯彻习近平总书记系列重要讲话精神与改进工作方法、提高工作本领紧密结合起来。学习习近平总书记系列重要讲话的一个重要目的，是改造我们自己的主观世界，使我们的主观世界符合客观规律，也就是使我们的思想境界符合全心全意为人民服务的宗旨，使我们的人生观、价值观、世界观符合我们党立党为公、执政为民的理念，使我们的能力素质符合带领群众干事创业的时代需求。因此，学习习近平总书记系列重要讲话精神，必须牢牢把握讲话贯穿的坚定信仰追求、科学思想方法和务实工作作风，把蕴含其中的立场观点方法学到手、掌握住，进一步提高思想政治水平和工作本领，在社会生活丰富多彩、工作实际千头万绪的情况下，善于掌握和运用科学方法驾驭全局、重点突破、由点及面、把握关键，力争收到事半功倍的工作效果。

（三）解决问题、推进工作

一是找准问题。找准问题，需要对科学理论的灵活运用，需要对客观实际的准确把握。因此，我们要以强烈的问题意识带着问题学习习近平讲话，紧贴实际查找问题。基层往往是最困难的地方、群众意见最多的地方、工作最不易推开的地方，也是问题最集中、最突出、群众反映最强烈的地方，因此，我们要深入基层开展细致的调查研究，从不同角度细心观察群众生活，广泛听取群众意见，综合分析，理性思考，只有这样，才能找准问题，找到解决问题的最佳途径和办法。

二是直面问题。直面问题需要我们坚持正确的原则立场，敢于正视现实，不回避矛盾，不掩盖问题。在工作过程中，我们要敢于直面并认真审视“瓶颈”问题、根本问题、焦点问题、难点问题、疑点问题、热点问题、敏感问题、复杂问题、尖锐问题，运用习近平讲话精神认真研究问题，在深入分析表象问题、简单问题、共性问题、深层次问题、复杂问题、个性问题的基础上找到问题的根源之所在。

三是解决问题。要科学把握着力点和突破口，及时、坚决、有效地解决问题，不达目的不松手，不达标准不交账。在艰苦细致的工作过程中，我们要善于运用习近平总书记系列重要讲话蕴含的新论断、新指示、新要求，善于运用党的路线、方针、政策，运用法律、法规、规定，寻找解决问题的思路和办法，有什么问题解决什么问题，什么问题突出就着重解决什么问题，特别要抓紧解决好群众反映强烈、通过努力能够解决的突出问题，让群众看到工作实效。

【专家观点】

陈振亮：以绝对忠诚坚定信仰学习好贯彻好习近平总书记系列重要讲话精神

以对马克思主义的坚定信仰和对党绝对忠诚的政治品格，学习好贯彻好习近平总书记系列重要讲话精神，做到高度自觉、矢志不移。

“对马克思主义的信仰，对社会主义和共产主义的信念，是共产党人的政治灵魂，是共产党人经受住任何考验的精神支柱。”习近平总书记系列重要讲话，集中体现了十八大以来我们党在治党治国治军、内政外交国防实践中形成的最新认识成果和理论成果，升华了我们党对中国特色社会主义建设规律和马克思主义执政党建设规律的认识，是对马克思主义理论、中国特色社会主义理论体系新的重大贡献，充分彰显了习近平总书记的坚定信仰、理论品格、为民情怀、思想作风和政治方略，迸发着与马克思主义经典同宗同源的真理力量，蕴含着与中国特色社会主义理论体系既一脉相承又与时俱进的理论创见。对马克思主义的坚定信仰，在当前主要体现在学习贯彻习近平总书记系列重要讲话精神的实际行动上。认真、深入、系统地学习习近平总书记系列重要讲话，就能获得理论之源、力量之源、信心之源。

崇高信仰、坚定信念不会自发产生。习近平总书记曾经指出：

“要练就‘金刚不坏之身’，必须用科学的理论武装头脑，不断培植我们的精神家园。”思想建党是我们党的优良传统和政治优势，思想教育是从严治党的根本，必须坚持不懈地推进全党的思想理论武装。

在当前，坚定的理想信念从哪里来？就是从习近平总书记的系列重要讲话精神中来；绝对的忠诚在哪里体现？就是体现在对习近平总书记系列重要讲话精神的真学真懂、真信真抓、真改真用上。因为一个人的政治立场是经常要面临考验的，必须通过学习保持思想上的清醒和坚定，在面临复杂情况、重要问题、重大关头时，经受历练和考验。真正做到对党绝对忠诚，就必须首先用习近平总书记系列重要讲话精神武装头脑，从讲话中汲取力量，用讲话指导行动。在任何情况下，不管碰到什么困难，不管面临什么压力，不管遭遇什么风浪，都要站稳政治立场，坚决同以习近平同志为总书记的党中央保持高度一致。

（摘自人民网－中国共产党新闻网2014年12月25日，作者：陈振亮）

辛鸣：习近平“全面从严治党”有深意

“全面从严治党”是习近平总书记在科学分析新时期党的建设基本态势与客观要求、自觉运用中国共产党执政与建设规律的基础上作出的重大战略部署。全面从严治党从转变作风入手，通过反腐败发力，用制度作保障，用信仰塑灵魂，从小到大、从外到内，标本兼治、固本培元，勾勒出了习近平总书记管党治党的实践逻辑。

习近平总书记的系列重要讲话中关于党的建设篇幅最多、内容最丰富。不过总书记这些讲话不是笼统地就党建谈党建，而是始终贯穿一个很明确的主题，这就是从严治党。2014年12月，习近平总书记在江苏考察时，又在“从严治党”前面加了“全面”两个字。“全面”两个字加得很关键，也很必要。早在20世纪80年代初，邓小平就提出我们这个党该管了，30 多年过去了，邓小平当年面对的很多问题尚未完全解决，邓小平当年没有遇到的问题现在也出现了，甚至更严峻更复杂。在这样的背景下，要想把从严治党真正落到实处，就必须在“全面”上做文章、下功夫。全面始能从严，从严更要全面。

全面从严治党，从转变作风入手，通过反腐败发力，用制度作保障，用信仰塑灵魂，从小到大、从外到内，标本兼治、固本培元，勾勒出了习近平总书记管党治党的实践逻辑。

（摘编自人民网－时政频道 2015 年 3 月 1 日，作者：辛鸣）

肖东松：中国特色中国风格中国气派的科学理论

——学习习近平总书记系列重要讲话的体会

以造福人民、务实创新、问题导向、学习实践为基本内容的立场观点方法论。

习近平总书记关于立场观点方法的论述，内容非常丰富。关于造福人民，他强调：对幸福生活的追求是推动人类文明进步最持久的力量；人民对美好生活的向往，就是我们的奋斗目标。关于务实创新，他强调：实现我们的奋斗目标和根本目的，必须求真务实，真抓实干，开拓创新；务实就是坚持从客观实际出发谋划事业、制定政策、推动工作；创新就是不因循守旧、满足现状，发挥主动性创造性，探索真知，开拓进取。关于问题导向，他强调：必须增强问题意识、坚持问题导向；我们党领导人民干革命、搞建设、抓改革，从来都是为了解决中国的现实问题；善于把认识和化解矛盾作为打开工作局面的突破口。关于学习实践，他强调：要认识好、解决好各种问题，唯一的途径就是增强我们自己的本领；学习是成长进步的阶梯，实践是提高本领的途径；要依靠学习走向未来，坚持学习、学习、再学习，坚持实践、实践、再实践。

习近平总书记关于立场观点方法的深刻论述，反映了马克思主义唯物史观、唯物论、辩证法、认识论的核心精神和要求，完整准确地把握了马克思主义立场观点方法，并赋予其新的时代内涵和时代特色。造福人民坚持了一切依靠人民、一切为了人民这一唯物史观的核心要求，同时进一步把幸福生活突出出来。务实创新坚持了一切从实际出发这一辩证唯物论的核心要求，同时进一步把创新突出出来。问题导向坚持了抓住矛盾、分析和解决矛盾这一唯物辩证法的核心要求，同时进一步把问题突出出来。学习实践坚持了实践第一、勇于实践、在实践中发展真理这一辩证唯物主义认识论的核心要求，同时进一步把学习突出出来。习近平总书记关于立场观点方法的深刻论述，是相互联系、相互贯通的统一整体。就各自内涵和功能而言，它们既是立场，又是观点和方法，是三者的统一；就整体而言，它们又各有侧重，造福人民是根本价值立场，务实创新是根本思想方法，问题导向是根本着力基点，学习实践是根本实现路径。

（摘编自《光明日报》2015 年 6 月 18 日，作者：肖东松）

【视野拓展】

华夏孝悌：习总书记“想发财不要去做官”说与谁听

人们在说起“当官发财”这个四字词语的时候，一般不会在“当官”与“发财”之间有明显的停顿，这是因为在老百姓的观念中，当官就有权，有权就有人求，有人求就能有钱，“当官”和“发财”两者从来自然就是一体，存在着必然的联系。

两个本不相关的概念成为人们心头难以分割的整体，并非只是人们凭空臆测，而是有非常深厚的历史原因。我国封建社会持续期长，政治腐败常有、贪官污吏频出的乱象，客观导致了“当官发财”思想的产生、流传、积淀，并根深蒂固于老百姓思想深处。

经过2 000多个春秋的洗礼，“当官发财”这颗思想毒瘤并没有丝毫消除，反而变得愈来愈坚不可摧，其流传之广，影响之深，危害之巨，远远超出了人们的想象。它的存在，不仅侵蚀着每一个打算选择从政道路的人，也腐蚀着当前的每一个从政者，更甚者，它还体现了群众对官员腐败的不满和怨气，冲击着我们党的执政根基。

习近平总书记曾不止一次强调过，当官就不能想着发财，发财就不能想着当官。选择了从政，就不能为自己谋利，就不能把钱看得太重，因为群众的信赖与口碑比金子更可贵、更值得珍惜。如果只想着当官为了发财、为了将来的以权谋私，那么在以后的工作生活中就必然会从个人私利出发，难免走上腐化堕落、贪污受贿的不归路，沦为党和人民的罪人。

“当官”和“发财”犹如两个拥有相同磁极的吸铁石，永远都不能、不可能、不应该连在一起。无论是待选择从政道路的人，还是已从政的党员干部，都要从总书记的讲话中体会到警示的意味。在面对当官和发财的问题上，要从内心深处认清两者的排斥性、异道性，牢固树立正确的人生观、价值观、权力观，时刻牢记“全心全意为人民服务”的根本宗旨，对选择从政作为自己的事业做一个全面的考量。

（摘编自人民网－中国共产党新闻网2014年5月6日，作者：华夏孝悌）

第十三章

习近平总书记系列重要讲话解决党的建设的重大现实问题

开展“两学一做”学习教育，中央强调要着力解决一些党员精神不振的问题，主要是工作消极懈怠，不作为、不会为、不善为，逃避责任，不起先锋模范作用等；着力解决一些党员道德行为不端的问题，主要是违反社会公德、职业道德、家庭美德，不注意个人品德，贪图享受、奢侈浪费等。要持之以恒纠正“四风”，抓好不严不实突出问题整改，推动党的作风不断好转。

加强和改进党员队伍教育管理工作，是贯彻落实“党要管党、从严治党”的客观要求，更是夯实全面从严治党基础的迫切需要。习近平总书记系列重要讲话高度重视党员队伍建设，就“提高发展党员质量”等提出明确要求，解决了党员教育管理中发展党员、管理党员、选拔任用党员干部等重大课题。

【问题点击】

一些党员干部对党不忠诚有禁不止阳奉阴违

在坚定理想信念方面，有的对走中国特色社会主义道路信念不够坚定，对坚持完善基本经济制度有所动摇，缺乏道路自信、理论自信、制度自信。

在从严治党方面，有的单位党组织生活随意化庸俗化平淡化的现象突出，个别单位存在组织观念淡薄，组织纪律涣散的现象；有的同志对党建工作的重要性缺乏足够认识，重业务轻党建，基层党组织战斗力不强；有的党组织负责人对履行“一岗双责”的意识不强、能力不足、效果不好，个别同志还认为现在改革发展任务这么繁重，搞教育抓党建耽误时间、影响业务工作。

在行权履职方面，还存在制度不完善、针对性有效性不强的问题，该管的没管住、不该管的管得过多过细；有的党员干部明哲保身，怕得罪人，不敢碰硬，不敢担当。

在守纪律讲规矩方面，有的对党委的决策部署，口头上说“坚决执行”，但在行动中一遇到问题就绕着走，推诿扯皮，导致有的决策部署没有及时有效落实；有的违背工作纪律、宣传纪律和保密纪律，发表不当言论，造成严重后果；有的心中无党纪、眼里无国法，甚至出现赌博、吸毒、伪造公文等严重问题。

在干事创业方面，面对新形势新任务新要求，有的缺乏担当精神，创新意识不强，对解决改革发展重点难点问题勇气不足；有的缺乏进取精神，得过且过，工作推一推动一动；有的过于看重个人得失，工作投入不够、标准不高、要求不严；有的对新业务新知识学习不够，靠经验开展工作，指导企业针对性不强。

在廉洁自律方面，有的单位党组织主要负责同志对落实“两个责任”意识不强，不真抓、不想抓、不敢抓党风廉政建设；有的单位对执行反腐倡廉各项规章制度要求不严、落实不力，个别领导干部带头违反制度；有的党员干部仍存在公款吃喝等顶风违纪和隐性“四风”问题。

这些问题的产生，原因是多方面的，究其根源，主要是没有解决好世界观、人生观、价值观这个“总开关”，没有把“三严三实”要求体现到履职尽责、做人做事的方方面面。

（摘自中国共产党新闻网 2015 年 11 月 24 日，作者：张毅）

【深度阐释】

一、习近平总书记系列重要讲话具有强烈的问题意识和鲜明的问题导向

在习近平总书记系列重要讲话中，贯穿着强烈的问题意识、鲜明的问题导向，体现了共产党人求真务实的科学态度，展现了马克思主义者的坚定信仰和责任担当。

（一）以强烈的问题意识审视党员教育管理的现状

2014 年 6 月，在主持中共中央政治局第十六次集体学习时，习近平指出，“我们共产党人的忧患意识，就是忧党、忧国、忧民意识，这是一种责任，更是一种担当。”从习近平总书记系列重要讲话中，我们可以感受到他强烈的问题意识和忧患意识。习近平在 2012 年党的十八大之后的新一届中央政治局常委同中外记者见面会讲话中，就体现出强烈的居安思危意识，“我们自豪而不自满，决不会躺在过去的功劳簿上”。而且他直面问题，不回避、不掩盖，指出“新形势下，我们党面临着许多严峻挑战，党内存在着许多亟待解决的问题。尤其

是一些党员干部中发生的贪污腐败、脱离群众、形式主义、官僚主义等问题，必须下大气力解决。全党必须警醒起来。”

任何创造都始于发现和提出问题，善于发现问题是谋事成事的前提。长期以来，广大党员在推动现代化建设、促进社会和谐、服务人民群众中充分发挥先锋模范作用，特别是在完成重大任务、抗击自然灾害等工作中冲锋在前、顽强拼搏、忘我工作、无私奉献，生动诠释了党的先进性和纯洁性。但是事物都是在发展变化的。新形势下，我们党面临的执政考验、改革开放考验、市场经济考验、外部环境考验是长期的、复杂的、严峻的，精神懈怠危险、能力不足危险、脱离群众危险、消极腐败危险更加尖锐地摆在全党面前。面对世情、国情、党情的深刻变化，党员队伍建设面临许多新课题新挑战。广大党员并不是生活在真空中，社会上的这样或那样的问题不可避免地会反映到党员的头脑中来，党员们除接受一些积极向上的东西外，还接受了一些消极的东西，导致党员队伍中在思想境界、整体素质能力、作风形象等方面存在的问题和不足还相当严重，少数党员世界观、人生观、价值观发生扭曲，不信马列、只信钱，不想长远、只顾眼前，理想颓废，意志消沉。由于缺乏理想信念，少数党员自由主义、个人主义、享乐主义滋长，宗旨意识淡薄、组织纪律不强，甚至思想蜕变、腐化堕落、违法乱纪，直至目前，党员队伍中作风之弊、行为之垢还有存在，一些领域消极腐败现象仍然易发多发，一些重大违纪违法案件影响恶劣，反腐败斗争形势依然严峻，人民群众还有许多不满意的地方。上述问题虽然只反映在少数党员身上，不思进取、违纪违法的党员在我们党内虽然也是少数或极个别，但如果我们党没有深刻认识增强自我净化、自我完善、自我革新、自我提高能力的重要性和紧迫性，不及时对党员队伍来一次大排查、大检修、大扫除，任由这些问题蔓延开来，就会影响着党员队伍的生机活力，影响着党在人民群众中的形象和威信，削弱了党的创造力、凝聚力、战斗力。因此，党员的教育管理是干部队伍建设的先导性、基础性、战略性任务，而且随着形势新变化、党和人民事业新发展，其重要性、紧迫性越来越凸显，必须常抓不懈，锲而不舍。

（二）以高度的责任担当意识触及矛盾问题

共产党人是彻底的唯物主义者，勇于直面问题、善于解决问题是应有的自信，是有责任担当的表现。习近平总书记系列重要讲话弘扬了共产党人的担当精神，以解决问题为己任，在解决问题中集聚事业发展的正能量。面对党员队伍教育管理存在的突出问题，面对严重危害党的形象和威信的贪官污吏，习近平同志指出“不是没有掂量过。但我们认准了党的宗旨使命，认准了人民的期待”，体现了猛药去疴、重典治乱的责任担当和刮骨疗毒、壮士断腕的勇气。

但是，面对党员队伍存在的突出问题，有一些领导干部问题意识淡薄，没有触及问题、解决问题的责任担当。面对绕不开躲不过的党员队伍管理问题，有的同志主体责任意识不强，工作态度淡漠，忽视问题，对矛盾熟视无睹、麻木不仁，一旦遇到问题，往往措手不及；有的见问题就躲，见矛盾就推，逃避问题，搞鸵鸟政策、选择性失明，自欺欺人，把一些本来应该及时解决的问题拖成了老大难；有的不注重解决问题，纸上谈兵、夸夸其谈，真正遇到棘手问题就捉襟见肘，这些都严重影响着从严治党的向前推进，影响着队伍教育管理各项工作任务的落实。因此，我们要始终有守土有责、守土负责、守土尽责的责任担当，从习以为常的现象中发现党员思想作风方面存在的倾向性、苗头性、潜在性问题，碰到难题敢于触及，遇到矛盾主动解决，想方设法把问题化解在萌芽状态，解决在职责范围之内，决不能敷衍了事、上交矛盾，对照党章的标准和要求，坚决及时解决党员队伍管理中的重大问题、突出问题和薄弱环节。

（三）以问题导向法探寻解决问题之道

习近平总书记系列重要讲话坚持以问题为导向解决党员队伍管理难题，把化解矛盾、破解难题作为履职尽责的第一要务，在新的时代条件下努力开创党的建设新局面。

应当说，党员队伍管理中存在的问题，有些是客观世界和工作实践在不断变化发展而产生的，有些则是由于长期管理教育不到位而没有得到根治而积累起来的，解决起来确实有一定的难度。这就需要我们强化问题导向、增强责任担当，把解决问题作为前进的动力而不是沉重的包袱，作为创新的支点而不是退缩的借口。要以解决问题为工作导向，瞄着问题去，追着问题走，选择正确的思路、路径解决问题，甚至把解决问题变成下一步发展进步的契机。要有勇于担当、有所作为、逢山开路、遇河架桥的突破成规、开拓创新精神，变压力为动力，敢啃硬骨头，勇于闯难关，以咬定青山不放松的耐心和恒心，在攻克一个又一个问题堡垒中不断创造新的业绩。

二、习近平总书记系列重要讲话提出了党员教育管理中一系列重大课题

（一）严格党员的基本标准和要求

一是把好发展党员的入口，确保能够始终吸纳优秀人才。一大批思想政治合格、道德品行高尚、能力素质过硬、现实表现积极的优秀分子加入党组织中，能够为党注入新鲜血液。但是，如果对发展党员把关不严，发展党员质量不高，就会严重影响党员队伍的整体素质。因此，必须严把入党关，从源头上纯洁党员队伍、优化党员结构。

二是明确合格党员的客观标准，使广大党员用自己的模范行为、高尚人格和榜样力量感召群众、带动群众。习近平同志强调了合格共产党员在政治、能力、作风等方面的客观标准。在政治标准方面，他强调没有远大理想，不是合格的共产党员。衡量一名共产党员、一名领导干部是否具有共产主义远大理想，就要看他能否坚持全心全意为人民服务的根本宗旨，能否吃苦在前、享受在后，能否勤奋工作、廉洁奉公，能否为理想而奋不顾身去拼搏、去奋斗、去献出自己的全部精力乃至生命。在能力标准方面，他要求党员必须着力提高战略思维

能力、综合决策能力、驾驭全局能力，把握和运用市场经济规律、自然规律、社会发展规律能力，科学决策、民主决策、依法决策能力，思想政治能力、动员组织能力、驾驭复杂矛盾能力，法治思维和依法办事能力。在作风标准方面，他指出各级领导干部都要树立和发扬好的作风，既严以修身、严以用权、严以律己，又谋事要实、创业要实、做人要实。

三是坚持好干部的标准，树立正确的用人导向。以什么样的标准用人、树立什么样的导向。2013 年 6 月，习近平同志在全国组织工作会议上鲜明地概括新时期好干部的标准是：信念坚定、为民服务、勤政务实、敢于担当、清正廉洁，并突出强调了理想信念和敢于担当的时代要求。这一新标准树立了正确的用人导向，即真抓实干的导向、良好作风的导向、注重基层的导向。坚持好干部“五条标准”，切实把那些德才兼备、既廉又勤、能够担当重任的好干部选出来、用起来，把让党放心、人民满意、有真品德真能力真政绩的好干部用到重要岗位、发挥重要作用。

（二）加强党性教育和党性锻炼

一是以坚定党员理想信念为指向加强党性教育，锻造政治品格、坚定做人准则、筑牢精神支柱。加强党性教育，要坚定党员干部理想信念，补足精神之“钙”，培育思想之源，固牢信仰之根，坚守共产党人的精神家园，自觉在思想上政治上行动上同以习近平同志为总书记的党中央保持高度一致，带头实践党的全心全意为人民服务宗旨，带头贯彻执行党的路线方针政策；要拧紧世界观、人生观、价值观这个“总开关”，使党员心有所畏、言有所戒、行有所止，正确处理公私关系，经受住权力、金钱、美色的考验，避免出现各种出轨越界、跑冒滴漏；要重视党员行为规范的培养和教育，帮助党员树立正确的义利观、权力观、事业观，划清是与非、美与丑、善与恶、荣与辱的界线，自觉校正自己的言行，做到讲文明、懂礼貌、守规矩、关心他人、爱护集体、尊老爱幼、行善积德，时时事事体现出一名共产党员应有的思想品质和道德规范。

二是以党内政治生活为平台加强党性锻炼，练就党员“金刚不坏之身”。党内政治生活是有关党的政治路线、思想路线、党的基本政治制度、党的政治纪律，以及党的各级组织和党员政治行为的各种活动的总称。党内政治生活是党组织教育管理党员和党员进行党性锻炼的主要平台，是锻炼党性、提高思想觉悟的熔炉。因此，必须严肃认真开展党内政治生活，讲政治、讲原则、讲规矩，按照党内政治生活准则和党的各项规定办事；党内各种重要关系都要按照民主集中制原则来设定和处理，防止自由主义、分散主义、好人主义、个人主义，搞家长制、独断专行；坚持批评与自我批评，决不能搞假大空，不能随意化、平淡化，更不能娱乐化、庸俗化。通过严肃党内政治生活，提高党内生活的政治性、原则性、战斗性，使党员的查摆问题、自我剖析触及痛处，批评和自我批评充满辣味，揭短亮丑让人脸红心跳，既补了课、充了电，思想灵魂又受到洗礼、触动，使党内政治生活真正起到教育改造提高党员、干部的作用。

三是通过党的组织生活，对党员进行教育、管理、监督。党内组织生活是指党员参加所在支部的党员大会、党小组会和党课教育，以及党员领导干部单独召开的党内民主生活会。“三会一课”的党内组织生活，是党的生活的重要内容和重要形式。党的奋斗历程表明，严格党内组织生活是党保持和发展先进性、纯洁性，增强凝聚力、创造力、战斗力的根本保证，是解决党内存在问题的重要途径，是促进党员干部健康成长的重要前提。因此，要严格落实组织生活制度，规范党内组织生活程序，充实组织生活内容，同时创新党内组织生活的模式、载体、办法，强化组织生活与群众思想的紧密联系，激发党员活力，提高组织生活的质量和效率。

（三）党员日常管理贵在从严

一是把纪律挺在前面。没有规矩，不成方圆。把纪律立起来、严起来、执行到位，是全面从严治党的重要内容，也是反腐败斗争的治本之策。因此习近平同志强调，“遵守党的纪律是无条件的”“纪律面前一律平等，党内不允许有不受纪律约束的特殊党员”“不以问题小而姑息，不留‘暗门’、不开‘天窗’，坚决防止‘破窗效应’”。广大党员要把守纪律讲规矩作为从政的生命线，真正做到执行纪律无条件、遵守规矩不含糊、守住底线不逾越、遇到红线不触碰，敬畏纪律、遵守纪律。

二是抓早抓小、预防在先。要着眼筑牢拒腐防变的思想防线，开展守纪律讲规矩的学习教育，增强党员的纪律意识，教育广大党员自觉维护政治纪律和政治规矩，在党言党、在党忧党、在党为党，把爱党、忧党、兴党、护党落实到工作生活各个环节。要把严明纪律体现在日常管理监督中，发现苗头就及时提醒、触犯纪律就尽早处理，严格执纪、动辄得咎，绝不养痈遗患、放任自流，使广大党员真正敬畏纪律、自觉遵守纪律。要严抓“四风”问题，对干部身上的苗头性、倾向性问题经常红红脸、出出汗，及时扯扯袖子、咬咬耳朵，提醒党员守住做人、处事、用权、交友的底线，守住政治责任和政治生命线，切实防松懈防变通防反弹。

三是从严监督。党员出现这样那样的问题，很大程度上源于管理上失之于宽、失之于软，尤其是经常性监督“失位”。因此要不断加强和改进包括舆论监督在内的社会监督，畅通群众监督渠道，从财产公示、政务公示、三公消费公示等方面着手，开启党员监督全天候探照灯，确保党员始终处在广大群众的监督之下，永不脱离人民群众；要通过巡视、审计、信访举报、监督检查等手段加强对党员德能勤绩廉的有效监督，保证干部的清正廉洁，让权力在阳光下运行，防止违法行为发生，防止群众利益受损；要严格日常监督执纪问责，对违反纪律的各类问题，做到严抓严管、动真碰硬，让不守纪律不讲规矩者付出代价，使纪律真正成为触碰不得的硬约束、高压线。

三、习近平总书记系列重要讲话提供了解决党员教育管理新问题新矛盾的新思路

（一）以“全”为重点，提高党员教育管理的系统性

一是全面抓教育，提升党员队伍的能力素质。要通过多种形式加强党员教育管理工作，创新打造便捷多样的学习平台，不断提高广大党员的学习主动性积极性，解决部分党员党性弱化、素质不高、能力不强的问题。通过党的创新理论成果、党的政策法规、工作方法等方面的各种学习教育培训，使广大党员坚定理想信念，增强政治意识、大局意识和责任意识，始终保持先进性和纯洁性；掌握新的发展理念、管理模式和先进经验，提升推动发展、服务民生的工作能力；养成深入基层、密切联系群众的工作作风，充分发挥党组织为民服务的功能。

二是全面抓管理，确保党员队伍的纯洁性和先进性。各级党组织要创新管理机制，不断强化党员教育管理工作，进一步完善党员信息数据库、流动党员登记，党员党性定期分析、民主评议等制度，形成用制度规范党员行为、按制度办理党内事务的工作机制，进一步树立起基层党组织管党意识和党员规范意识，激发党员比学习、比实干、比奉献的内生动力，确保党员队伍的纯洁性和先进性。

三是全面抓作风，树立党员的良好形象。抓作风、改作风是党员教育管理工作的重要切入点。习近平同志强调，作风建设“必须抓常、抓细、抓长，持续努力、久久为功”。当前经过猛药去疴、重典治乱，作风问题有所好转，“四风”问题有所收敛，但树倒根存、烧退病灶还在，有的还有隐形变异的迹象。因此，抓作风、改作风要打好攻坚战，铁腕肃纪、除恶务尽，对上级点明、自己查到、群众反映的问题，逐人逐项过账清账，推动整改见底；打好持久战，对“四

风”问题保持警觉，发现一起查处一起，坚决防止反弹；打好歼灭战，发动群众参与，彻底铲除滋生“四风”的土壤，让各种歪风无所遁形，使广大党员自觉以新时期保持共产党员先进性的具体要求为“镜子”，照镜子、找差距、树形象。

（二）以“严”为主线，提高党员教育管理的科学性

一是党员教育管理的目标要求与实际操作要完整统一。在党员教育管理的实践中，制定的目标要求与实际操作举措必须符合新时期党的建设新要求，必须符合时代新特点新规律，行得通、指导力强、能长期管用，使广大党员首先从思想上严起来，守纪律讲规矩认真起来，能力素质硬起来，工作作风扎实起来。

二是党员教育管理的制度规范要求与制度执行要相互吻合。将从严要求和依靠制度结合起来管党治党，使广大党员深刻认识并适应全面从严治党的新常态，适应新的制度规范，把守纪律、讲规矩摆到更加重要位置，不能对党规党纪、制度规范的执行有特例、搞变通，切实形成严守党规党纪的新习惯。

三是党员教育管理的自律和他律要双管齐下。围绕坚定理想信念、加强道德养成、严明组织纪律、规范权力行使、培育优良作风等重点环节，以严格的措施管理干部、以严格的纪律约束干部，使干部心有所畏、言有所戒、行有所止。

（三）以“治”为关键，提高党员教育管理的实效性

一是在标本兼治上下功夫。党员的教育管理只有标本兼治，经常抓、见常态，深入抓、见实效，持久抓、见长效，立破并举、扶正祛邪，才能不断巩固和扩大已经取得的成果，努力使党风政风取得根本好转。着力解决一些党员党的意识淡化的问题，主要是看齐意识不强，不守政治纪律政治规矩，在党不言党、不爱党、不护党、不为党，组织纪律散漫，不按规定参加党的组织生活，不按时交纳党费，不完成党组织分配的任务，不按党的组织原则办事等。对党员的管理教育，必须把思想建党和制度治党紧密结合起来，既要治标，严惩违法违纪行为、减少腐败分子存量，又要治本，加强教育引导、启发自觉自律，落实规章制度、严格施管，完善体制机制、增强刚性约束。通过全面性的治理措施，着力解决影响党的创造力、凝聚力、战斗力的问题，认真医治损害党的先进性和纯洁性的病症，坚决祛除滋生在党的健康肌体上的毒瘤。

二是广大党员必须成为党员教育管理的主体。强化党员主体意识是加强党员队伍教育管理的重要环节。要确立广大党员在教育管理中的主体地位，将物质上的帮助、政治上的尊重和精神上的关怀有机结合起来，调动广大党员参与管党治党的积极性、创造性；要创新党内生活的形式，搭建提升党员主体地位的平台，不断增强党员提高自身素质的自觉性，激发党员对党的事业高度负责的主体意识和民主意识；广大党员要自觉承担从严治党的责任和义务，积极行使党员民主权利，始终保持党同人民群众的血肉联系，自觉接受广大人民群众的监督。

三是党的各级组织要切实落实党员教育管理的责任。党员教育管理是党的建设的基础性工作。各级党组织是教育和管理党员的基本单位，抓好了组织建设就抓住了党建工作的基础一环。把各级党组织搞坚强，是搞好党员教育管理的前提，因此要扎实做好抓基层、打基础的工作，提高各级党组织的凝聚力战斗力创造力，使每个基层党组织都成为坚强战斗堡垒。要建立目标责任制，各级党组织把党员教育管理的责任承担好、落实好，将党建作为一项硬任务，与中心工作同谋划、同部署、同考核。尤其是各级党组织书记作为第一责任人，要亲自抓、具体抓，既要带头执行落实好各项制度，又要层层抓好落实，做到责任到位、措施到位，形成一级抓一级、一级带一级的良好格局。

【专家观点】

晓山：从严教育干部势在必行

从严教育干部是党中央对干部教育培训的明确要求。近期，习近平总书记在一系列重要讲话中，对从严教育干部作出了深刻阐述。强调“从严治党靠教育，也靠制度，二者一柔一刚，要同向发力、同时发力。”要求“坚持从严教育、从严管理、从严监督，让每一个干部都深刻懂得，当干部就必须付出更多辛劳、接受更严格的约束。”不仅将教育与制度并列，提到了新的高度，还进一步明确了当干部必须接受从严教育的要求。同时，从方法论的角度指出：“世间事，做于细，成于严。从严是我们做好一切工作的重要保障。”这些重要论述，为我们从严教育干部提供了理论指导和实践遵循。

从严教育干部是我们党的优良传统。早在井冈山斗争时期，毛泽东同志就要求“加紧政治训练”，提出“如部队有三日休息，则每日必有一小时政治课”。在延安时期，我们党要求“对一切在职干部，都须给以政治教育”，建立了“每天两小时学习制度”。解放战争时期，我们党面对党员干部大量增加的现实，要求“一切有阅读能力的党员和干部均必须学习理论知识”，“以每周平均学习 12 小时为原则，并建立定期考试制度”。新中国成立以后，中央一手抓理论学习一手抓文化学习，要求“党的地委书记一级以上的干部，应当把自己的学习状况和自己所领导的党组织的学习状况向中央局或中央分局作一次报告”。并要求干部必须开展文化知识学习，以适应建设的需要。改革开放初期，中央强调“无论在什么岗位上，都要有一定的专业知识和专业能力，没有的要学，有的要继续学，实在不能学、不愿学的要调整。”全国兴起了一次重新学习的热潮。之后的几十年里，我们党每逢重要关头，总是严格要求干部加强学习，有力促进了改革开放和现代化建设事业。当前，广大干部面临的挑战和考验前所未有，我们更应该继承和发扬这一优良传统，以更高的标准、更严的要求，教育引导干部进一步坚定信念、增强本领、提升境界，为赢得具有许多新的历史特点的伟大斗争做好思想准备和能力储备。

从严教育干部是培养好干部的必经环节。“致天下之治者在人才，成天下之才者在教化”。好干部既是实践历练出来的、自身努力出来的、管理监督出来的，也是培养教育出来的。特别是当前，强调从严教育干部更具有特殊意义和现实针对性。近年来，这么多干部因贪腐被查处，原因是多方面的，但从干部教育角度来看，教育责任不到位、失之于软也是原因之一。因此，要培养党和人民需要的好干部，必须把从严教育作为前端环节，大力开展理论武装、党性教育和道德品行教育，真正筑牢信念坚定、为民服务、勤政务实、敢于担当、清正廉洁的思想基础。

从严教育干部是破解干部教育培训现实问题的有效举措。应该说，这些年各地各部门普遍重视支持干部教育培训工作，但一些地方和部门仍然存在重干部使用、轻干部培养的观念，存在机关内设机构公务员和基层干部缺少培训机会等薄弱环节，以及理想信念教育有效性不足、一些能力培训实效性不强、少数地方和部门学风不正的问题。通过从严教育干部，有利于建立党管干教的责任机制，有利于推动理想信念教育摆上位置、有效开展，有利于加强和改进校风教风学风，通过学习态度、制度规范、学风建设、工作机制等各个环节的从严，带动干部教育培训质量和工作水平的提升。

（摘编自《光明日报》2015年1月6日第16版，作者：晓山）

王明方：全面从严治党之道

抓住把握规律这个主体要领

从严治党有其自身规律，必须悉心认识、把握。习近平同志对从严治党的客观必然性、基本内容、核心重点、原则方法、目标方向、检验标准、继承与创新等方面的本质内涵、基本要领都作出了一系列总结概括，为我们把握全面从严治党规律提供了指南。

抓住全心全意为人民服务这个最高标准

全面从严治党的一切工作，归根到底必须体现在把全心全意为人民服务的宗旨在党员干部的思想和行动中根植得更扎实、更牢固。第一，必须把全心全意为人民服务作为党员干部言行的最高标准。第二，全心全意为人民服务必须做到，也能够做到。第三，一定要牢牢把握为人民的利益坚持好的、改正错的这个根本要求。第四，为人民服务必须始终坚持人民对美好生活的向往就是我们的奋斗目标这个崇高理念。

抓住对党忠诚这个核心品格

做到对党忠诚，方能落实从严治党要求。对党忠诚做不到，从严治党必落空。各级党组织书记，包括各级党委、党组、基层党委、总支、支部书记，都务必以对党的高度忠诚，来落实从严治党责任，对党忠诚度不够肯定是会误事的。党的高级干部必须对党的忠诚度更高。

抓住坚定理想信念这个根本支柱

理想信念说到底是解决人生奋斗为了谁的问题。共产党人树立崇高的理想信念，就是把为党和人民事业贡献力量作为自己的最高追求，舍此就称不上是共产党员。各级党组织书记都要坚持带头讲理想信念、行理想信念。坚定理想信念必须抓住其本质。加强理论武装，坚定理想信念，帮助广大党员干部把握住党的理想信念的本质，是推进全面从严治党的永恒重要课题。

抓住严肃党内政治生活这个重要法宝

坚持严格党内政治生活的洗礼，党员干部才能获得政治成熟，葆有政治青春。严肃党内政治生活，最关键的是抓住规矩和活动。由此，习近平同志明确指出："从严治党必须从党内政治生活严起。"

抓住干事创业，敢于担当这个天然职责

尽责担当是共产党人固有的血性和风骨。从严治党必当从严整治懒政怠政问题。我们党自成立那天起，就在为开创历史新业、担当兴国使命一刻不停地奋斗着；无数共产党员从入党那天起，就把沉甸甸的努力工作、干事创业的责任扛在肩上，奋斗着、拼搏着，千秋伟业就这样成就着。全面从严治党的一切成效最终都要集中体现到党组织凝聚力、创造力、战斗力更加焕发，党员干部的干事热情更加高涨、担当精神更加坚强上来。

抓住加强作风建设这个日常抓手

树立一种风气，扭转一种风气，都必须下大功、用长功，在日常上下真功。良好风气的正面带动力和不正之风的负面裹挟力都相当之大。有纪律、有制度不执行，就会挫伤正气、助长歪风，就会损害党的战斗力、生命力。纪律松、制度软的要害是领导干部搞特殊和不碰硬两个问题。

抓住人民监督这个依靠力量

人民对党的监督是为党注入营养，充实力量，把握方向。从严治党说到底就是为了党更好地服务人民，更好地赢得民心。这就要求推进从严治党必须发挥人民的监督作用，依靠人民的支持。同时这也是党保持同人民群众血肉联系的重要构成和重要标志。党员干部一定要主动、自觉地争取和接受人民监督。

（摘编自人民网－人民论坛2015年11月24日，作者：王明方）

冯雅新：从严治党从每一位党员做起

2015年10月21日，中共中央印发了《中国共产党纪律处分条例》（以下简称《条例》），这是党的十八大后全面落实从严治党的一大重要举措，是在十八届五中全会召开之前发出的党要管党的重要信号。

《条例》前所未有地突出了纪严于法、纪在法前，实现纪法分开的原则，强调“把纪律挺在前面，注重抓早抓小”，将问题解决在萌芽阶段。从约束主体而言，《条例》将纪律约束的对象从党的领导干部延伸到党的各级组织和全体党员，强调全员性、全覆盖。从约束的时间而言，《条例》将纪律约束贯穿于各级党组织和全体党员党内生活的全过程。从约束空间而言，《条例》丰富并重构党的纪律体系，从政治纪律、组织纪律、廉洁纪律、群众纪律、工作纪律和生活纪律六个方面细化违纪行为，制定具体处分条款，强调进行全方位约束。《条例》特别规定惩治近些年新出现的违纪行为，如拉帮结派、对抗组织审查、不如实向组织说明问题、不执行请示报告制度、不如实报告个人有关事项，侵害群众利益、漠视群众诉求、履行全面从严治党主体责任不力、违背社会公序良俗等。这些规定充满了现实针对性，对形形色色的违纪行为形成强大而严密的控制网。

应该指出的是，制度的制定只是万里长征的第一步，最关键的一步还在于制度的真正落实和执行。这就要求各级党组织必须迅速组织开展对《条例》多种形式的学习与宣讲活动，探索纪律教育的有效方法和途径，真正使每一位党员熟悉并准确把握所有内容，印刻于心，并准备外化于行。在此基础上，结合基层党组织和党员个人的实际，配合党的“三严三实”教育，对照和检查六大纪律的规定，找出不严不实的差距和问题，确保每一位党员权利得到保障，义务得以完成，责任充分到位。

《条例》的印发，必将把党的十八大后开展的反腐倡廉推向一个新的阶段，带来新的气象，从而从根本上改变党员的形象，重塑中国共产党的形象。

（摘自人民网 2015 年 10 月 29 日，作者：冯雅新）

【视野拓展】

某县委课题组：运用“互联网+”实现基层党员干部教育培训全覆盖的探索与实践

（一）因地制宜，整合现有培训资源

“党建大课堂”充分利用现有的某市远程教育系统资源，采取“主会场+分会场”视频同步直播的形式，使原有干部教育培训远程网络资源重新发挥作用，适应了新形势下基层党员培训的需要。一是整合培训任务。将原来由县委组织部培训、党校培训和依法治县领导小组等各单位自主培训，统一整合到“党建大课堂”，协调安排，统筹推进。二是利用现有资源。投入近100万元，在县委党校设置“党建大课堂”主会场，全县乡镇、村（社区）远程教育点设置分会场，全面覆盖基层党组织，县级机关在主会场参训，基层党组织组织党员干部在分会场登录平台网站同步在线参训。三是建强管理队伍。县委党校安排直播员和联络员，乡镇（街道）安排大学生村官担任各远程教育点管理员，没有大学生村官的村（社区）由村“两委”成员兼任，对联络员和管理员进行系统操作、设备维护等专业培训，建立由联络员、管理员和广电、电信技术人员组成的党员教育联络QQ群。

（二）多方借智，建设多层次师资队伍

“党建大课堂”全方位多层次选择师资，形成了集领导、专家、先进典型和外地经验于一体的师资库。一是领导辅导。将中央、省、市精神与县经济社会发展面临的难点、热点、焦点紧密联系起来，分别邀请了县委书记讲“三严三实”、组织部长讲共产党员修养、纪委书记讲党风廉政建设、政法委书记讲社会治理法治化、宣传部长讲社会主义核心价值观；二是专家解读。邀请省、市委党校（行政学院）专家教授到“党建大课堂”就当前政治经济社会发展的热点难点问题作专题解读。目前已开展了习近平总书记系列重要讲话、依法治国、从严治党等方面理论解读辅导；三是典型示范。榜样的力量是无穷的，让部分优秀村（社区）支部书记、党员模范、创业楷模走上讲台，现身说法。

（三）注重实效，创新教育培训内容

“党建大课堂”采取“12＋N”的形式整合培训内容，即将每月第一个星期一下午确定为“党建大课堂”培训暨党员活动日。其中“12”是每年完成党建专题培训12期，通过常态化的培训学习，持续注入“强心针”，着力解决基层干部“补钙”的问题；“N”是结合中心工作，根据实际需要，开展不定期培训，以一竿子插到底的方式，解决现实发展和群众关心的热点难点工作。

（四）系统推进，构建科学运行机制

“党建大课堂”作为基层党员干部教育的有效载体，与党内组织生活制度互为补充、相互结合。一是与“三会一课”结合，保障各级基层党组织每月召开一次党员大会，与专题组织生活会、党员民主评议、季度党课等日常教育制度相互融合，定期开展理论学习会、业务研讨会、技能培训会等集体学习培训；二是与党员教育“学时制”工作结合，“党建大课堂”全年举办12期36课时，每次“党建大课堂”学习有考勤记录，基层党员培训“学时”考核看得见、摸得着；三是结合“书记讲党课”工作，邀请县委书记讲党课，增强全县各级领导干部集中力量办大事、聚精会神抓落实的干事气魄和务实态度，营造“讲党课、强素质、创先进、促发展”的良好氛围，同时也能直接将县委的决策和部署传达到最基层的党员干部；四是建立党校教师一对一联系乡镇指导制度，使培训内容更贴近基层需求。

（摘自人民网－理论频道2015年9月14日，执笔：田莉、赵汝周）

第十四章

认识和理解习近平总书记系列重要讲话的钥匙

党的十八大以来，习近平总书记发表的系列重要讲话，是马克思主义中国化的最新成果，贯穿了马克思主义哲学的思想精髓，集中体现了共产党人的价值追求、实事求是的思想路线和历史唯物主义的理论品格，生动体现了马克思主义的世界观和方法论，是运用马克思主义立场观点方法解决当代中国实际问题的光辉典范，对当代实践具有很强的指导意义。中国共产党人学习习近平总书记系列重要讲话精神，就要从哲学的高度来加深理解和认识，找准指导“两学一做”学习教育的钥匙。“两学一做”学习教育不是一次活动，要突出正常教育，区分层次，有针对性地解决问题，依托“三会一课”等党的组织生活制度，发挥党支部自我净化、自我提高的主动性，真正把党的思想政治建设抓在日常、严在经常。

【问题点击】

面向中国问题与积极化解矛盾的哲学

第一，马克思主义哲学应首先是面向“中国问题”的哲学。习近平总书记具有强烈的问题意识。他强调指出：我们党领导人民干革命、搞建设、抓改革，从来都是为了解决中国的现实问题。今天，我们党要协调推进“四个全面”，就必须不断掌握马克思主义的科学世界观和方法论，努力提高解决我国改革发展基本问题的本领。

第二，马克思主义哲学是注重“增强实践本领的哲学”。学习马克思主义哲学包括唯物辩证法，应增强我们的担当意识，敢于直面并破解前进中遇到的矛盾，提高化解矛盾的本领。习近平总书记具有敢于担当精神。他指出，要学习掌握事物矛盾运动的基本原理，不断强化问题意识，积极面对和化解前进中遇到的矛盾。对待矛盾的正确态度，应该是直面矛盾，并运用矛盾相辅相成的特性，在解决矛盾的过程中推动事物发展。

第三，马克思主义哲学是注重“化解矛盾的哲学”。学习马克思主义哲学包括唯物辩证法，要求各级领导干部善于把主要精力用在发现矛盾、分析矛盾、解决矛盾上来。习近平总书记指出，问题是事物矛盾的表现形式，我们强调增强问题意识、坚持问题导向，就是承认矛盾的普遍性、客观性，就是要善于把认识和化解矛盾作为打开工作局面的突破口。这就揭示出了“问题—矛盾—化解—打开工作局面（发展）”的内在逻辑。

第四，马克思主义哲学是注重“辩证思维的哲学”。学习马克思主义哲学包括唯物辩证法，可以提升我们的辩证思维能力，从而可使我们既抓住重点，又避免片面性和走极端。唯物辩证法要求各级领导干部树立辩证思维，提高辩证思维能力。辩证思维注重在对立中把握统一，在统一中把握对立，注重“两面性”看问题以及矛盾双方的协调式发展。

第五，马克思主义哲学是注重“思想生产的哲学”。各级领导干部要掌握好马克思主义的科学世界观和方法论，要注重思想的力量，真正把马克思主义哲学作为看家本领。古希腊哲学家柏拉图说过，国王应当哲学王。这转化为我们今天的话来说，就是领导干部应掌握能提供智慧和思想的哲学，要注重思想的力量，要运用哲学尤其是马克思主义哲学来提高分析问题和解决问题的本领。

（摘编自中央党校网 2015 年 2 月 6 日，作者：韩庆祥）

【深度阐释】

一、运用马克思主义哲学智慧领悟真谛

（一）实现中国梦，离不开马克思主义哲学智慧

一个民族要站在科学高峰，一刻也离不开理论思维。而理论思维，就是哲学思维的体现。实现中华民族伟大复兴与哲学思维紧密联系，国家的发展强大与哲学智慧密切相关。一部哲学史，就是人类智慧积淀和人类文明传承的历史。马克思主义哲学发现了人类社会发展的基本规律，确立了人民群众是历史的创造者，是推动社会历史发展的决定力量。鸦片战争以来，中国人民为找到强国富民的道路，历经艰苦的探索和实践。在经历一次次失败之后，中国人民最终选择了中国共产党，认定了马克思主义。中国共产党之所以能够带领全国各族人民，经过艰苦卓绝的斗争，把我国革命、建设、改革的事业不断推向前进，就是因为中国共产党不断学习运用马克思主义哲学智慧，做到把马克思主义与中国具体实际结合起来。邓小平同志深刻指出，

“搞社会主义一定要遵循马克思主义的辩证唯物主义和历史唯物主义，也就是毛泽东同志概括的实事求是，或者说一切从实际出发。”学习运用马克思主义哲学，我们就能取得胜利，背离马克思主义哲学，我们就会遇到挫折。实现中华民族伟大复兴的中国梦，是中国共产党人肩负的神圣使命。今天，我们比历史上任何时期都更接近实现中华民族伟大复兴中国梦的目标。开展“两学一做”学习教育，就是通过加强党员队伍自身建设，提高党的执政能力和领导水平，团结带领全党全国各族人民，为实现中华民族伟大复兴而努力奋斗。要实现这一伟大的奋斗目标，必须自觉地学习运用马克思主义哲学智慧，提高理性思维能力。

（二）推进“四个全面”重大战略部署，需要马克思主义哲学智慧

哲学是对事物普遍规律的揭示和把握，对于现实问题解决提供理论指导。马克思主义哲学是人类社会历史上最先进的哲学。马克思主义哲学不是从观念出发，而是从实际出发；不是满足于抽象的思辨，而是要直面现实世界；不是为了构造体系，而是为了解决问题。在现实社会生活中，许多问题都可以通过哲学提供方法论的指导。“问题是时代的声音，是它表现自己精神状态的最实际的呼声。”马克思主义哲学是时代精神的精华，它来源于实践，敢于直面现实问题，积极应对社会生活的现实问题。我们当前的改革和建设进入了一个全新的发展阶段，面临的矛盾和问题更加复杂，要解决这些矛盾和问题，必须有哲学上的方法论指导。我们党在解决中国现实问题中不断取得革命、建设和改革的胜利，都较好地实践和运用了马克思主义哲学。正是在马克思主义哲学方法论的指导下，中国共产党人不断解决面临的现实问题，社会生产力、综合国力、人民生活水平实现了历史性跨越。党的十八大以来，习近平总书记着眼于社会主义建设的需要，从坚持和发展中国特色社会主义全局出发，提出了“四个全面”的重大战略部署。“四个全面”重大战略部署是相互联系和相互促进的统一体：“奋斗目标”是全面建成小康社会，“根本路径”是全面深化改革和全面推进依法治国，“根本保证”是全面从严治党。站在新的历史起点上，我们在前进的道路上面临问题和风险发生了新的变化，遇到的问题也体现出新特点。这些问题，都需要中国共产党人以巨大的理论勇气和探索精神，运用好马克思主义哲学，准确把握我国经济社会发展的阶段性特征，才能使主观世界更好地符合客观实际，真正把改革发展的事业不断推向前进。

（三）解决我国改革发展中的问题，要运用马克思主义哲学智慧

我国改革发展中出现问题的解决，“四个全面”重大战略部署的协调推进，都需要各级领导干部有过硬的本领。毛泽东同志早年曾经用“本领恐慌”警示过全党，要求党员干部把克服本领恐慌作为一项紧迫任务。落实“四个全面”重大战略部署，实现中华民族伟大复兴的中国梦，同样面临本领恐慌的问题。要解决本领恐慌，提高和增强本领，就要掌握马克思主义哲学。马克思主义哲学是在充分吸收借鉴人类优秀思想成果的基础上产生的，是人类智慧的结晶。党的各级干部必须用马克思主义哲学武装头脑、指导实践。坚持把马克思主义作为行动指南，是我们党永葆先进性、始终走在时代前列的特色和优势，是中国共产党保持旺盛战斗力的思想源泉。毛泽东同志指出：“如果我们的党有一百个至二百个系统地而不是零碎地、实际地而不是空洞地学会了马克思列宁主义的同志，就会大大地提高我们党的战斗力量。”今天，自觉学习运用马克思主义哲学，对于增强党员领导干部解决我国改革发展中出现的矛盾和问题的本领，无疑具有重要作用。正因为如此，习近平总书记强调：“党的各级领导干部特别是高级干部，要原原本本学习和研读经典著作，努力把马克思主义哲学作为自己的看家本领。”掌握看家本领，就是运用马克思主义世界观方法论解决我国改革发展基本问题的本领。要通过学习运用马克思主义哲学，切实掌握科学的世界观和方法论，不断提高辩证思维和战略思维能力，全面增强解决各种复杂问题的本领。

二、运用辩证唯物主义世界观和方法论理解内涵

（一）理解把握世界统一于物质、物质决定意识的原理

新中国成立后，经过六十多年的建设发展，我国社会主义现代化建设取得了长足的进步，但我国仍处于并将长期处于社会主义初级阶段的这个基本判断并没有变，这是我们认识当下、规划未来、制定政策、推进事业的客观基点，我们不能脱离这个基点。这就要求中国共产党人既要看到我国处于社会主义初级阶段的基本国情没有变，又要看到我国经济社会发展呈现出来的阶段性新特点。我国社会生产力、综合国力、人民生活水平在经过30多年改革开放的伟大实践中，实现了历史性的发展，取得了举世公认的重大成就，但也面临国际国内风险和各种困难的挑战。准确把握、主动适应经济发展新常态，就要求我们党要努力适应国际国内环境的变化、辩证分析我国经济发展阶段性特征作出科学判断。准确把握我国不同发展阶段的新变化新特点，使主观世界更好符合客观实际，按照实际决定工作方针，这是我们必须牢牢记住的工作方法。辩证唯物主义肯定意识对物质的反作用，认为这种反作用有时还很突出。中国共产党坚持把思想建设放在第一位，强调“革命理想高于天”，就是对精神变物质、物质变精神的辩证法的理解和运用。必须通过开展“两学一做”学习教育，毫不放松理想信念教育、思想道德建设、意识形态工作，大力培育和弘扬社会主义核心价值观，用富有时代气息的中国精神凝聚中国力量。

（二）理解把握事物矛盾运动的基本原理

客观世界是一个相互联系的矛盾统一体。问题是事物矛盾的表现形式，我们强调增强问题意识、坚持问题导向，就是要承认矛盾的普遍性、客观性，就是要善于把认识和化解矛盾作为打开工作局面的突

破口。中国共产党领导人民干革命、搞建设、抓改革，历来都把解决现实问题作为出发点和落脚点。对待矛盾的正确态度，就是要直面矛盾，并运用矛盾相辅相成的特性，在解决矛盾的过程中推动事物发展。在经济社会发展过程中，不简单地以国内生产总值增长率论英雄，提出加快转变经济发展方式、调整经济结构，着力解决产能过剩，明确加强生态文明建设等一系列政策措施，都是针对社会主义建设过程中出现的深层次矛盾和问题而提出来的。面对当前复杂的国际国内形势和繁重经济建设任务，必须要有全局观，要对各种矛盾做到心中有数，要优先解决主要矛盾和矛盾的主要方面，从而促进其他矛盾的解决。推进“四个全面”重大战略部署，是当前党和国家事业发展中必须解决的主要矛盾。这就要求中国共产党不但要注重总体谋划，而且要注重牵住“牛鼻子”，抓住工作的主要环节。在任何工作中，既要体现两点论，又要突出重点论，从而促进和推动各项工作的顺利开展。

（三）理解把握唯物辩证法的根本方法

唯物辩证法是科学的世界观和方法论，是指导中国共产党人解决前进中的问题，增强辩证思维能力，提高驾驭复杂局面、处理复杂问题的理论武器。党领导人民群众建设中国特色社会主义的伟大事业越是向纵深发展，就越要增强辩证思维能力。面对我国社会各种利益关系十分复杂的实际，必须处理好局部和全局、当前和长远、重点和非重点的关系，在权衡利弊中趋利避害、作出最为有利的战略抉择。面对全面深化改革的艰巨任务，要突出改革的系统性、整体性、协同性，使改革成果更多更公平惠及广大人民群众，更好地满足人民群众的需求。坚决反对形而上学的思想方法，看形势做工作不能盲人摸象、坐井观天、揠苗助长、削足适履、画蛇添足。要深入基层深入实际，搞好调查研究，坚持发展地而不是静止地、全面地而不是片面地、系统地而不是零散地、普遍联系地而不是单一孤立地观察事物，切实把握客观实际，真正掌握科学规律，妥善处理和应对各种重大关系。

三、运用辩证思维深化思想认识

（一）用战略思维统筹国内国际两个大局

运用辩证思维把握我国国情和世界大势，可以更好地统筹国内国际两个大局，有助于坚定不移走自己的路，不为外部干扰所左右。用普遍联系的观点看问题，树立谋全局谋长远的战略思维，统筹好国内国际两个大局，是坚持辩证思维在治国理政问题上的集中体现，是对马克思主义执政党的必然要求。邓小平同志曾强调全党坚持以经济建设为中心不动摇，这一战略定力源于对世界大势的科学判断，即和平与发展是当今世界的主题。这个科学判断，为我国发展持续数十年不变的战略定力提供了牢固支撑。当前，国内国际形势错综复杂，前进道路中面临的困难和问题也日益增多，这就要求中国共产党人要处理好局部和全局、当前和长远、重点和一般的关系，在权衡利弊中趋利避害，作出最有利的战略抉择。要准确认识和把握中国和世界发展大势，善于谋大事、促发展、保稳定，正确认识和妥善处理党和国家面临的重大现实问题。要坚持开放发展、合作发展、共赢发展，坚定不移地做和平发展的实践者、共同发展的推动者、多边贸易体制的维护者、全球经济治理的参与者。坚决维护国家的正当权益，决不放弃和牺牲国家核心利益。要坚定中国特色社会主义的道路自信、理论自信和制度自信，以更大的政治勇气和智慧，全面深化改革，着力解决我国发展面临的一系列突出矛盾和问题，不断推进中国特色社会主义制度自我完善和发展。

（二）用创新思维推进改革发展

是否具有和保持创新思维，关系着一个政党能否始终站在时代前沿，始终保持先进性。事物之间的普遍联系是动态的，联系的实质是相互作用；事物之间的相互作用必然导致事物的运动变化发展，推动事物与时俱进、推陈出新。谋发展谋改革的创新思维，就是唯物辩证法本质特性的体现。改革在本质上就是创新，离不开创新思维，离不开思想解放的精神动力。在全面深化改革的新的历史阶段，必须解放思想，才能看清各种利益固化的症结所在，找准突破的方向和着力点，拿出创造性的改革举措。因此，必须有自我革新的勇气和胸怀，跳出条条框框限制，克服部门利益掣肘，以积极主动的精神研究和推出改革举措。实践发展永无止境，认识真理永无止境，理论创新永无止境。改革只有进行时没有完成时，思想解放也只有进行时没有完成时。为了实现后发优势、打造经济社会发展的“升级版”，必须不断解放思想、推进改革，确保跟上时代，引领发展。

（三）用底线思维处理经济社会发展的基本问题

正确判断事物的主要矛盾和矛盾的主要方面，预见到可能面临的危险，提前应对，防止出现破坏性的质变，并促使事物向好的方向发展，这种思维方式就是底线思维。坚持底线思维，就是要认识和把握事物存在和发展的质与量相统一的“度”，科学预测事物在矛盾作用的推动下从量变到质变的总体发展趋势以及在不利因素影响下发生逆转的可能性。坚持底线思维是对全党特别是党的领导干部的基本要求，是新形势下党的执政能力建设的重要内容，是对党和国家各条战线改革发展稳定提出的总要求。习近平总书记多次强调，要坚持底线思维，不回避矛盾，不掩盖问题，凡事从坏处准备，努力争取最好的结果，做到有备无患、遇事不慌，牢牢把握主动权。能否坚持底线思维，关系经济社会发展走向，关系各项工作能否顺利开展，切不可等闲视之。党和国家工作大局的底线不是独立存在的，而是寓于经济、政治、文化、社会、生态文明和党的建设各方面工作中，体现在改革发展稳定的全面推进中。领导干部坚持底线思维，首先要树立底线意识，在头脑中拉起“警戒线”。其次必须掌握唯物辩证法，坚持用两点论看问题，主动思考工作中的主要矛盾是什么，面临的有利条件和不利因素有哪些，发生破坏性质变的界限在哪里，怎样提前防范，并创造条件取得更大的建设发展成绩。

【专家观点】……………………………………………………

杨先农、肖柯：从改革方法论的视角体会习近平改革论述

一、从改革的系统性看习近平关于改革整体推进的方法论

总结改革开放30多年来的历史经验，站在新的历史起点上，习近平反复强调，我们要全面深化改革。这一论断是改革思想系统性特征的体现，强调的是要普遍联系地把握改革所涉及的各个领域和各个方面，注重从全局的高度和整体的宽度来谋划和推进具体的改革措施。习近平紧密结合时代发展面临的新课题指出，改革不是针对某个具体环节就事论事地做出简单的变更，而是必须做系统谋划和整体推进，从整体上讲，改革必然是有方向、有立场、有原则的。

二、从改革的平衡性看习近平协调改革均衡发展的方法论

习近平高屋建瓴地指出，全面深化改革不是单打一，不是头痛医头、脚痛医脚，而是十根手指弹钢琴，因此不能孤立地、抽象地理解各项改革举措，每一项举措往往都涉及处于对立统一关系中的主次矛盾和矛盾的主次方面。所以，要确保全面深化改革的顺利进行，就要正确处理好全面深化改革所面临的若干对重要矛盾关系的平衡问题。总体来看，这些平衡关系主要包括处理好解放思想和实事求是的关系、整体推进和重点突破的关系、顶层设计和摸着石头过河的关系、胆子要大和步子要稳的关系、改革发展稳定的关系等。这些关系一旦反映在具体领域的某项具体改革措施上，又会呈现出十分复杂的现实特点，如果不坚持均衡发展方法论，往往就不容易透过现象看本质，自然也就难以从纷繁复杂的事物表象中把握住改革脉搏，在正确处理

各种矛盾的平衡关系的过程中把握深化改革的内在规律。

三、从改革的务实性和广泛性看习近平以改革凝聚共识的方法论

首先，要从改革实际出发，充分认识到凝聚共识对于推进改革实践向前发展的重要性。特别是在经济体制深刻变革、社会结构深刻变动、利益格局深刻调整、思想观念深刻变化，致使共识凝聚难度加大的情况下，尤其需要下功夫找到最大公约数。

其次，要深入分析和认真处理党员队伍壮大后，党内客观存在的不同理解、不同认识、不同观点如何统一的问题。习近平反复强调，只有全党思想和意志统一了，才能统一全国各族人民的思想和意志，才能形成推进改革的强大合力。

最后，要认真思考需要凝聚哪些方面的共识，以及这些共识具有怎样的逻辑关系。具体来说，凝聚共识的第一个逻辑层次，是正确看待改革开放前后两个三十年的关系，要形成"两个不能否定"的共识，也就是习近平强调的要形成不能以改革开放后三十年否定改革开放前三十年，也不能以改革开放前三十年否定改革开放后三十年的共识。

四、从改革的战略性看习近平坚持改革战略思维的方法论

要准确把握改革的走向，就离不开战略上的自信与坚定。所以习近平指出："要从纷繁复杂的事物表象中把准改革脉搏，在众说纷纭中开好改革药方，没有很强的战略定力是不行的。"这一论述运用"战略定力"这一概念分析改革问题，可谓紧扣改革关键，直指问题要害。把握改革脉搏必须靠很强的战略定力，因此，能否站在战略的制高点，牢固树立道路自信、理论自信、制度自信，直接关系到改革措施能否得到科学谋划和正确落实。有了战略定力并不代表就一定能从战略层面妥善处理好各个领域的具体改革，这就需要从战略上坚持正确的方向。

（摘编自人民网－理论频道 2015 年 4 月 1 日，作者：杨先农、肖柯）

强卫：习近平总书记系列重要讲话中的哲学思维

集中体现了共产党人的价值追求

强调坚定不移地高举中国特色社会主义的伟大旗帜。坚持和发展中国特色社会主义，是贯穿总书记系列重要讲话精神的鲜明主题。在党的十八大之后中央政治局第一次集体学习时，总书记就指出，坚持和发展中国特色社会主义是贯穿党的十八大报告的一条主线。强调把中国梦作为感召人、激励人、凝聚人的共同理想。强调为实现共同理想而努力奋斗、不懈奋斗。把共产主义理想变为现实，需要一代代共产党人的接续奋斗。

集中体现了实事求是的思想路线

强调必须坚持一切从实际出发。坚持一切从实际出发，是习近平总书记系列重要讲话的一个核心内容和鲜明特色。关于想问题的立足点，强调社会主义初级阶段这个当代中国的最大国情、最大实际，人民日益增长的物质文化需要同落后的社会生产之间的矛盾这个社会主要矛盾，进一步解放和发展社会生产力这个最根本最紧迫的任务。关于作决策的前提条件，强调认识规律、遵循规律，按客观规律办事，从零乱的现象中发现事物内部存在的必然联系，从客观事物存在和发展的规律出发，在实践中按照客观规律办事。

集中体现了历史唯物主义的理论品格

特别注重总结和运用历史经验。总书记善于将历史经验有机地融入治国理政实践，展现了一种独特的执政风格。他反复强调，历史是最好的教科书；学习党史、国史，是我们坚持和发展中国特色社会主义、把党和国家各项事业继续推向前进的必修课。

充分体现了辩证唯物主义的思想品质

善于从全局上把握问题。总书记注重以全局的视野、长远的眼光看问题，从整体上把握事物的发展趋向，处理好全局与局部的关系；注重以联系的、发展的观点看问题，综合考虑各方面因素，把握问题的关联性、协调性。善于抓住事物演变发展的规律。总书记特别注重运用唯物辩证法对立统一、量变质变、否定之否定三大规律，科学正确地指导各项工作。善于运用矛盾分析的方法。总书记系列重要讲话，坚持具体问题具体分析，注重一分为二地看问题，抓住主要矛盾和矛盾的主要方面，体现了两点论和重点论的统一。总书记反复强调，我们想问题、作决策、办事情，不能非此即彼，要辩证地看问题。要区分轻重缓急，突出工作重点，抓住关键环节，明确主攻方向。

（摘编自中国共产党新闻网2014年8月18日，作者：强卫）

【视野拓展】

丰子义：不能仰仗西方理论来说明中国问题

西方理论不可能真正站在非西方立场上来考虑问题。诚然，西方理论中关于发展的理论研究不是铁板一块，也有比较公正客观的观点和意见，但就整体、主流而言，这些理论是有利于西方发达国家而不利于发展中国家的。

西方理论所提出的问题不完全是发展中国家真正存在和需要解决的问题。这些理论一般是以西方的眼光来观照非西方国家的发展，因而所关注的问题往往带有明显的西化色彩。而且，有些问题对于发展中国家来说可能是伪问题。

西方理论不足以解释发展中国家的复杂情况。具有经验科学性的理论，在很大程度上受制于它所要解释的经验。源于西方发达国家实践经验的理论，难以说清发展中国家的问题，尤其是难以说清像中国这样一个发展中大国的复杂状况。它可能有一个清晰明了、自圆其说的解释框架，但不足以应对发展中国家的复杂矛盾；可能对说明某些方面的问题有所启示，但绝不能用来作为这些国家发展的指南。

因此，对西方理论应具体看待，不能过分依赖。对西方学术盲目推崇，会妨碍我们独立思考；对西方理论资源和研究方式过分倚重，会遮蔽中国问题的真实性质。西方的一些理论信条虽然很诱人，但很难直接套用。脱离实践基础和现实条件提出的问题和观点，只能是一种虚假、空洞的概念。

在研究路径上，应当“回到马克思”。马克思作为伟大的思想家，从来不是为了建构一种什么理论体系去进行理论研究的，而是为了揭露和解决现实社会的内在矛盾、寻求人类解放道路进行理论探索的。换言之，马克思并不是在纯思辨过程中形成和发展自己的理论，而是在研究现实问题的过程中超越以往的旧理论、形成自己的新理论。

克服路径依赖，重要的是确立理论自信。这种自信不是盲目的自信，而是从比较中获得的自信。任何一种理论的当代价值都不是自封、自我认定的，而是在同其他理论的比较中得以彰显的。在中国语境中，各种各样的理论都程度不同地出现过。对这些理论究竟如何加以评判呢？没有别的标准，就看哪种理论能够成功解释、应对中国的问题并引导中国健康发展。

（摘编自中国新闻网2015年7月24日，作者：丰子义）

第十五章

用习近平总书记系列重要讲话精神指导实践

深入学习贯彻习近平总书记系列重要讲话精神，是统一思想认识、明确前进方向、凝聚奋进力量，在思想上政治上行动上同以习近平同志为总书记的党中央保持高度一致的思想前提；是用发展着的马克思主义教育和武装党员干部的迫切需要；是进一步提高党员干部领导水平和治理能力的重要途径。广大党员干部必须以自觉的态度、刻苦的精神、有力的措施，学习掌握好习近平总书记系列重要讲话精神，着力在推动工作、狠抓落实上下功夫，努力在新的起点上推动改革发展稳定各项工作取得新成效。开展“两学一做”学习教育，要进一步强化宗旨观念，勇于担当作为，在生产、工作、学习和社会生活中起先锋模范作用，为党在思想上政治上行动上的团结统一夯实基础，为协调推进“四个全面”战略布局、贯彻落实五大发展理念提供坚强组织保证。

【问题点击】

坚持从客观实际出发制定政策　反对形而上学

中共中央政治局2015年1月23日下午就辩证唯物主义基本原理和方法论进行第二十次集体学习。中共中央总书记习近平在主持学习时强调，辩证唯物主义是中国共产党人的世界观和方法论，我们党要团结带领人民协调推进全面建成小康社会、全面深化改革、全面依法治国、全面从严治党，实现“两个一百年”奋斗目标、实现中华民族伟大复兴的中国梦，必须不断接受马克思主义哲学智慧的滋养，更加自觉地坚持和运用辩证唯物主义世界观和方法论，增强辩证思维、战略思维能力，努力提高解决我国改革发展基本问题的本领。

习近平强调，要学习掌握世界统一于物质、物质决定意识的原理，坚持从客观实际出发制定政策、推动工作。他指出，要学习掌握事物矛盾运动的基本原理，不断强化问题意识，积极面对和化解前进中遇到的矛盾；要学习掌握唯物辩证法的根本方法，不断增强辩证思维能力，提高驾驭复杂局面、处理复杂问题的本领。我们的事业越是向纵深发展，就越要不断增强辩证思维能力。当前，我国社会各种利益关系十分复杂，这就要求我们善于处理局部和全局、当前和长远、重点和非重点的关系，在权衡利弊中趋利避害、作出最为有利的战略抉择。全面深化改革，要突出改革的系统性、整体性、协同性，使改革成果更多更公平惠及全体人民。要反对形而上学的思想方法，看形势做工作不能盲人摸象、坐井观天、揠苗助长、削足适履、画蛇添足。要加强调查研究，坚持发展地而不是静止地、全面地而不是片面地、系统地而不是零散地、普遍联系地而不是单一孤立地观察事物，准确把握客观实际，真正掌握规律，妥善处理各种重大关系。

习近平指出，要学习掌握认识和实践辩证关系的原理，坚持实践第一的观点，不断推进实践基础上的理论创新。我们推进各项工作，要靠实践出真知。理论必须同实践相统一。必须高度重视理论的作用，增强理论自信和战略定力，对经过反复实践和比较得出的正确理论，要坚定不移坚持。要根据时代变化和实践发展，不断深化认识，不断总结经验，不断实现理论创新和实践创新良性互动，在这种统一和互动中发展21世纪中国的马克思主义。

（摘编自新华网2015年1月24日）

【深度阐释】

一、提升思维能力　科学指导实践

思维能力是指思维活动的反应速度和熟练程度，表现为思考问题时的快速灵活，善于迅速和准确地作出决定、解决问题。中国共产党人提倡的思维能力是以辩证唯物主义和历史唯物主义为根本思想武器，进行科学探索、科学实践、科学研究的思想方法。学习习近平总书记讲话精神，就是要运用历史思维、辩证思维、创新思维，立足实践、面向时代，全面提升能力和水平，认真搞好谋划、决策，扎实推进工作。

（一）运用历史思维提高观察分析事物能力

历史思维是人们用以再认和再现历史事实、解释和理解历史现象、把握历史发展过程、运用历史唯物主义和辩证唯物主义的基本观点去观察、分析、解决历史问题和现实问题，以及预见未来的智力思维。习近平总书记许多讲话都体现了深远的历史眼光、深厚的历史智慧、深邃的历史思维。历史是最好的教科书。只有坚持和运用历史思维，分析现状、认清趋势、处理问题，才能铭记历史、了解过去、抓住现在、把握未来。想问题、作决策，都要树立正确的历史观和方法论，善于运用历史思维。要按照习近平总书记的要求，经常关注现实问题，将现实中的具体问题从历史中找借鉴，沟通历史知识与现实问题、理论问题的联系，把中国历史重大事件“置身”于世界的角度来观察，努力培养“整体世界史观”。坚持“学以致用”的原则，从现实需要出发，遴选历史上能够为之提供经验作为借鉴的重大历史事件和历史事实，学会运用辩证唯物主义和历史唯物主义的基本原理分析历史现象和历史事物，揭示其本质，阐述历史发展的规律，培养全面地、辩证地分析问题、认识问题的能力。要紧密联系思想和工作实际，按照“择其善者而从之，其不善者而改之”的态度，学习历史，坚持去粗取精，去伪存真，用以指导实践，改造思想，促进工作。

（二）运用辩证思维掌握规律抓住关键

辩证思维是指以变化发展视角认识事物的思维方式，通常被认为是与逻辑思维相对立的一种思维方式。习近平总书记对许多重大问题的讲话论述都体现了辩证思维的理论品质。对于社会主义道路问题，他强调既不走封闭僵化的老路，也不走改旗易帜的邪路，而要坚定不移走中国特色社会主义道路；对于发展问题，他强调“增长速度很重要，没有一定的速度，就很难说经济工作做得好。但是速度不是越快越好，关键在于质量、效益和可持续发展”；对于改革问题，他强调要加强顶层设计与摸着石头过河相结合，整体推进与重点突破相结合，等等。这些科学论述都体现了科学的辩证思维。对于当前中国建设发展中的问题要一分为二地看、多个角度地思考，以避免“盲人摸象”，陷入保守和僵化。随着经济社会的发展，我国正进入社会转型期，各种利益调整、矛盾凸显，也出现了一些不同的声音。在这种改革正进入深水区、只“剩下啃硬骨头”的情况下，看问题、作决策、谋发展，就要既看到事物有利的一面，也要看到事物不利的一面，扬长避短；就要既看到改革面临的困难和挑战，更要看到我国赢得的改革发展机遇和制度优势，不断强化“三个自信”，以壮士断腕的勇气投身改革，以踏石留印、抓铁有痕的作风抓好工作落实，支持和服务改革发展大局。

（三）运用创新思维突破“瓶颈”化解难题

创新思维是指对事物间的联系进行前所未有的思考，从而创造出新事物的思维方法，是一切具有崭新内容的思维形式的总和。习近平总书记指出，“创新是一个民族进步的灵魂，是一个国家兴旺发达的不竭动力，也是中华民族最深沉的民族禀赋。”坚持和发展中国特色社会主义是中国共产党人的追求，提出实现中华民族伟大复兴的中国梦，是习近平总书记对党领导中国人民进行社会主义建设理念创新的最新一页。他指出中国梦在内涵上得其大而兼其小，主要就是“中华民族伟大复兴”和“国家富强、民族振兴、人民幸福”。提出实现中华民族伟大复兴的中国梦能迅速凝聚和激发全球炎黄子孙爱国热情，是引领干部群众团结奋斗的美好理想。实现中国梦，必须不断强化创新意识，让创新思维成为一种习惯和本能，通过求新求变的活力冲破守成的暮气，闯出一片新天地。面对激烈的国际竞争和错综复杂的国内改革浪潮，只有创新才能出生命力、出大智慧，从而找到解决一切难题最有效的办法。面对新形势新任务新要求，要结合单位实际，敢于面对和担当，深入学习运用创新思维分析和解决问题，不断冲破各种“瓶颈”和阻力，什么问题最突出、什么问题最棘手、什么问题群众最关注，就解决什么问题，努力在实现中华民族伟大复兴中国梦的伟大实践中发挥更大的作用。

二、把握客观规律　厘清工作思路

善于从哲学的高度把握客观规律，实事求是地探索社会发展规律，对于我们坚持党的基本路线，坚定不移地走中国特色的社会主义道路具有重要意义。按照辩证法的要求，把握客观规律，明确前进的思路，要通过实践、认识、再实践、再认识的反复过程，从实践中获得真知，积极探索适合中国国情的建设道路。

（一）正确总结历史经验，掌握夺取胜利的基本规律

历史经验是一面镜子，它可以使人变得聪明起来。正确总结历史经验，把握革命斗争的客观规律，是夺取胜利的重要条件。马克思主义认为，事物发展是按照一定的规律在运行的，当人们的思想和行动符合客观规律时，就能达到预期目的。而不符合客观规律时，就会面临失败的命运。历史证明：社会主义革命和建设的道路充满了曲折，但是中国共产党人勇于探索和实践，善于自我完善和提高，在革命初期，经历过一次又一次的失败和挫折之后，中国共产党人以巨大的革命勇气和自我革新精神，认真总结历史的经验教训，从而找到了一条符合中国实际的革命和建设路线，从而使中国革命和建设不断取得胜利。当前，我国已经成为世界第二大经济体，在国际社会上的影响力越来越突出。要保持这样一种发展势头，就必须坚定不移地执行党的十八大以来制定的路线方针政策，认真总结经验，坚持正确的，改正错误的，排除各种干扰，坚定地按照既定的道路，积极探索前进的规律，掌握中国特色社会主义建设道路的特点和规律，坚持合理的速度，立足自身的条件，学习借鉴其他国家的经验教训，领导人民在全面建成小康社会的道路上不断胜利前进。

（二）把握客观规律，全面提高开展工作的哲学素养

共产党人特别是领导干部，需要有较高的哲学素养。只有具备哲学素养，才能把握客观规律，掌握正确的工作方法，把工作做好。毛泽东同志就十分重视提高全党特别是领导干部的哲学素养，在抗日战争极其艰苦的岁月，他除了自己注重哲学研究之外，还亲自给抗大学员讲哲学，帮助党员干部提高哲学素养和水平。正是在这样的条件下，我们党为后来的革命和建设培养和储备了大量的干部。今天，党员干部要掌握客观规律，提高工作能力和为人民服务的本领，就必须认真学习马克思主义哲学的基本原理，掌握认识世界的基本方法。要把研读马克思主义的基本原著和学习中国特色社会主义理论体系结合

起来，特别是要认真学习习近平总书记系列重要讲话精神，掌握马克思主义的基本立场、观点和方法，掌握习近平总书记关于哲学的一些重要论述，不断提高全党的哲学水平，树立科学的世界观、人生观，增强辨别理论是非和政治是非的能力，更好地从哲学的高度总结历史经验，认识和把握客观规律，不断提高哲学素养和理论能力，为做好工作打下坚实的方法论基础。

（三）坚持实事求是的思想路线，探索社会发展规律

实事求是马克思主义哲学与中国传统文化相结合的产物，是我党的优良传统，更是克敌制胜的重要法宝。实事求是本身就包含着对客观规律的探索。毛泽东同志说："'实事'就是客观存在着的一切事物，'是'就是客观事物的内部联系，即规律性，'求'就是我们去研究。"习近平总书记强调：坚持实事求是，就要深入实际了解事物的本来面貌，要透过现象看本质，从零乱的现象中发现事物内部存在的必然联系，从客观事物存在和发展的规律出发，在实践中按照客观规律办事。坚持实事求是，关键在于"求是"，就是探求和掌握事物发展的规律。党员干部对党和人民事业肩负着光荣而重大的领导责任，始终贯彻执行党的实事求是的思想路线，对于推动科学发展、促进社会和谐至关重要。党员干部要把实事求是贯彻到领导工作全过程，自觉做坚持实事求是的表率。要做到把坚持实事求是的思想路线与坚持从群众中来、到群众中去的根本工作路线紧密结合和统一起来，把对上级负责与对群众负责紧密结合和统一起来，坚持一切从人民根本利益出发，切实深入基层了解情况，深入群众听取意见，使各项决策和各方面工作符合实际情况、符合客观规律、符合人民意愿。唯有如此，我们的工作，党和人民的事业，才会无往而不胜。

三、理论联系实际　坚持实践标准

理论联系实际是对马克思主义普遍真理同革命和建设的具体实践

相结合原则的概括表述，是马克思主义最基本的原则之一。实践观点是马克思主义的首要的、基本的观点。党的思想路线是一切从实际出发，理论联系实际，实事求是，在实践中检验真理和发展真理。贯彻落实“四个全面”重大战略部署，实现“两个一百年”奋斗目标，必须做到理论联系实际，把握坚持实践标准的新要求。

（一）坚持实践标准与解放思想相统一

坚持实践标准同坚持继续解放思想，在本质上具有一致性。只有坚持实践标准，才能真正坚持党的思想路线，进一步破除束缚改革的旧的思想观念和条条框框，解放思想，实事求是；才能深入实际，不断探索和创造各种有利于解放和发展生产力的公有制实现形式，把改革推向前进；才能在改革实践中不断总结经验，纠正错误，使改革不断完善。在解放思想的过程中，要看是否真正做到了思想和实际相符合、主观和客观相符合，只有运用实践标准来检验。面对实现全面建成小康社会的任务，必须坚持理论联系实际，继续解放思想、与时俱进、求真务实，自觉把思想认识从不合时宜的观念、做法和体制的束缚中解放出来，从对马克思主义的错误的和教条式的理解中解放出来，从主观主义和形而上学的桎梏中解放出来，在不断研究新情况、解决新问题、总结新经验的过程中，推动实践创新和理论创新。

（二）坚持实践标准与以党的创新理论为指导相统一

理论来源于实践，是实践经验的概括；理论又对实践有指导和推动作用，必须在实践中接受检验并不断丰富发展。坚持实践标准同坚持以党的创新理论为指导在根本上是一致的、统一的。包括邓小平理论、“三个代表”重要思想、科学发展观和习近平总书记系列重要讲话精神在内的中国特色社会主义理论体系，凝结了改革开放以来中国共产党人带领人民不懈探索实践的智慧和心血，是被实践证明了的科学理论，对继续深化改革开放起着根本指导作用。在新的历史条件下推进改革开放，必须高举中国特色社会主义伟大旗帜，坚定理论自信、道路自信和制度自信，推动社会主义事业不断向前发展。同时，中国特色社会主义理论体系是不断发展的开放的理论体系，坚持和发展中国特色社会主义理论体系，必须坚持理论联系实际，贯彻实践标准，不断总结新经验，不断为党的创新理论增添新的内容。

（三）坚持实践标准与人民利益标准相统一

实践是人们改造自然和改造社会的有意识的活动，有着明确的目标和价值取向。党的奋斗目标与人民的根本利益、经济社会发展规律是根本一致的。对中国共产党来说，就是要实现好、维护好、发展好最广大人民的根本利益。马克思主义政党只有充分调动和发挥人民的积极性和创造性，才能实现自己的历史使命。在新的历史时期，我们党始终强调，我们的一切工作和决策，都必须坚持用人民拥护不拥护、赞成不赞成、高兴不高兴、答应不答应来衡量。这与坚持实践标准也是统一的、一致的。在新的历史条件下，只有切实尊重人民首创精神，倾听人民呼声，反映人民意愿，坚持实践标准，实现好、维护好、发展好最广大人民的根本利益，努力推动科学发展、促进社会和谐，并把两者有机统一起来，及时发现、总结、概括人民创造的新鲜经验，才能获得正确反映客观规律的真理性认识，才能制定出符合客观规律的科学决策。

【专家观点】

新华社评论员：准确把握推进事业的客观基点

思想引领行动，理论指导实践。在党团结带领人民协调推进全面建成小康社会、全面深化改革、全面依法治国、全面从严治党，实现“两个一百年”奋斗目标、实现中华民族伟大复兴的中国梦的关键阶段，全党能否牢固树立正确的世界观，善于运用正确的方法论来推进事业，决定着宏伟目标的实现。

“必须不断接受马克思主义哲学智慧的滋养，更加自觉地坚持和运用辩证唯物主义世界观和方法论，增强辩证思维、战略思维能力，努力提高解决我国改革发展基本问题的本领。”习近平总书记在主持中央政治局第二十次集体学习时发表重要讲话，深刻阐明运用马克思主义哲学原理对于提升执政能力、推进事业发展的理论意义和实践意义。

理论修养决定思维和行动的能力。用科学理论武装起来的中国共产党，其政治智慧和执政能力归根结底来源于领导革命、建设、改革的伟大实践，以及在此基础上不断丰富和发展的马克思主义基本原理和方法论指导。回顾我们党90多年的历史可以清楚地看到，正是因为把实事求是作为党的思想路线，坚持了一切从实际出发这个马克思主义的精髓和灵魂，才有了事业从小到大的蓬勃发展，有了生死关头的伟大转折，有了领航中国的辉煌成就。只有在想问题、作决策、办事情时，始终坚持从实际出发，紧密联系实际而不是脱离实际，才能找到解决问题的办法。

干事兴业，关键在人；攻坚克难，事在人为。把客观存在的条件、困难转为可以利用的机遇和优势，取决于主观努力。辩证唯物主义并不否认意识对物质的反作用。在科学分析、准确把握实际情况之后，“态度决定一切”。只要我们筑牢理想信念的根基，明确核心价值观的坐标，用富有时代气息的中国精神凝聚中国力量，把思想和行动统一到中央的战略判断上来、落实到重大部署中去，奋发有为、勇于担当、善于创新、迎难而上，就能按照“四个全面”的要求，做好今年各项工作，推动党和国家事业再上新台阶。

（摘编自新华网2015年1月25日，作者：新华社评论员）

赵正永：把党的伟大精神牢固立起来

我们党在90多年的奋斗历程中，锤炼形成了一系列彰显党的性质、反映民族精神、体现时代要求、凝聚各方力量的伟大精神。这些精神为中国革命、建设、改革事业提供了不竭动力源泉和强大信念支撑，是我们党最可宝贵的精神财富和克敌制胜的传家宝。学习习近平总书记关于全面从严治党的重要讲话，更感到我们党的伟大精神是我们立党兴党之基、管党治党之魂。

党的伟大精神具有超越时空的恒久价值和旺盛生命力

我们党历经磨难建立丰功伟绩的历程，无数革命先辈浴血奋斗的历程，就是不断锤炼形成伟大精神的历程。革命战争年代，千千万万中国共产党人用生命和鲜血铸就了井冈山精神、长征精神、延安精神、西柏坡精神等；和平建设岁月，党带领人民在艰苦卓绝的奋斗中形成了大庆精神、焦裕禄精神、“两弹一星”精神等；改革开放时期，我们党在继承弘扬优良传统的基础上培育了改革创新精神、抗震救灾精神、载人航天精神、北京奥运精神等。党的十八大以来，以习近平同志为总书记的党中央以中国梦凝聚力量，以抓改革激发活力，以改作风振奋人心，勇于涉险滩，敢于啃硬骨头，彰显出巨大的政治勇气和强烈的历史担当。这些伟大精神既一脉相承又与时俱进，传承着永不褪色的红色基因和马克思主义政党的不变追求，体现着不同阶段的时代内涵和鲜活特点，为党领导的伟大事业蓬勃发展注入源源不断的精神动力。

党的伟大精神值得我们永远铭记、自觉传承

当前，尽管世情国情党情在变，但党的伟大精神散发出的魅力和光彩没有变，折射出的先进性和纯洁性没有变。虽然一段时间以来，在市场经济大潮中，党的伟大精神在一些干部中被淡忘、被模糊，但经过十八大后的激浊扬清，党的伟大精神熠熠生辉，进一步唤起我们永远铭记、自觉传承。历史启示我们，必须把党的伟大精神继承好。精神的力量是无穷的，能够凝聚人心、激发斗志，转化为改造世界的强大正能量。党的伟大精神始终是我们攻坚克难、行稳致远的压舱石，什么时候党的伟大精神发扬好了，我们的事业就蓬勃发展、兴旺发达；

什么时候丢弃了党的伟大精神，我们的事业就遭受挫折、停滞不前。

未来昭示我们，必须把党的伟大精神传下去。十八大以来，以习近平同志为总书记的党中央发出了向实现中华民族伟大复兴中国梦进军的时代号召。发展不会一帆风顺，事业不会一蹴而就，梦想不会一夜成真。习近平同志谆谆告诫全党，“党面临的‘赶考’远未结束”“要继续把人民对我们党的‘考试’、把我们党正在经受和将要经受各种考验的‘考试’考好，努力交出优异的答卷。”展望未来，我们党要带领人民实现奋斗目标、完成历史使命，必须坚定不移地把党的伟大精神立起来、传下去，以强烈的历史责任感和顽强的意志品质跑好接力赛中我们这一棒。

（摘编自人民网－《人民日报》2015 年 3 月 6 日，作者：赵正永）

【视野拓展】

马丁·雅克：中国治理国家比西方更成功

据参考消息报道，英国《金融时报》网站 2014 年 10 月 22 日发表题为《西方对中国经济崛起的短视看法》的文章，作者系畅销书《当中国统治世界》作者马丁·雅克。文章说，中国的统治体系 30 多年来都非常成功。在这个体系之下，发生着现代史上最伟大的经济转型。

这个国家非常胜任自己的角色，能战略性地思考问题，同时又很务实和勇于试验。它一直在迅速提升人们的生活水平，并享有民众的许多支持。中国民众对国家的支持早晚会消失的想法是站不住脚的。相反，随着经济继续迅速增长，生活水平不断提高，中国政权恐怕会享有越来越多的支持。不过，我们不应该将民众对中国政权的支持仅仅视为经济增长的一种功能。

文章称，在西方，民主是政权合法性的唯一来源，这已经几乎成为一条公理。但这是错误的。中国这个国家的合法性深藏在其历史中。在中国历史上，“家”与“国”是两个最重要的系统。至少在两千年的时间里，国家被视为中华文明的维护者和化身。这就是其合法性的重要来源。

这个国家的其他一些特征同样有着深刻的根源。这些特征包括对能人治国的强调、强大的国家机器以及用家庭概念来理解国家与人民之间的关系。当国家机器运作不善，中国也就失灵了。经典的例子就出现在第一次鸦片战争到1949年的耻辱世纪中。

共产党在最近几十年里取得的成就主要在于它再造了中国，并在现代背景下恢复了中国主要的历史特征——它的中枢地位、实力、能人治国、合法性和效率。在前一个世纪，这些特征发生了灾难性的衰退。

现在存在一种倾向，认为中国政府不会发生改变。这是因为，在西方眼中唯一的真正改革是让国家朝着西方模式发展。实际上，中国政府自1978年以来一直在经历大规模和持久的改革，这场改革远比美国或英国发生的改革要伟大。如果中国没有经历深刻的改革，它能规划如此巨大的经济转型是难以想象的。这个过程将继续，或许会更加激烈地继续下去。

文章认为，我们不该把中国的统治体系视为脆弱和无力的，而是需要认识这个体系，因为按照过去30年的标准来看它取得了非同寻常的成功，世界将越来越认识到，它必须向这个体系学习。

西方民主过去的成功建立在两个条件的基础上。首先，西方至少在两个世纪的时间里支配着世界，这带来了巨大的经济优势，并赋予其政治精英重要地位和声誉。其次，西方民众在一个很长时期内享有不断提升的生活标准。未来这两方面都可能改变。

西方正在衰落，欧洲尤甚。有人估计，到2030年中国可能占全球产出的三分之一，其经济规模将扩大到美国经济的两倍。以实力论，那时的美国只是今日美国的一个苍白的影子。此外，随着一些有力证据表明美国和西欧很多人的生活水平已经难以提高，前景将是不确定的。

崛起中的国家会享有更多民众支持，而衰落中的国家则会引发民众的不满。我们应该考虑这种可能性，即国家治理问题在西方将变得比在中国更加尖锐。

（摘编自新华网－国际在线2014年10月25日，作者：马丁·雅克，作者为英国伦敦政治经济学院亚洲研究中心客座研究员）

第十六章

习近平“四个能否”为合格党员定标准

做合格党员就是要着眼党和国家事业的新发展对党员的新要求，坚持以知促行，做讲政治、有信念，讲规矩、有纪律，讲道德、有品行，讲奉献、有作为的合格党员。习近平同志深刻指出，今天，衡量一名共产党员、一名领导干部是否具有共产主义远大理想，是有客观标准的，那就要看他能否坚持全心全意为人民服务的根本宗旨，能否吃苦在前、享受在后，能否勤奋工作、廉洁奉公，能否为理想而奋不顾身去拼搏、去奋斗、去献出自己的全部精力乃至生命。这“四个能否”的提出，为新时期衡量党员干部是否具有远大理想提供了客观标准，也为判断一名共产党员合不合格定下了标准。开展“两学一做”学习教育，是落实党章关于加强党员教育管理要求、面向全体党员深化党内教育的重要实践，是推动党内教育从“关键少数”向广大党员拓展、从集中性教育向经常性教育延伸的重要举措，是加强党的思想政治建设的重要部署。

【问题点击】……………………………………………………

切掉党员队伍里的“毒瘤”

据云南省纪委网站消息，日前，云南某地对41名吸毒党员予以开除党籍处分的决定，其中9名国家公职人员被开除党籍、开除公职，2名退休人员被开除党籍、降低待遇，30名农村党员被开除党籍。

党员干部是我们党的先锋战士，是一个地方、一个单位起到先锋模范作用的干部，不仅是广大群众学习的楷模，更是党和政府的“形象代言人”。有人认为，党员干部吸毒原因：一是源于缺失精神之“钙”，不能严于律己，党性意识淡薄，党员身份模糊，党员职责弱化；二是相关部门疏于管理，缺乏监管、问责。云南被开除党籍的41名党员干部，目无法纪，知法犯法，不仅没有给群众带好头，反而给党和政府抹了黑。这些人必须严惩，方能以儆效尤。

作为党员干部，国家公职人员不仅不能吸毒，更应以身作则、带头宣传毒品的危害性并抵制毒品，砍掉“毒瘤”，纯洁队伍。在从严治党的新形势新要求下，加强基层党员教育管理显得尤为重要与紧迫，不仅要坚持做到从严治党，更要以“三严三实”的要求，严格把好党员入党关、日常教育管理关、强化监督惩处关、着力畅通出口关。不论领导干部还是普通党员，都应带头遵纪守法，严以律己，坚定党员理想信念，争做先锋模范党员，以实际行动维护党员队伍的先进性和纯洁性。

（摘编自人民网－中国共产党新闻网2014年12月16日，作者：杨明）

【深度阐释】

一、“能否坚持全心全意为人民服务的根本宗旨”是思想基础

习近平总书记指出，群众路线是我们党的生命线和根本工作路线，始终坚持全心全意为人民服务根本宗旨，是我们党始终得到人民拥护和爱戴的根本原因。可以说，“能否坚持全心全意为人民服务的根本宗旨”，始终与人民群众同呼吸共命运，保持同群众的血肉联系，全心全意为人民服务，这是衡量一个共产党员是否合格的根本标准，也是一名合格共产党员的根本思想基础。开展“两学一做”学习教育，争做合格党员，就是要着眼党和国家事业的新发展对党员的新要求，坚持以知促行，做讲政治、有信念，讲规矩、有纪律，讲道德、有品行，讲奉献、有作为的合格党员。引导党员强化政治意识，保持政治本色，把理想信念时时处处体现为行动的力量。

（一）“坚持全心全意为人民服务”是我们这个党的根本宗旨

中国共产党从成立的那一天起，就把为人民服务作为自己的根本宗旨，把维护工人阶级和全国各民族的利益作为党的一切活动的出发点和落脚点。1939 年 2 月，毛泽东致信张闻天，首次在我们党内提出了为人民服务的概念。1942 年，毛泽东《在延安文艺座谈会上的讲话》中指出，我们的文艺是为人民的，是为着人民大众的。1944 年 9 月 8 日，毛泽东在张思德烈士追悼会上作了《为人民服务》的讲演，第一次从理论上深刻阐明了为人民服务的思想。从为人民服务到全心全意为人民服务，体现了这一思想的发展和升华。1944 年 10 月毛泽东在接见新闻工作者时就指出：三心二意不行，半心半意也不行，一定要全心全意为人民服务。1945 年 4 月毛泽东在《论联合政

府》一文中，再一次强调："紧紧地和中国人民站在一起，全心全意地为中国人民服务，就是这个军队的唯一的宗旨。"党的七大把中国共产党人必须具有全心全意为中国人民服务的精神写入了党章，从而成为中国共产党立党宗旨的高度概括。

自此以后，"全心全意为人民服务"成为共产党人一以贯之的重要思想和执政理念。1956 年，邓小平指出，中国共产党党员的含义或任务，如果用概括的语言来说，只有两句话："全心全意为人民服务""一切以人民利益作为每一个党员的最高准绳"。也是邓小平后来指出的要以"人民拥护不拥护""人民赞成不赞成""人民高兴不高兴""人民答应不答应"为标准；江泽民同志明确提出"三个代表"重要思想，要"代表最广大人民群众的根本利益"，胡锦涛同志进一步指出：党员干部一定要做到"权为民所用、情为民所系、利为民所谋"。

90 多年来，我们党不断探索为人民服务的规律，始终把实现和维护最广大人民的根本利益作为党的路线方针政策以及全部工作的基本出发点，始终深深扎根于人民群众之中，为中国人民和中华民族的根本利益而不懈奋斗。我们党在为人民服务的长期实践中积累了丰富的宝贵经验，为在新的历史起点上更好地坚持为人民服务的根本宗旨打下了扎实的思想根基。

（二）"坚持全心全意为人民服务"是践行马克思主义群众观的客观要求

马克思主义群众观是马克思主义对待人民群众的总的看法和基本观点，马克思、列宁等革命导师，都对人民群众在人类历史进程中的重要地位和作用作了重要论述，提出了鲜明的群众观点。马克思指出"历史活动是群众的活动"，列宁指出"一个国家的力量在于群众的觉悟"，《共产党宣言》指出："过去的一切运动都是少数人的，或者为少数人谋利益的运动。无产阶级的运动是绝大多数人的，为绝大多数人谋利益的独立的运动。"毛泽东指出"人民，只有人民，才是创造世界历史的动力”。从革命导师的论述中不难得出这样的结论：人民群众是物质财富的创造者，是精神财富的创造者，是推动社会变革、历史发展的决定性力量。“坚持全心全意为人民服务”是践行马克思主义群众观的客观要求。

我们党之所以始终不渝地强调坚持全心全意为人民服务的根本宗旨，因为我们党是以马克思主义为理论基础的党。以马克思主义为理论基础，必然要把全心全意为人民服务作为自己的根本宗旨。只有全心全意依靠人民群众，党才会有力量。

我们党始终不渝地强调坚持全心全意为人民服务的根本宗旨，是由我们党的阶级性质决定的。中国共产党是中国工人阶级的先锋队，同时是中国人民和中华民族的先锋队。工人阶级是人类历史上最大公无私的阶级。中国工人阶级的根本利益同中国人民和中华民族的根本利益是一致的。中国共产党为完成工人阶级的历史使命而奋斗，就是为工人阶级的利益而奋斗，同时也是为全体人民和整个中华民族的利益而奋斗。中国共产党作为中国工人阶级的先锋队，没有自己的特殊利益，这就决定了党必然要以全心全意为人民服务为自己的根本宗旨。

（三）“坚持全心全意为人民服务”是共产党人的立身之本、执政之基

党的十八届五中全会通过的“十三五规划”指出：坚持人民主体地位。人民是推动发展的根本力量，实现好、维护好、发展好最广大人民根本利益是发展的根本目的。必须坚持以人民为中心的发展思想，把增进人民福祉、促进人的全面发展作为发展的出发点和落脚点，发展人民民主，维护社会公平正义，保障人民平等参与、平等发展权利，充分调动人民积极性、主动性、创造性。

为人民服务，宗旨大于天。内乡县衙有副对联：得一官不荣，失一官不辱，勿说一官无用，地方全靠一官；吃百姓之饭，穿百姓之衣，莫道百姓可欺，自己也是百姓。我们党来自人民、植根人民，为人民服务、密切党群干群关系，始终是我们党立于不败之地的根基。党员干部是人民公仆，为群众服务是我们的本职，我们要时刻牢记为了谁、依靠谁、我是谁，牢固树立群众观点，自觉践行群众路线，心中始终装着群众、办事始终为了群众，乐民之乐，忧民之忧，在任何时候、任何情况下，都融入群众，全心全意为人民谋利益。要从人民群众最关心最直接最现实的利益问题入手，以问题倒逼发展，以发展倒逼改革，以改革促进民生，紧抓民生之本、解决民生之急、排解民生之忧，努力解决学有所教、劳有所得、病有所医、老有所养、住有所居等最根本的民生问题，把“党政想干”和“群众想要”统一起来，寻求最大公约数，让群众得到实实在在、看得见、享受得着的实惠。要不断地改变思想作风和工作作风，面对群众这面镜子，时时对照自己，反省自己，改造自己，务必以党的纯洁性和先进性要求，检查自己，修正自己，提高自己，时刻做到自重、自省、自警、自励，始终坚守共产党人全心全意为人民服务的光荣本色。一句“全心全意为人民服务”，胜过千条万条理论。我们的命运与人民群众的命运紧密相连，不可分割。任何时候，我们都必须站在人民的立场上说话，站在人民的立场上做事，只有这样，我们才是合格的共产党人。只有这样，我们才不会辜负革命先辈们的期望。

二、“能否吃苦在前、享受在后”是具体体现

“党在任何时候都要同群众同甘共苦；党员必须吃苦在前，享受在后。”这也是党章的明确要求。能否真正做到“吃苦在前、享受在后”，是新时期识别真假共产党员的试金石。

（一）是美德也是境界

古人说：“吃得苦中苦，方知甜中甜。”意思是说一个人要想有作为，就必须具备能吃苦的精神。如果说“先天下之忧而忧，后天下之

乐而乐”反映的是古代少数仁人志士的高尚情操的话，那么今天提倡的“吃苦在前，享受在后”则反映了共产党人的崇高境界。中国共产党自诞生以来就强调乐于奉献、甘愿吃苦。纵观我党历史，从革命战争年代到新中国成立，从改革开放到新世纪新阶段，我们党取得的每一个成就、每一次胜利，都离不开艰苦奋斗的精神。不论社会如何发展，条件如何改善，对党员来说，吃苦在前、享受在后，这个光荣传统必须永葆不变。如今，随着生活水平的提高，有的党员却淡忘了吃苦精神，不愿吃苦、不想吃苦、不敢吃苦，他们思安逸、图享乐、求快活，有的甚至与民争利、与老百姓比享受。这显然与党的宗旨不符，与党章的要求相悖。“苦”与“乐”是相对的。就人的本性而言，一般都愿意享乐，而不愿意吃苦。但作为一个共产党员，在选择“苦”与“乐”的问题上，不仅是中华美德的文明体现，更多的是反映共产党人的精神境界和情怀。

（二）是标准也是要求

“享受让给人家，担子拣重的挑，吃苦在别人前头，享受在别人后头。这样的同志就是好同志。”早在革命战争时期，毛泽东同志就曾这样教导广大党员。“吃苦在前，享受在后”既是一名合格共产党员的标准，也是党和群众对我们的基本要求，要求每一位党员，在社会生活的各个方面，把麻烦留给自己，把方便让给别人；把损失留给自己，把好处让给别人；把困难留给自己，把利益让给别人。换句话说就是，把苦留给自己，把乐让给他人。有人问杨善洲：放着好日子不过，何必自讨苦吃？他回答：“入党时我们都向党宣过誓，干革命要干到脚直眼闭，现在任务还没有完成，我怎么能歇下来？共产党人就是要自讨苦吃！”一个无私奉献的人让我们尊敬感动，焦裕禄、孔繁森、任长霞等党的好干部的先进事迹让我们热泪盈眶。如果他们是普通群众，他们是拥有美德的道德模范。而他们是党员、党的干部，他们就是履行了党的义务、贯彻了党的章程的好党员。新修订的《中国共产党廉洁自律准则》将“坚持吃苦在前，享受在后，甘于奉献”

纳入党员廉洁自律规范，就是进一步要求全体党员继承发扬党的优良传统和作风，不同别人计较享受的优劣，而同别人比较无私付出的多少和艰苦奋斗的精神。“共产党员是用特殊材料制成的”。新形势下，共产党员要比群众能多吃一些苦，先于和乐于承受一般群众承受不了的艰苦工作、艰苦环境和艰苦待遇。须知，只有苦群众所苦，才能乐群众所乐。

（三）是理论也是行动

坚持“吃苦在前、享受在后”，不能仅停留在口号上，更要落实在具体行动中。要努力践行共产党员先进性要求，在全社会和全党发挥表率作用，身体力行共产主义道德，全心全意为人民服务，而不能降格以求，以所谓“共产党员也是人”为借口来迁就自己，搞物质享受。以“自己为党的事业奋斗了大半辈子，也吃了大半辈子的苦”，已经“吃苦在前”了，现在应该“享受在后”。有这样想法的党员明显是没有理解到享受在后的“后”是什么意思。“享受在后”不是享受在自己人生的后半段，而是享受在天下人之后，享受在广大人民群众的后面。共产党员和领导干部必须身体力行、率先垂范，把“坚持吃苦在前，享乐在后，甘于奉献”作为行为准则，自觉抵制腐败，吃苦在前、享受在后、多作贡献，让利于民，为人民群众作表率。如果口是心非，阳奉阴违，口言善而身行恶，那么就会脱离群众，严重损害共产党人的形象，损害党的威信。古今中外大量事实说明，对于一个人来说，生活腐化必然与思想蜕变政治堕落形成恶性循环；对于一个政党来说，作风腐败必然亡党亡国。

三、“能否勤奋工作、廉洁奉公”是职业道德

历史证明：勤政廉政盛行之日，则国家昌盛；贪污腐败猖獗之时，则国势衰弱。历来清官颂扬；污吏遭人唾骂。在努力全面建成小

康社会的今天，能否勤奋工作、廉洁奉公对我们每名共产党员提出了更高要求。

勤勉干事，争创一流。邓小平同志曾经说过，世界上的事情都是人干出来的，不干，半点马克思主义也没有。共产党员发挥先锋模范作用，不是空洞的口号，而是实在的行动要求。各行各业、各条战线的共产党员都在各自的岗位上出色地完成任务，作出显著成绩，就会成为一种巨大的带动和鼓舞力量，影响和激励广大群众。领导干部的事业观往往决定着一个地方，一个单位的发展，决定着党的事业和群众的切实利益。领导干部树立正确的事业观，就能准确把握广大人民群众的需求和愿望，坚持问政于民、问需于民、问计于民，实现好、维护好、发展好最广大人民的根本利益。在工作中，要勤勉干事，把勤奋的精神、实干的劲头、开拓的勇气、自省的作风、有为的追求贯穿和体现在日常的工作中，工作中要高标准、严要求，处处争一流，不断取得新成绩，让群众满意，让人民高兴。要具有高度的大局意识、责任意识、忧患意识和使命意识，勤勉干事谋发展，把谋事干事作为自己义不容辞的责任，要让勤勉干事成为主流，把树立正确的事业观念当作一种追求，确立一种敢干事、敢成事的良好氛围。

激浊扬清，廉洁奉公。每一个党员干部，无论无职务大小和岗位高低，都是为人民服务。官有多大为大？钱有多少为多？知足常乐就行。作为一名党员干部，必须讲党性、明是非，树立正确的利益观。权力是人民赋予的，岗位是组织任命的。党员干部一定要牢记“两个务必”，珍惜人民赋予的权力，珍惜组织的信任，珍惜干事创业的平台，正确对待和行使手中的权力，守住骨气、弘扬正气，严于律己、廉洁奉公。必须树立正确的世界观、人生观和价值观，任劳任怨、真抓实干，多想事业、少想名利，乐于吃苦、甘于奉献，以实际行动展现新时代党员干部的高尚情操。必须发扬艰苦奋斗作风，树立过紧日子观念，坚决反对铺张浪费、大手大脚，自觉抵制享乐主义和奢靡之风。必须时刻绷紧拒腐防变这根弦，坚持立身不忘做人之本，为政不移公仆之心，用权不谋一己之利，始终保持共产党人清正廉洁的政治本色。

秉公用权，永当“公仆”。有的领导干部官贵民贱的封建思想没有从思想深处得到根除，认为自己为党和人民工作多年，好不容易走到领导干部位置，也是苦出来的、干出来的，现在特殊一点、多享受一点是合理的，“千里来做官，为了吃和穿，当官不发财，抬我也不来”，有意无意地把自己摆在人民群众之上。必须看到，共产党员只有与人民群众一道艰苦奋斗的义务，没有任何谋求特殊享受和特权的权力，与人民同甘共苦是共产党人的高尚情操，也是我们党深得人民群众依赖的重要条件。领导干部是人民的公仆，一切权力是人民赋予的，一切工作是为了人民群众，要做好一切工作那必须依靠人民群众。必须树立正确的世界观、人生观，那就是一切从无产阶级和人民群众利益出发，大公无私，立党为公，全心全意为人民服务，把实现社会主义、共产主义视为最高理想，以毕生精力为之奋斗。

四、“能否为理想而奋不顾身去拼搏、去奋斗、去献出自己的全部精力乃至生命”是不懈追求

“空谈误国，实干兴邦”，美好理想不会从天而降，必须脚踏实地、一步一个脚印去实践。共产党员有了坚定的理想，就要努力为实现理想而拼搏奋斗，无论遇到什么困难，面对什么样的情况，都要保持清醒头脑，不放弃、不动摇。

（一）要树立远大的理想

“志之所趋，无远弗届，穷山距海，不能限也。志之所向，锐兵精甲，不能御也。”理想是一簇火种，能点燃拼搏进取的火焰；理想是一盏明灯，能照亮人生奋斗的历程。理想是我们共产党人的强大精神动力，是广大党员干部的精神基础，共产主义理想在中国现阶段的

表现形式，就是中国人民的共同理想，即党领导广大人民建设中国特色社会主义，为实现国家的社会主义现代化和中华民族的伟大复兴而奋斗。我们决不能因为伟大目标的遥远而否定目标的正确，也不能因为追求的目标在短期内无法实现就放弃追求。因此，共产党员既要胸怀共产主义的崇高理想，更要坚定对中国特色社会主义的自信。理想信念的动摇就是基础动摇，基础不牢、地动山摇。党员干部腐败的原因就是因为理想信念发生了动摇，背弃了共产主义理想信念，政治上同党偏离，经济上贪得无厌，生活上腐化堕落，对这些腐官的惩处，告诫我们理想信念的重要性，如果这个基础不牢固就会偏移党的坐标，就会不断滋生腐败分子，就会走向犯罪的深渊。革命理想高于天。一切迷惘迟疑的观点，一切及时行乐的思想，一切贪图私利的行为，一切无所作为的作风，都是与此格格不入的。这些“错视症”“短视症”值得广大党员干部深刻反思。

（二）要坚定社会主义道路自信

道路问题是关系党的事业兴衰成败第一位的问题，道路就是党的生命。中国特色社会主义，是科学社会主义理论逻辑和中国社会发展历史逻辑的辩证统一，是根植于中国大地、反映中国人民意愿、适应中国和时代发展进步要求的科学社会主义，是全面建成小康社会、加快推进社会主义现代化、实现中华民族伟大复兴的必由之路。中国特色社会主义道路是中国人民在长期实践中，历经风雨、艰难探索开辟出来的现代化道路，必须倍加珍惜。实践证明，在经济文化落后的中国要实现国家现代化，除了走社会主义道路没有别的选择。中国特色社会主义道路经受了历史和实践的检验，得到了全党全国人民的衷心拥护，也受到越来越多的国际关注和赞誉。只有倍加珍惜、毫不动摇地坚持这条道路，才能把我国建设成为富强民主文明和谐的社会主义现代化国家，实现中华民族伟大复兴的百年梦想。每一个共产党员都要坚定对中国特色社会主义的道路自信、理论自信、制度自信及对中国共产党的自信。自信就是凝聚力，自信就是精气神。有了自信才有自觉，有了自信才有自强，才能为中国特色社会主义共同理想而奋斗，才能实现伟大的中国梦。

（三）要为理想努力奋斗终身

真正有理想的表现是知行统一。远大理想植根于现实的土壤之中，一个人的远大理想只有和踏实奋斗结合起来才更有力量。我们党是最高理想与共同理想的统一论者。没有远大理想，不是合格的共产党员；离开现实工作而空谈远大理想，也不是合格的共产党员。要深刻认识到坚定的理想信念对共产党人的极端重要性，自觉把个人成长进步与党的事业发展紧密联系在一起；要深刻认识到踏实工作对于实现理想信念的直接现实性，萧伯纳讲，“脚跟立定之后，你必须拿你的力量和技能，自己奋斗。”不经过一番“寒彻骨”的奋斗，一切理想都将成为空谈；要深刻认识到克服困难坚持不懈对于实现理想信念的极端重要性，要奋斗就会有牺牲，努力奋斗的道路不会一帆风顺，在实现理想的道路上，会有许多“绊脚石”“拦路虎”，要有逢山开路、遇河架桥的精神，愈挫愈勇，遇难弥坚，锐意进取，大胆探索，敢于和善于分析回答现实生活中和群众思想上迫切需要解决的问题，不断深化改革开放，不断有所发现、有所创造、有所前进，不断推进理论创新、实践创新、制度创新。因此，要实现理想，必定要有坚毅的信心，奋不顾身去拼搏、去奋斗、去献出自己的全部精力乃至生命。

【专家观点】…………………………………………

吕竹：做“四讲四有”的合格党员

做合格党员就是要讲政治、有信念，当务之急就是要解决理想信念模糊动摇的问题，这是最可怕的敌人。在现实中，有的党员在思想上有懈怠松动，理想信念模糊，缺乏共产主义信仰，精神空虚，不信马列信鬼神；有的党员干部不学习党章，不理解党章，导致行为没有准则，衡量没有标准，做事没有依据，不能明辨是非，立场不坚定，成了“墙头草”。俗话说，“党员不抓，一盘散沙；党员不优，组织堪忧。”要做一名合格党员就要坚定政治立场，坚守理想信念。

做合格党员就是要讲规矩、有纪律，无规矩无以成方圆，一些党员干部漠视群众利益，吃拿卡要，与民争利，甚至身居官位尸位素餐，为官不为，严重影响党员形象。这就是没有规矩，不守纪律的表现，广大党员要认真学习党规党纪，要把党章党规作为规范自己行为的具体遵循，要学原文、悟原理。时刻绷紧政治规矩和政治纪律这根弦，要真正做到把从严治党的要求内化于心、外化于行。

做合格党员就是要讲道德、有品行，广大党员要认真学习不仅要学习党章党规、《中国共产党纪律处分条例》和《中国共产党廉洁自律准则》，还要做中华民族优秀道德品行的传承人。要牢记党的优良传统和作风，树立崇高道德追求，养成纪律自觉，守住为人、做事的基准和底线。要时刻用正反典型来教育警示自己，择其善者而从之，真正自己的思想、行动符合一名合格党员的标准。

做合格党员就是要讲奉献、有作为。中国共产党是中国工人阶级的先锋队，同时是中国人民和中华民族的先锋队，作为一名党员干部就要有“衣带渐宽终不悔，为伊消得人憔悴”情怀，要有“横眉冷对千夫指，俯首甘为孺子牛”精神，要有“春蚕到死丝方尽，蜡炬成灰泪始干”的品质。在党的历史上涌现出了一批又一批讲奉献、有作为的好干部、好模范，他们就是我们学习的榜样，我们前行的路标，我们实现伟大中国梦的不竭动力。

（摘编自中国法治网2016年3月1日，作者：吕竹）

陈廷平：做具有严实精神的合格党员

《习近平谈治国理政》涉及治党、治国、治军方方面面，围绕经济社会文化生态、国防内政外交等提出了一系列新思想、新观点、新论断，每一篇、每一章都给人以启发。

（一）党性原则：一名合格党员的第一准则

什么是党性？习近平总书记指出，党性是党员干部立身、立业、立言、立德的基石。我们共产党人特别是领导干部都应该心胸开阔、志存高远，始终心系党、心系人民、心系国家，自觉坚持党性原则。

怎么坚持党性原则？习近平总书记强调，一要强化党的意识，牢记自己的第一身份是共产党员，第一职责是为党工作，做到忠诚于组织，任何时候都与党同心同德。二要强化组织意识，时刻想到自己是党的人，是组织的一员，时刻不忘自己应尽的义务和责任，相信组织、依靠组织、服从组织，自觉接受组织安排和纪律约束，自觉维护党的团结统一。三要在严格的党内生活锻炼中不断增强党性。增强党内生活的政治性、原则性，使各种方式的党内生活都有实质性内容，都能有针对性地解决问题，坚决反对党内生活中的自由主义、好人主义。党内生活要交心，党内同志要做诤友、挚友。

（二）理想信念：一名合格党员的灵魂支柱

坚定理想信念，坚守共产党人精神追求，始终是共产党人安身立命的根本。对马克思主义的信仰，对社会主义和共产主义的信念，是共产党人的政治灵魂，是共产党人经受住任何考验的精神支柱。理想信念就是共产党人精神上的“钙”，没有理想信念，理想信念不坚定，精神上就会“缺钙”，就会得“软骨病”。

（三）作风修养：一名合格党员的外在体现

作风问题根本上是党性问题。要把深入改进作风与加强党性修养结合起来，自觉讲诚信、懂规矩、守纪律，襟怀坦白、言行一致，心存敬畏、手握戒尺，对党忠诚老实，对群众忠诚老实，做到台上台下一种表现，任何时候、任何情况下都不越界、不越轨。全党同志特别是领导干部一定要讲修养、讲道德、讲廉耻，追求积极向上的生活情趣，养成共产党人的高风亮节。

（四）纪律规矩：一名合格党员的基本底线

政治纪律放在首位。党组织要严格把关，把政治标准放在首位，确保政治合格。要严格党员日常教育和管理，使广大党员平常时候看得出来、关键时刻站得出来、危急关头豁得出来，充分发挥先锋模范作用。任何一名党员，不论职务高低、资历深浅、成就大小，都必须自觉遵守党内政治生活准则，各级党员领导干部要率先垂范。

（摘编自中直党建网 2015 年 11 月 24 日，作者：陈廷平）

胡军：《中国共产党纪律处分条例》匡定从严治党新边界

中共中央印发的《中国共产党纪律处分条例》，坚持党纪与法律进行区分对待的原则，删除了原条例中 70 余条与法律法规重复的规定，将原规定的 10 类违纪行为整合修订为 6 类，使党员监督更加严格，纪律边界更加清晰，表明党要管党更加注重把党纪挺在法律前面、把党规刻印在全体党员心之上。

党员不是特殊公民，自身言行当然要合乎法律，但是党员的身份决定了其比普通公民有更严的要求。加强对党员队伍管理，既要有国法惩治、也要有党规监督，既要有道德高线、也要有纪律底线。尤其是党员干部，虽然没有特殊权力，但岗位职责必然有特别的纪律和规矩来约束，即使没有违法，但只要违纪同样要受到处分，这是从严治党新常态下对党员提出的更高要求。

从另一个层面来看，一些地方党风廉政建设和“四风”问题之所以比较突出，一些党员干部之所以错误越犯越大，一个很重要的原因是平时纪律约束不严，监督管理滞后，该抓的没抓早，该管的没有管细，只注重事后办案，而忽视了事前监督，最终导致一些党员干部从量变到质变，小错酿成大错，违纪沦为违法，不仅毁了个人的前程，而且损害党的形象，影响一个地方经济社会的发展。

轻者重之端，小者大之源。从严治党不仅要高举法治的利剑来查办大案要案，更要强化执纪意识，把更多的精力放在纪律监督和规矩约束上。这次重新修订《中国共产党纪律处分条例》，一个很重要的目的就是要引导党员时时用党章要求自己、事事用纪律稳住自己、处处用规矩把握自己，从小处做起，从点滴抓起，坚守底线，筑牢防线，不踩红线。通过加强对党员在政治纪律、组织纪律、廉洁纪律、群众纪律、工作纪律、生活纪律等方面的全方位监督，使党员无论何时、无论何地，始终处于党纪监督之下，自觉做到心有所畏、行有所止。

严是爱，松是害。对党员的严管就是对党员的厚爱，也是对组织的负责。这次印发的《中国共产党纪律处分条例》，细化了对于党员8小时内外的“负面清单”，进一步明确了监督执纪的具体要求与标准。对党员身上存在违规违纪的问题，注重抓早、抓小、抓苗头，坚持早发现、早提醒、早纠正，动辄则咎，防微杜渐，切实做到防范于未然、治病于未发之前，让一些党员干部悬崖勒马、迷途即返，防止小错酿成大祸，避免违纪的党员干部滑向腐败深渊，不让“好同志”变为“阶下囚”。

纪法分开，关键是纪在法前；纪法各表，核心在纪严于法。贯彻执行《中国共产党纪律处分条例》，就要坚持关口前移，堤防前置，真正把纪律和规矩挺起来、立起来，把执纪监督实起来、严起来，筑起防火墙，涂上防腐剂，把管党治党的要求落细落小，让党员干部有“严”在先、无“毁”于后，从源头上最大限度遏制腐败的增量、最大范围减少腐败的存量。

（摘编自人民网－中国共产党新闻网2015年10月22日，作者：胡军）

【视野拓展】

宿彦：学习领会习近平同志的干部观

以什么样的标准用人、树立什么样的导向。这是干部工作的首要和根本问题，习近平同志在全国组织工作会议上鲜明地指出，好干部的标准，大的方面说，就是德才兼备。同时，好干部的标准又是具体的历史的。不同历史时期，对干部德才的具体要求有所不同。新时期好干部标准是什么？他概括为：信念坚定、为民服务、勤政务实、敢于担当、清正廉洁，并突出强调了理想信念和敢于担当的时代要求。他指出，理想信念坚定，是好干部第一位的标准，是不是好干部首先要看这一条。要通过“六个是否”来检验干部的理想信念；坚持原则、敢于担当是党的干部必须具备的基本素质，担当大小，体现着干部的胸怀、勇气、格调，担当就是责任，好干部必须有责任重于泰山的意识，坚持党的原则第一、党的事业第一、人民利益第一，敢于旗帜鲜明，敢于较真碰硬，对工作任劳任怨、尽心竭力、善始善终、善作善成。

把好干部标准坚持好、落实好，关键是要树立正确的用人导向。他突出强调，要树立真抓实干的导向、良好作风的导向、注重基层的导向，建立激励干部求真务实的有效机制，把作风要求贯穿干部培养教育、选拔任用、考核评价、管理监督全过程，形成干部到基层锻炼、在基层成长、从基层选拔的良好氛围。

培养选拔年轻干部，是关系党的事业长远发展的根本大计。习近平同志高度重视，要求作为一项重大战略任务来抓。他强调，培养选拔年轻干部，政治关心是第一位的，坚定理想是第一位的要求，是否一心一意拥护共产党，信仰马克思主义，坚定走中国特色社会主义道路，不走邪路，不走回头路，是最重要的。他指出，年轻干部从参加工作到走向成熟，需要必要的台阶、递进式的历练和培养，多“墩墩苗”，才能走得更稳更远。要改进年轻干部选拔工作，进一步拓宽来源、优化结构、改进方式、提高质量。要改进后备干部工作，坚持组织掌握、动态管理、有进有出、适时起用，保持一池活水。要与用好各年龄段干部统筹考虑，不能为了达到领导班子年龄结构要求而降低选人用人标准，不能简单以年龄划线，不能搞任职年龄层层递减和“一刀切”。

以什么样的办法选人、坚持什么样的原则。习近平同志指出，用人得当，首先要知人。必须健全考察机制和办法，多渠道多层次多侧面深入了解。他要求近距离接触干部，通过“四个观察”看干部的见识见解、品质情怀、境界格局和能力水平。多到基层干部群众中、多在乡语口碑中了解干部。他强调，考察识别干部功夫要下在平时，并注意重大关头、关键时刻。既在“大事”上看德，又在“小节”中察德。坚持全面历史辩证地看干部，注重一贯表现和全部工作。

考核评价是选人用人的重要基础，也是促进科学发展的“指挥棒”。习近平同志多次强调，要改进实绩考核，把有质量、有效益、可持续的经济发展和民生改善、社会进步、文化建设、生态效益、党的建设等作为重要考核内容，不能简单以国内生产总值及增长率论英雄。对那些违背科学发展、造成严重后果的“三拍”干部，要实行终身责任追究。要引导干部多做打基础、利长远的事，发扬钉钉子精神，一张好的蓝图干到底。他特别强调，要落实从严治党责任，把抓好党建作为最大的政绩。

选好人用好人，必须深化干部人事制度。对此，习近平同志要求：一是要改进民主推荐、民主测评，正确分析和看待票数，防止简单以票取人；二是要改进竞争性选拔方式，合理界定范围和规模，引导干部在实干、实绩上竞争，切实解决唯分取人问题；三是要科学合理使用干部，区分能吏、循吏，做到以事择人、用当其时、用其所长。

党管干部原则是我国干部人事制度最鲜明的政治特色，是坚持党的领导和执政地位的根本保证与重要实现途径。习近平同志鲜明地指出，党组织要在干部选拔任用工作中起领导和把关作用，不能只起点票人、计分员的作用；要增加党委（党组）、分管领导和组织部门在干部选拔任用中的权重，强化党组织和干部部门在考察识别干部中的责任；要把加强党的领导和充分发扬民主结合起来。这些要求，抓住关键、鞭辟入里，为我们廓清了思想迷雾、指明了方向。

（摘编自中国共产党新闻网2015年2月2日，作者：宿彦）

第十七章

做合格党员是党的建设的重大课题

2012 年 3 月 1 日，习近平同志在中央党校春季学期开学典礼上的讲话指出："现在有的人入党、当干部，不是因为信仰马克思主义，不是要矢志为中国特色社会主义、共产主义事业奋斗终身，而是认为入党、当干部能给自己带来好处，把入党当干部作为个人或家庭、亲属获取利益的政治资本。"可以说，"做讲政治、有信念，讲规矩、有纪律，讲道德、有品行，讲奉献、有作为的合格党员"是每个党员始终面临的重大课题，坚持党员标准，保持党员队伍的纯洁性先进性，是党始终走在时代前列的重要条件，同时，坚持党员标准，也是中国共产党有别于其他政党的一个重要标志。开展"两学一做"学习教育，全体党员要坚定自觉地在思想上政治上行动上同以习近平同志为总书记的党中央保持高度一致，经常主动向党中央看齐，向党的理论和路线方针政策看齐，做政治上的明白人。

【问题点击】

下属替领导“分忧”，谁来“为党分忧”

据媒体报道，有的地方领导安排公款送节礼，为逃避责任，与办公室主任、司机串供，使纪委“久攻不下”。更有甚者，在县领导因购买和乘坐超标车被纪委调查时，办公室主任主动站出来揽责，替县领导“分忧”。

俗话说：“一人做事一人当，哪有嫂嫂替姑娘”，可就在反腐败和反“四风”中，竟然出现了下属主动替领导“分忧”的咄咄怪象。

下属替领导“分忧”，是一些人应对反腐败和反“四风”的策略。他们“丢车保帅”，只图“留得青山在”。他们或是在事前安排，订立攻守同盟；或是下属有愚忠思想，愿做领导“替罪羊”。如此种种行径，干扰着反腐败斗争的深入，干扰着反对“四风”的落实，反映出在反腐败斗争中的新动向。

在一些单位“山头”和“团伙”的现象比较严重。他们或因长期工作而形成的关系，或因有着不可分割的利益链，虽无“八拜之交”，却能彼此“抱团”。有利共享，有过同摊，团伙的危害性也就更加显现。

我们的党员干部是为人民服务的。党员干部的职责，应该是为党分忧，为国分忧，为民谋利。作为领导干部，应该忠实执行党的方针政策，遵守党的纪律和规矩，在廉洁从政、拒腐防变上做出表率。而作为下属，在工作中应该跟党而不是跟人，更不是跟领导，去做领导的“应声虫”和“替罪羊”。是“替领导分忧”还是“为党分忧”，这是检验党员干部党性的试金石，也是检验践行“三严三实”的测量仪。

党员干部应该坚持党的信仰，坚持党性要求，坚定地站在党的立场上。对于犯错的领导，要能勇于揭露其问题，协助党挖枯树、治病树，扶歪树，让我们的党永远是“病树前头万木春”。而一意孤行“替领导分忧”的，只能给予他纪律和规矩的问责和处分，不仅要揪出“幕后黑手”，更要救出“替罪羊”。

（摘编自人民网－中国共产党新闻网2015年8月10日，作者：顾仁）

【深度阐释】……………………………………………………………

一、以党章为遵循，严守党性修养准则

党的十八大召开后不久，习近平总书记就在《人民日报》发表署名文章——《认真学习党章　严格遵守党章》，指出“没有规矩，不成方圆。党章就是党的根本大法，是全党必须遵循的总规矩。”认真学习党章、严格遵守党章，是加强党的建设的一项基础性经常性工作，也是每名党员的应尽义务和庄严责任。开展“两学一做”学习教育，就是要进一步解决党员队伍在思想、组织、作风、纪律等方面存在的问题，保持发展党的先进性和纯洁性。

（一）认真学习党章

党章是我们党最根本的党规党法，是规范全党行为的总章程，是把握党的正确政治方向的根本原则，是党员加强党性修养的根本标准。作为执政党的党员，必须强化党章学习意识。要强化政治意识、责任意识、使命意识和忧患意识，紧密联系思想、工作、生活等实际，不断增强学习党章的自觉性和坚定性。必须全面掌握党章内容，把党章学习教育作为经常性工作来抓，通过日常学习、专题培训等形式，加强学习。通过学习教育，做到对党章内化于心、外化于形。必须认真研读党章深意。把握党章的价值所在、精髓所在，追根溯源，

寻求各个章节之间的内在联系，领会党章所传递的各项精神，懂得党章中阐述的各项党的基本政策方针，深刻理解党章的新变化，分析其修改、补充的理由及修改的意义，从而更好地指导自身加强党性修养、恪尽党员义务、履行党员职责。必须把学习党章与学习习近平总书记系列重要讲话精神相结合。要把学习贯彻习近平总书记的系列重要讲话精神与党章的重要观点、重要思想、重要论述紧密结合起来，进一步深化对毛泽东思想、邓小平理论、“三个代表”重要思想、科学发展观的认识，进一步深入理解中国梦的科学内涵，进而提高我们的政治理论、政治素养、政治定力，坚定我们的政治自信、政治勇气、政治追求。

（二）严格贯彻党章

要牢固树立党章意识，真正把党章作为加强党性修养的根本标准，作为指导党的工作、党内活动、党的建设的根本依据，把党章各项规定落实到行动上、落实到各项事业中。要联系思想实际贯彻党章，经常打扫思想上的“灰尘”。当前，我们少数党员干部的思想沾染了一些“灰尘”，从理想信念淡漠发展到政治上蜕化变质、经济上贪婪受贿、生活上腐化堕落的，教训极其深刻。联系思想实际贯彻党章，就必须对照党章这面镜子，经常地照照自己的思想，打扫打扫思想上的“灰尘”，自觉地加强党性修养，不断增强党员意识，时刻不忘记自己的党员“身份”，做到不论从事何种职业，不论担任何种职务，不论是在何时何处，都要牢记“我是党的人”；要联系工作实际贯彻党章，处处彰显岗位模范作用。要立足各自工作岗位，充分彰显岗位模范作用。要全面树立岗位文明，全面提高岗位能力，全面增大岗位贡献。积极投身于岗位实践，切实履行好岗位职责。要联系生活实际贯彻党章，永葆共产党人的政治本色。共产党员的形象，是共产党员理想、信念和世界观的外在表现，是共产党员内在素质和思想境界在人民群众心目中的印记和分量。人们评判共产党员是否保持先进性，往往是通过其言行所表现出的直观形象来认识的。“要自觉遵守党的纪律，维护党的团结和统一，对党忠诚老实，言行一致，发扬社会主义新风尚，提倡共产主义道德，坚决同消极腐败现象作斗争”。以高尚的人生追求激励鞭策自己、影响带动他人，以健康文明的生活方式、公而忘私的高尚品格、奋勇拼搏的进取精神、恪尽职守的务实态度、争创一流的工作业绩，树立共产党员的良好形象，擦亮共产党员这一光辉“品牌”，永葆共产党人的政治本色。

（三）严格执行党纪

党章是党的总章程，是全党必须共同遵守的根本行为规范。严格执行党规党纪是党员责任与义务，也是每个党员都必须坚守的底线，是高悬在头顶的不可逾越的高压线，这是保持党的纯洁性和先进性不可或缺的。要深刻认识党纪党规的重要性。党纪党规是党的事业取得胜利的保证，是党的组织和全体党员必须共同遵守的行为规范。认真学习和理解党纪党规，严格执行党纪党规是保持党的先进性和纯洁性的需要，是提高党员干部执政能力，牢固树立拒腐防变思想道德防线的需要，也是人民群众对共产党员的根本要求。要对照党章找差距。要认真学习好《党章》《中国共产党廉洁自律准则》以及《中国共产党纪律处分条例》，把自身摆进去，真正走入到群众中去，倾听他们的意见建议，对照检查切实整改，自觉主动接受监督。要带头执行党纪党规。俗话说“村看村，户看户，群众看党员，党员看干部”，体现了党员干部在执行党纪党规上做好表率的重要性。要以优良党风促政风带民风，每名党员都要深刻意识到自己的一言一行，一举一动，不仅代表自己，更代表我们党这个肌体，群众看待党和政府，对党和政府最直观的评价就是看党员作风如何。每位党员都要充分认识遵守党的纪律的极端重要性，做到时时刻刻，事事处处自觉遵守党的纪律，严格约束和规范自己的言行。

二、以群众为评判，践行党的群众路线

（一）做合格共产党员，必须牢固树立群众观点

人民群众是党的力量源泉和执政基石，群众路线是党的生命线和根本工作路线。“一切依靠群众”，充分体现了相信群众、依靠群众、尊重群众首创精神，体现了人民群众是历史创造者的基本原理。要充分尊重群众，做到倾情关爱、倾心帮助。就是要心中装着群众，视人民群众为衣食父母，始终牢固树立群众观点，心系群众，和群众有共同的利益追求，有共同的价值取向，有共同的奋斗目标，努力实现群众利益的最大化。要真心贴近群众，做到倾注感情、满怀热情。对于一个以“为人民服务”为己任的执政党来说，疏远群众，就是自断根脉，脱离群众，等于自掘坟墓。要注意克服把“公仆”变成“主人”“为人民服务”变成“让自己服务”“鱼水”关系变成“油水”关系的倾向。把群众当亲人，才能真心贴近群众，把群众当“主人”，才能真心服务群众，把群众当老师，才能真诚学习群众，才能保持与人民群众的血肉联系。要倾情关心群众，做到体察民情、倾情奉献。进一步深化四群教育活动，实行干部直接联系群众制度，多办雪中送炭之事，少做锦上添花之举。优先考虑群众利益，优先安排民生项目，优先解决民生问题，使群众获得看得见、摸得着的实惠。

（二）做合格共产党员，必须时刻践行群众路线

“为政之要在于安民，安民之要在于察其疾苦”，要从人民群众最关心、最迫切、最现实的利益问题入手，始终坚持以实现好、维护好、发展好最广大人民的根本利益；还要充分依靠和发挥广大人民群众的积极性、主动性、创造性，相信群众是真正的英雄。要践行立党宗旨，一切为了群众。坚决纠正脱离群众、漠视群众、高高在上的“冷漠病”，服务意识不强、服务群众不到位的“懒散病”，滥用公

权、以权谋私、侵害群众利益的“特权病”，变消极为积极，变被动为主动，变坐等服务为上门服务，解决好联系服务群众最后一公里问题。要汇聚力量之源，一切依靠群众。党的十八届三中全会明确提出，“坚持以人为本，尊重人民主体地位，发挥群众首创精神，紧紧依靠人民推动改革。”群之所为事无不成，众之所举业无不胜，群众中蕴藏着巨大的能量。要谋划施政之策，从群众中来。要从实际出发，尊重群众意愿，倾听群众心声，善于问计于民、问需于民、问政于民、使决策的每个环节都符合群众利益。只有决策真正集中体现了群众的正确意见和智慧，代表了广大群众的利益和要求，才能够得到广大群众的支持和拥护。夯实执政之基，到群众中去。“到群众中去”，是贯彻群众路线最重要的途径，失天下者失其民，失其民者失其心。要按照习近平总书记要求的，“对人民有感情，真正同人民群众干在一起、苦在一起、累在一起，苦群众之艰辛，甘群众之收获”，让干部融入群众，解决与群众的“距离感”问题；把真情送到群众，解决与群众的“人情味”问题；把承诺兑现给群众，解决群众“信任度”问题。答应群众的事，要件件有回音、事事得落实，作出的承诺，要按照责任制、线路图、时间表的要求，逐一兑现，不让群众的合理诉求落空、热切期盼延期。切实把群众的意愿反映好，把群众的合理诉求满足好、把群众的合法权益维护好、把对群众的承诺兑现好，取得广大群众满意的实效。

（三）做合格共产党员，必须严格确立群众标准

我们党的基础在人民，血脉在人民，力量源泉在人民。每名党员干部做得怎样，群众拥有最公正的标尺和最有力的评判。一名党员是否合格，自己说了不算，广大群众答应才算。有了这样的评判标准，就会始终做到权为民所用、情为民所系、利为民所谋，视群众呼声为第一信号、视群众需要为第一选择、视群众利益为第一责任、视群众满意为第一标准，就会始终坚持把群众拥护不拥护、赞成不赞成、高兴不高兴、答应不答应作为我们各项工作的根本出发点和落脚点。就会牢固树立“群众利益无小事”思想，带着责任、带着感情、带着办法，实实在在地融入到群众当中。对群众反映的问题，抓紧解决不拖延。对群众要求处理但由于客观条件限制一时解决不了的问题，耐心细致地做好说服解释工作，不推诿，不扯皮，不上交矛盾。对群众反映的不合理或政策不明确的问题，宣传政策，讲清道理，解释疏导，切实维护群众利益。关心群众疾苦，和群众零距离接触，心与心沟通，及时了解群众的所想所需所愿，把替群众办事、帮群众办事作为自己的分内职责，把群众的事当做自己的事来办，多做顺民意、解民忧、惠民生的事，多推出便民、利民、惠民措施，不断满足人民群众的新期待、新要求。没有对人民群众真挚的爱，就不会产生对人民群众深厚的情。只有时刻把群众的冷暖放在第一位，真实了解群众愿望、把握群众诉求，努力解民难、排民忧，想群众之所想，急群众之所急，把改善民生的工作做扎实，让老百姓满意，才是群众喜欢的“合格党员”。

三、以实绩为检验，争创一流工作业绩

党的先进性是具体的，而不是抽象的；是历史的，而不是一劳永逸的。新世纪新阶段，我们党所处的国内外环境、所肩负的历史任务和党员队伍的现实状况对党的先进性提出了新的要求。争做一名合格共产党员，就是为了激励基层党组织和广大党员干事创业、开拓进取，为协调推进“四个全面”战略布局、贯彻落实五大发展理念提供坚强组织保证。全体党员要以实绩为检验，争创一流工作业绩。

（一）要增强实绩意识，努力争创一流业绩

增强争创一流业绩意识，是共产党员保持先进性的必备品质，是干事创业、全面建成小康社会的应有作风。进行伟大的创业，必须有伟大的创业精神，实绩意识，实质上是敢创一流的勇气，是永不懈怠

的精神，也是共产党人勇往直前优良传统的具体表现。实践证明，缺乏实绩意识，就不可能创造一流业绩，就不可能推动经济社会的快速发展。一名共产党员合不合格，就要看他的先锋模范作用在各个领域、各个方面的表现。表现在实际工作中，就是要增强改革创新意识，把发展作为第一要务，立足本职工作，兢兢业业，争先创优，创造一流业绩。具体到每个党员身上，就是要坚持埋头苦干，不事张扬，狠抓落实，形成重实际、说实话、干实事、求实效的良好风气，不争论、争时间，不评论、评政绩，不议论、议大事，干一行、爱一行，钻一行、精一行，努力在平凡的岗位上创造一流的业绩。真正做到每项工作都有部署、有检查、有落实、有成效，每项任务都不说则已、说了就干，不抓则已、抓就抓成，不干则已、干就干好，以实实在在的成效来体现一名共产党人应有的精神风貌。

（二）要创新实干方法，努力实创一流业绩

要强化职责使命意识。工作岗位是人生进取的支点，实现人生价值的基本舞台。党员干部要倍加珍惜岗位，爱岗敬业，恪尽职守，增强“守土有责”意识，努力管理好职责内每一件事务，服务好辖区每一位群众，在谋发展、促和谐、出思路、抓落实中，切实承担起一名合格共产党员的使命任务。要满怀工作激情。精神决定风貌，激情鼓舞斗志。工作激情的好坏，表现在工作作风上，是无所事事、得过且过，还是克难攻艰、勇争一流；是夸夸其谈、浮漂应付，还是脚踏实地、求真务实；是贪图享受、拈轻怕重，还是无私奉献、一往无前。作为一名新时期的共产党员，要以积极主动的态度对待工作，要有一种不怕困难、不怕挫折的勇气，勇于创新、敢为人先的锐气和不达目的誓不罢休的志气。要勇于担当。勇于创新，事业就会前进；怯于创新，发展就会停滞。只有一鼓作气，想别人不敢想的事，做别人做不了的事，才能使事业充满活力。开拓无边界，创新无止境。要雷厉风行，敢抓敢管，一抓到底。在工作中遇到困难和问题时不回避，不上交、不推诿，敢于负责，勇于担责，独当一面地开展工作。要争创一流业绩。检验党员合不合格，最终要看工作的成效。要把眼光放得远一点，标准定得高一点，要求提得严一点，多认识自身工作的不足，多比较与先进的距离，盯着排头干、朝着先进赶，砥砺奋进。

（三）要完善评判机制，努力促创一流业绩

争创一流业绩，不仅要有高度的工作责任感和强烈的历史使命感，充分发挥党员的主观能动性和创造性，更要有科学的工作机制、密切联系实际的行动和坚强的组织领导。要完善实绩考评机制。进一步完善责任目标体系，将责任目标进一步细化、量化；完善考评制度，建立更加公正、科学的政绩考评办法，切实做到定标评绩，追踪问效。要完善奖惩激励机制。加大奖惩力度，将奖惩与政绩紧密挂钩；科学制定奖惩标准，严格以政绩定奖惩，从奖惩中体现政绩。要完善干部管理机制。认真贯彻执行《党政领导干部选拔任用条例》《中国共产党党内监督条例》和《党政领导干部选拔任用工作监督检查办法》，坚持德才兼备、注重实绩、群众公认的原则，对政治上靠得住、工作上有本事、作风上过得硬、争先创优做出突出成绩的党员干部要给予重用。对作风涣散，工作不力，给工作造成严重影响的干部职工进行严肃查处。

【专家观点】

解放军报评论员：严格组织生活　不做特殊党员

严格的组织生活，是我们党的优良传统和政治优势，是对党员干部进行教育、开展批评、实施监督的重要载体和实践平台。不论战争年代还是和平时期，不论领导干部还是普通党员，都坚持按照《党章》统一过组织生活。浴血奋战、伤亡很大的连队，在阵地重新组建“火线党支部”；被捕入狱的共产党员，在敌人监狱里秘密成立“狱中党支部”。可以说，党组织就是坚强的战斗堡垒，组织生活就是强大的精神动力。

一名党员领导干部党性强不强、作风好不好，同是否经受过严格的组织生活锻炼密切相关。党组织以严的制度、严的要求、严的管理开展组织生活，领导干部态度虔诚、身心投入地过好组织生活，才能不断强化党员意识、党的意识和党性观念。如果炉子长期不生火，或者生了火却没有足够的温度，那是炼不出钢来的。事实证明，党的组织生活松，党员领导干部的作风就会散；党的组织生活软，党员领导干部的党性就会弱。现在，我们正在进行具有许多新的历史特点的伟大斗争，党和军队的事业面临许多新的考验和挑战。坚持从严治党、严格组织生活，比以往任何时候都更为重要和紧迫。

党的十八大以来，特别是党的群众路线教育实践活动开展以来，党的组织生活得到明显加强，但组织生活不经常、不认真、不严肃的问题依然存在。比如，有的党员领导干部没有认识到过组织生活的重要意义和作用，不能以普通党员身份参加组织生活；有的没有按照规定过好双重组织生活；有的开展批评不痛不痒；有的查摆问题避重就轻；等等。一些党员领导干部走上违法犯罪道路，也与组织生活不严格有很大关系，与游离于组织之外甚至凌驾于组织之上有很大关系。

严格组织生活，是党的一项带根本性长远性的建设，党员领导干部必须以身示范、以上率下。要把党性原则牢固立起来，强化责任意识和政治担当，坚持真理，坚持原则，敢于同形形色色违反党性原则的人和事作斗争。要提高组织生活质量，坚持常态落实以克服随意化，坚持思想交锋以克服平淡化，坚持问题导向以克服庸俗化，切实增强组织生活的政治性原则性战斗性。要抓早抓小，发现不良苗头善“拉袖子”早提醒，发现小毛病小问题能“唱黑脸”敢较真，决不能放任自流，导致小错酿成大错、违纪走向违法，要让每个党员时刻都在组织的管理教育中。

（摘编自人民网 2015 年 6 月 8 日，作者：解放军报评论员）

罗志军：做忠诚干净担当的共产党人

我们要清醒看到，作风问题具有反复性，一些党员干部要求不严、作风不实的问题比较突出。有的不以为然、警醒不够，存在侥幸心理；有的仍然没有弄清楚共产党人的本在哪里、根在哪里，该为群众办的事不办。在严守党的纪律和规矩方面，有的在大是大非和政治原则问题上当“绅士”不当“战士”；有的组织观念淡化，重大事项不请示，个人重要情况不报告，在工作安排和进退留转上计较个人得失，跟组织讨价还价。在干事创业方面，有的地方、单位和个别干部面对经济下行压力，缺乏主动作为进取精神；有的搞“为官不为”，调查研究“蜻蜓点水”，推进工作浮于表面，对已经部署的改革事项行动迟缓、推进不力，满足于安安稳稳守摊子、平平安安混日子。

上述这些问题，都与修身用权律己不严、谋事创业做人不实有关。如果任其发展下去，党心民心就会涣散。

要突出“六查六看六整治”，把问题找准、根源找准，切实加以整改和纠正；要认真落实20字“好干部”标准和从严管理干部“五个要”要求，处理好为官用权公与私、义与利、对上负责与对下负责“三个关系”，保持清正操守和敬畏之心，依法不出格、廉洁不越轨；要坚持以知促行、知行合一，任何时候任何情况下都在思想上、政治上、行动上与党中央保持高度一致；要做到心中有党不忘恩、心中有民不忘本、心中有责不懈怠、心中有戒不妄为，争做忠诚、干净、担当的共产党人。

当年斯诺访问延安，目睹我们党的领袖自律自守、勤廉奉公的行为，十分叹服，称之为“兴国之光”。当前江苏最重要最紧迫的任务，就是把习近平总书记提出的“努力建设经济强、百姓富、环境美、社会文明程度高的新江苏”美好蓝图变为现实。要牢固树立问题意识、坚持问题导向，在解决问题中把“三严三实”要求践行好、落实好；

要进一步明要求、严纪律、强约束，把“三严三实”落实到管党治党的全过程，使之真正成为党员干部的思想自觉和行为习惯；要从实际出发、以上率下、敢于担当，确保创造出经得起历史、实践和群众检验的业绩。

（摘编自新华网2015年6月11日，作者：罗志军）

【视野拓展】

瞿家茂：井冈山精神对党员教育管理的启示

井冈山是中国革命的摇篮。80多年前，我们党在艰苦卓绝的井冈山斗争中，铸就了“坚定信念、艰苦奋斗、实事求是、敢闯新路、依靠群众、勇于胜利”的井冈山精神，成为中国共产党人永恒的精神财富。当前，在落实全面从严治党战略要求的新形势下，重温井冈山精神，学习井冈山精神，弘扬井冈山精神，对于我们加强新形势下党员的教育管理，有着十分重要而深刻的启示。

坚定信念，矢志不移。崇高的理想信念，永远是激励共产党人不断前进的力量源泉和精神支柱。为了追求革命真理，当年，很多有志青年自愿抛弃优越的生活条件，在偏僻闭塞、条件艰苦的井冈山奉献自己的青春年华甚至宝贵生命。他们这种无私无畏、勇敢战斗、勇于牺牲的精神告诉我们，支撑他们奋力前行的就是对真理的追求，就是坚定的理想信念。从严治党，首先要着眼于世界观的改造和党员干部政治素质的提升，紧紧抓住对党绝对忠诚、坚定理想信念这个核心，筑就从严治党的“钢铁长城”。共产党人，应该是科学理论的坚定奉行者，必须把对社会主义和共产主义的信念作为安身立命之本。习近平总书记指出：“理想信念就是共产党人精神上的‘钙’，没有理想信念，理想信念不坚定，精神上就会‘缺钙’，就会得‘软骨病’。”坚定的理想信念不可能自发形成，必须基于对科学理论的系统认知和深入理解。

遵守纪律，严守规矩。井冈山不仅是革命圣地，更是我们党最早立规矩的地方。当年，毛泽东带领部队转移到井冈山之后，宣布了“行动听指挥，打土豪筹款子要归公，不拿老百姓一个红薯”三大纪律和“上门板，捆铺草，说话和气，买卖公平，借东西要还，损坏东西要赔”六项注意。在两年多的斗争岁月中，面对敌人的围追堵截和经济封锁，党领导的工农革命军坚持同群众打成一片，穿草鞋、挖野菜，“有盐同咸、无盐同淡”，自觉、模范地遵守纪律，不与群众争利，赢得了群众的爱戴和拥护。政治纪律是红线，政治规矩是底线。多年来，我们党一直把严守党的政治纪律和政治规矩作为规范党员干部政治立场、言论、活动的行为规则，并将这一行为规则当作带电的高压线。

从严管理，纯洁组织。井冈山斗争时期开展的“九月洗党”，是党历史上第一次整党运动。随着党组织进入大发展时期，许多投机分子混进党内，造成党的组织严重不纯。1928 年 9 月，毛泽东和湘赣边界特委决定，“九月以后，厉行洗党”。对党员全部重新登记，对党员的成分严格加以限制，并举办党团训练班，提升党员的思想水平。通过对组织进行清理与整顿，保证了党组织的纯洁性。纯洁性是中国共产党的本质特征，是党的先进性的重要体现，也是党的创造力、凝聚力、战斗力的重要源泉。党员的一言一行关乎党的形象。对一个拥有 8 700 多万名党员的大党来说，组织纯洁是保持党的纯洁性的基础。

（摘编自中直党建网 2015 年 7 月 8 日，作者：瞿家茂）

第十八章

做一名合格党员必须“学做一致”

习近平总书记明确指出，“干在实处永无止境，走在前列要谋新篇。”党员标准不是墙上的画，也不是桌上的摆设，而是共产党员的行动指南，如果党员标准不能融入党员的实践，化为党员的实际行动，那么一切都是白搭。开展“两学一做”学习教育，基础在学，关键在做。因此，不仅要学习标准，懂得标准，更重要的是实践标准，既要从总体上去把握党员标准，又要结合党在特定时期的特定任务和目标，联系个人的具体环境、具体条件，使之与各自所在岗位、所负职责相结合，在各个地区、各条战线、各个岗位上发挥先锋模范作用。开展“两学一做”学习教育，要坚持正面教育为主，用科学理论武装头脑；坚持学用结合，知行合一；坚持问题导向，注重实效；坚持领导带头，以上率下；坚持从实际出发，分类指导。

【问题点击】

党员干部不看党报，行吗？

近期，一位省委书记指出，有些领导干部不看党报，却天天浏览花边新闻，这种现象要引起注意。这话引起了许多讨论，有些问题值得仔细说说。

类似现象确实存在，尤其是在传播生态发生深刻变革的当下，“手机控”俯拾皆是，有些领导干部也没能例外。出现这种情况也并不意外，尤其是随着公务员队伍越来越年轻化，作为网络原住民的80后和90后，原本就缺乏读报看报的习惯。不过，党员干部还是该看看党报。这不只是一句提倡，而是与党报的性质和作用相关。在“八头骡子办报”的革命年代，“敌人一来，机器埋藏在山中；敌人一走，挖出机器，继续印报”，党报从那时起就是及时准确传达党的政策方针的最佳载体，也是党紧密联系人民群众的情感纽带。作为党员干部，读党报依旧是深刻理解党的精神的有效手段，也是提高自身修养、学习政治规矩的最佳读本。

在眼花缭乱的自媒体时代，各种资讯信息可说是“大爆炸”，迷失在消息海洋中的人们，像掰玉米一样见一个摘一个。这对普通老百姓来说无可厚非，萝卜白菜择其所爱嘛。但是对于党员尤其是领导干部而言，要求不一样。党报里有中央的权威声音，有党和政府的决策部署，读党报党刊不只是娱乐消遣，它还是上情下达的沟通方式。正如论者所言，党员干部看不看党报和主流媒体，不是个人阅读兴趣的事情，而是一个事关政治学习的重要问题。

有一些党员干部沉溺于感官刺激阅读中，却理直气壮批评党报刻板乏味。党报改进文风优化内容，自是一桩常抓不懈的任务。可是也应看到，近几年来，党报党刊上生动活泼的句子越来越多，短实新的文风也越来越明显。此外，党报党刊在平台形式上也与时俱进，现在除了传统纸媒形式，在新媒体平台上也都落地有声。不管是 PC 终端还是移动终端，只要愿意，都能读到党报内容。更应看到，党报党刊本来就是严肃的新闻纸、工作纸，不能以阅读过程中接受的难与易，来判断党报党刊价值的大与小；也不能以阅读过程中愉悦的深与浅，来决定投入时间的长与短。

有一些爱阅读的党员干部，谈起党和国家的大政方针来，胸有成竹信手拈来，不管是熟悉度还是远见性，都令其他人难望项背，说起来，秘诀也无他，就是常读党报。领导干部常读党报党刊，及时领会党和中央的最新精神，这是从严治党在精神领域的体现，也是一项要常抓不懈的重要工作。

（摘编自人民网 2015 年 11 月 19 日，作者：严晋）

【深度阐释】……………………………………………………

一、讲政治、有信念是根本

崇高的理想信念，是每名党员应有的政治素养，是推动我们事业不断前进的强大精神力量。崇高的理想信念源于坚持不懈的学习，必须始终坚持把思想理论建设放在首位，坚持不懈用党的理论创新成果武装全体党员，通过思想建设引领党的组织、作风、制度和反腐倡廉等各方面建设，使党的理论和实践始终体现时代性、把握规律性、富于创造性，既是党的宝贵历史经验，也是新时期做一名合格共产党员的必然要求。

（一）提高对理论武装重要性的认识

一个先进的政党，需要一个与时俱进的科学理论来武装；一项伟大的事业，需要一个不断发展创新的科学理论来指导。“党的理论创新每推进一步，理论武装就要跟进一步”，毛泽东同志曾经说过，理论一旦被群众所掌握，就会变成改造社会、改造客观世界的物质力量。理论武装之所以必要，是因为没有理性思维，就不可能深入、全面地认识世界，不可能自觉、有效地改造世界；没有理性思维就不可能形成坚定的理想信念，不可能有明确的奋斗目标和正确的方向。许多国家和民族的振兴史，都充分证明，“一个民族要想站在科学的高峰，就一刻也不能没有理论思维。”理论武装之所以重要，是因为通过理论武装，可以消除错误认识，统一思想形成合力。社会是复杂多变的，人的认识也有着很大的差异性，尤其是在市场经济条件下，由于利益的分化，形成的社会认识更是千差万别。在外来思潮的渗透和冲击下，如果没有科学理论的指导，就不能形成判断是非的标尺，人们就会迷失方向，感到茫然。理论武装之所以重要，是因为她是提高共产党员党性修养的重要途径，当前，在全党深入开展的“两学一做”学习教育，就是我们党加强和改进自身建设的一项重大决策，是保持党员队伍先进性纯洁性的重大举措，也是加强全体党员理论武装的有效途径，每一名共产党员都要积极投入，主动学习，接受改造。

（二）厘清理论武装的目的和思路

没有先进理论武装的党，不可能是先进的党；没有先进理论武装的共产党员，不可能发挥先锋战士的作用。习近平要求领导干部“把系统掌握马克思主义基本理论作为看家本领”。实际工作中，一些党员干部对理论武装重要性理解还不深、对理论武装的自觉性还不高，一些党员干部的思想作风和能力素质与合格党员的标准要求还不适应。解决好这些问题，要切实端正理论武装的态度，端正对马克思主义基本理论的态度，坚持用中国特色社会主义理论体系武装头脑，做到真学、真懂、真信、真用。只有这样，才能正确认识共产党执政规律、社会主义建设规律和人类社会发展规律，牢固树立共产主义理想，坚定社会主义信念，从而把马克思主义基本理论内化为政治信仰、升华为思想灵魂、转化为人生追求。要切实厘清理论武装的目的，始终把理论武装作为党员加强党性修养的永远人生课题，理论上清醒是政治上清醒的前提，理论上坚定是政治上坚定的保证，没有正确的理论指导，就不可能有坚定的理想信念，不可能有正确的政治观点，不可能有坚强的党性。全体党员要自觉加强学习，主动接受教育，要把学习和掌握马克思主义基本理论作为人生的不懈追求，提高理论素养，保持清醒头脑，坚定政治方向，在实现“两个一百年”目标中向人民交上一份合格答卷。

二、讲规矩、有纪律是底线

严守党的政治规矩政治纪律是底线。习近平总书记指出：“有权就有责，权责要对等。”严守党的政治规矩政治纪律，不仅需要每名党员干部自觉践行，更要强化党组织功能，落实主体责任，在监督制约上下功夫、求实效，确保纪律和规矩落地生根、换发威力。

（一）强化主体责任

对不认真履行管党治党主体责任、严重失职等问题要查处，严格履行监督责任。各级组织和领导干部在管党治党上的重大责任，要有责必问、问责必严。各级党委（支部）作为党风廉政建设的领导主体、推动主体，必须担起第一责任，尤其是正副书记要牢固树立抓好纪律建设是本职，抓不好是渎职，不抓是失职的观念，从严管好队伍、带好班子；各级纪委要把监督责任真正负起来，明确自身定位，清晰责任权限，积极发挥作用，为党委落实主责提供有力监督支撑；各级领导干要有“一盘棋”思想，既要管好自己的“责任田”，也要协助种好“公家地”，对分管的工作、身边的同志、一切违规现象，都要负起监督的责任义务，切实做到守土有责、守土负责、守土尽责。

（二）严格党内生活

长期以来，我们党形成了一整套严格的党内生活制度，比如思想汇报、民主生活会、民主评议党员、领导干部过双重组织生活等制度。现在，有些制度落实不经常、不严肃、不较真的问题比较普遍，甚至有的成了摆设、变了味道。严格的党内生活，既是《党章》对党员的要求，也是组织上的一种监督，更是对大家政治上的关爱。因此，我们要按照贵在经常、重在认真、要在细节的要求，把组织生活制度严起来，该上的党课必须上，该汇报的思想必须汇报，该过的组织生活必须过，尤其在批评与自我批评上更要动真格、有辣味，切记假大空、搞好人主义，特别是监督别人更要监督自己，不能手电筒只照别人，不照自己，只有这样我们才能行得正、站得稳，以上率下、引领风气。

（三）坚持从严惩戒

国有国法、家有家规，党有党规。“热炉法则”告诉我们，火炉对人绝对说到做到。如果我们在纪律面前迁就人、照顾人，当时看、表面看，是关心人、爱护人，但长远看、实质看，是纵容人、害了人。所以，在执纪问题上，我们一定要敬畏、严肃、较真，这是我们各级党组织和领导干部应有的政治责任。

三、讲道德、有品行是精髓

做一名合格党员，必须践行党的宗旨，保持公仆情怀，牢记共产党员永远是劳动人民的普通一员，密切联系群众，全心全意为人民服务；必须加强党性锻炼和道德修养，心存敬畏、手握戒尺，廉洁从政、从严治家，筑牢拒腐防变的防线，提高党员党性修养。

（一）强化服务意识，保持公仆本色

“为政之要，重在为民”。增强“公仆”意识，需要广大党员干部继续发扬“老黄牛”精神，把全部的心思和精力用在党和人民的事业上。要顺应时代的发展变化，赋予“公仆”意识以新的内涵。尤其要把了解民生、关注民生、改善民生作为增强“公仆”意识的动力源泉，尽心竭力为人民群众做好事、办实事、解难事，使人民群众得到更多实惠；要把创新作为增强“公仆”意识的重要途径，带领人民群众勇于善于创新，促进产业升级、经济发展、社会进步。要牢记全心全意为人民服务的宗旨。坚持人民的利益高于一切，个人利益服从人民的利益，吃苦在前，享受在后，先公后私，克己奉公，多做贡献。要顺应群众的新期盼，践行为民宗旨。为民，就是要牢固树立党的群众观点，坚持立党为公、执政为民始终与人民群众同呼吸、共命运。做到爱民不扰民。心里始终装着群众，坚决杜绝一切增加群众负担的扰民行为。做到富民而不劳民。带着责任、带着感情、带着问题，深入群众，体察民情，了解民意。以高度负责的态度和满腔的热忱，引导和帮助群众厘清发展思路，切不可为了个人的升迁搞劳民伤财的“形象工程”“政绩工程”。做到利民而不侵民。认真落实各项惠民政策，扎实做好教育、卫生、就业、社会保障、农民增收、社会稳定等事关群众切身利益的工作，决不能与民争利，要用党员干部的“辛苦指数”提升群众的“幸福指数”。

（二）恪守从政之德，保持公仆本色

要始终保持政治上清醒坚定，旗帜鲜明地抵制各种错误思潮的影响，始终在政治上、思想上、行动上同党中央保持高度一致。守住党和人民交给自己的政治责任，守住自己的政治生命线，守住正确的人生价值作为党员干部行为和精神的“防火墙”。要始终追求品行上高尚正派。常修为政之德、常思贪欲之害、常怀律己之心，时时刻刻自重、自省、自警、自励，涤荡歪风邪气，树立昂扬正气，努力做到“心不动于微利之诱，目不眩于五色之惑”。要始终坚守用权上公正廉洁。牢固树立权为民所用、情为民所系、利为民所谋的理念，始终把是否符合群众意愿、是否符合群众利益作为衡量用权的最高标准，把人民赋予的权力真正用来为人民服务，始终做到慎独、慎微、慎初，牢牢把握住自己，不以物惑，不以情移，洁身自好，守住清廉。

（三）践行严实要求，永葆公仆本色

习近平总书记对党员干部提出的“三严三实”要求，从修身之本、为政之道、成事之要等方面，作出了深刻而精辟的阐述，它既是党员干部正心修身的思想守则，也是干事创业的行动准绳，更是新时期永葆公仆本色的延伸与拓展。践行“三严三实”，永葆公仆本色，必须强化党的宗旨意识。努力做到心里装着群众，凡事想着群众，工作依靠群众，细心研究群众的利益，关心群众疾苦，体察群众情绪。践行“三严三实”，永葆公仆本色，必须激发昂扬向上的斗志。要天天在状态、时时有激情，有一种想大事、谋大局、干大事的胸襟和气度，有一种横刀立马、舍我其谁、志在必得的胆气和豪情。践行“三严三实”，永葆公仆本色，必须砥砺敢于担当的勇气。必须增强机遇意识、责任意识、进取意识，在挑战面前要有攻克难关的勇气，在机遇面前要有敢抓善抢的精神，做到问题面前不回避、压力面前不躲闪、困难面前不推脱、挑战面前不畏惧，在难中求进、难中求成、难中争先、难中创优。践行“三严三实”，永葆公仆本色，必须坚定久久为功的恒心。要牢固树立“功成不必在我”的境界，大力发扬“钉钉子”精神，咬定目标，力戒浮躁，坚持不懈，久久为功，为推动经济社会发展再上新台阶作出新的更大的贡献。

四、讲奉献、有作为是要求

党员干部想干事、肯干事、多干事，干实事、干成事，是本分，也是义务，是职责，是最起码的要求。要充满干事的激情，要增强责任意识，以事业为生命的寄托，以工作为无上的使命，努力在干事创业中实现自己的人生价值。党员领导干部“勤于政事方能政通人和，取信于民”。时下，有的党员领导干部精神不够振奋，精力外移，不思进取，贪图安逸，工作得过且过，做一天和尚撞一天钟，导致单位里人心涣散、纪律松驰。“业精于勤荒于嬉，行成于思毁于随”。勤勉尽责，勤政为民，党员领导干部就是要有一种不负众望、积极争创一流的激情，有一种不甘平庸、勇于创新的热情，有一种情系群众、心系基层、勤奋干事的真情，真正把心思用在抓建设上，用在如何干一番事业上，把主要精力集中到深入研究解决建设发展的新情况、新问题上，努力求发展，创佳绩。要把组织的信任当责任，把建设当事业，做到不回避现实困难和问题，在压力面前不躲闪，困难面前不推诿，挑战面前不畏缩，真抓实干、敢于负责，扎扎实实地抓好打基础、管长远的工作。

【专家观点】……………………………………………………………

人民网：听习近平谈学党章、强党性，如何做一名合格党员

“党章就是党的根本大法，是全党必须遵循的总规矩。”“坚定理想信念，坚守共产党人精神追求，始终是共产党人安身立命的根本。”党的十八大以来，习近平总书记在多次考察、讲话中，从树立党章意识、坚定理想信念等层面阐述了共产党员如何加强党性，始终心系党、心系人民、心系国家，体现先进性和纯洁性。

党章是全党必须遵循的总规矩：每一个共产党员都要牢固树立党章意识

在党的十八大通过新修订的党章之后，习近平总书记即要求全党“认真学习党章、严格遵守党章”。总书记指出，“党章是党的总章程，集中体现了党的性质和宗旨、党的理论和路线方针政策、党的重

要主张，规定了党的重要制度和体制机制，是全党必须共同遵守的根本行为规范。”他强调，“没有规矩，不成方圆。党章就是党的根本大法，是全党必须遵循的总规矩。在各级党组织的全部活动中，都要坚持引导广大党员、干部特别是领导干部自觉学习党章、遵守党章、贯彻党章、维护党章，自觉加强党性修养，增强党的意识、宗旨意识、执政意识、大局意识、责任意识，切实做到为党分忧、为国尽责、为民奉献。”

“每一个共产党员特别是领导干部都要牢固树立党章意识，自觉用党章规范自己的一言一行，在任何情况下都要做到政治信仰不变、政治立场不移、政治方向不偏。不论担任何种职务、从事何种工作，首先要明白自己是一名在党旗下宣过誓的共产党员，要用入党誓词约束自己。”习近平在第十八届中央纪律检查委员会第二次全体会议上强调一个党员应如何树立党章意识。他指出，要强化程序观念，该报告的必须报告，该打招呼的必须打招呼，该履行的职责必须履行，该承担的责任必须承担，少些“迈过锅台上炕”的做法，也少些“事后诸葛亮”的行为。要有担当意识，遇事不推诿、不退避、不说谎，向组织说真话道实情，勇于承担责任。

坚守共产党人精神追求：党性是党员干部立身、立业、立言、立德的基石

“坚定理想信念，坚守共产党人精神追求，始终是共产党人安身立命的根本。”2012 年 11 月 17 日，习近平在十八届中共中央政治局第一次集体学习时指出，对马克思主义的信仰，对社会主义和共产主义的信念，是共产党人的政治灵魂，是共产党人经受住任何考验的精神支柱。形象地说，理想信念就是共产党人精神上的“钙”，没有理想信念，理想信念不坚定，精神上就会“缺钙”，就会得“软骨病”。

现实生活中，总有一些党员、干部出这样那样的问题，说到底是信仰迷茫、精神迷失。如何坚定理想信念，做一名合格的党员，习近平给出了答案：党性是党员干部立身、立业、立言、立德的基石，必须在严格的党内生活锻炼中不断增强。2013 年 9 月 25 日，在指导河北省委常委班子专题民主生活会时，习近平指出，要增强党内生活的政治性、原则性、战斗性，使各种方式的党内生活都有实质性内容，都能有针对性地解决问题，坚决反对党内生活中的自由主义、好人主义。2014 年 1 月 14 日，在十八届中央纪委三次全会上，习近平指出，党性说到底就是立场问题。我们共产党人特别是领导干部都应该心胸开阔、志存高远，始终心系党、心系人民、心系国家，自觉坚持党性原则。全党同志要强化党的意识，牢记自己的第一身份是共产党员，第一职责是为党工作，做到忠诚于组织，任何时候都与党同心同德。

“党性从广义上讲，是一个政党固有的本性。从狭义上讲，是指政党的固有本性在党员个体身上所表现出来的具体特性，就是党员所具有的政治人格。党章提供了党员干部加强党性修养的标准和尺度，党员干部要把对党章的高度尊重和敬畏，内化于心，外化于行。”上海市委党校党史党建教研部教授周敬青曾撰文指出，中国共产党的党性，是党作为先锋队和领导核心而明显区别于其他政党的特性，是党在长期革命和建设中形成的组织原则、作风和核心价值观的集中体现。中央党校教授张伯里认为，我们党是一个郑重的马克思主义政党，坚强的党性既不是从天上掉下来的，也不是从头脑中自发产生的，而是从严格的党内生活中反复锻炼得来的。

（摘编自人民网－中国共产党新闻网 2015 年 7 月 1 日）

曾昭璇：做一名合格党员要做到“知行合一”

中共中央办公厅印发《关于在全体党员中开展“学党章党规、学系列讲话，做合格党员”学习教育方案》中提及“合格党员”标准，即做到“四讲四有”：讲政治、有信念；讲规矩、有纪律；讲道德、有品行；讲奉献、有作为。笔者以为，做一名合格党员，“知行合一”

很关键。

中国古代哲学家认为，不仅要认识（知），尤其要实践（行），只有把“知”和“行”统一起来，才能称得上“善”。通俗地讲，“知”是指思想，行指一个人的实践。具体到一名合格党员的“知行合一”，就是通过学习提高思想认识，并在现实工作和生活中用思想锤炼自身品行、指导自身行为，践行对党和人民的忠诚。那么，怎样做到“知行合一”，做合格党员呢？笔者认为要从以下两方面着手。

深学真信，做到“有信念”、“有纪律”。知为行之始，开展“两学一做”，思想建设要放在首位，基础在学。学什么？一要学习党章党规，学习党的历史、革命先辈和先进典型，从反面典型中汲取教训；二要学系列讲话，学习习近平总书记关于改革发展稳定、内政外交国防、治党治国治军的重要思想，以及党中央治国理政新理念新思想新战略。只有深刻学习领会党规党纪和党中央的重大战略部署，才能进一步坚定自身理想信念，提高党性觉悟，增强政治和大局意识，树立风清气正的情怀，真信并敬畏党规党纪，做到心中“有信念”“有纪律”。

细改善规，做到“有品行”“有作为”。深学真信让党员“有信念”“有纪律”，是做一名合格党员的基础，但归根到底还要看怎样做，“做”是对思想认知和领会的检验。因此，“做”是关键。具体到每一名党员同志，就是要看是否用思想指导自身行为，对照理想信念动摇、党的意识淡化、宗旨观念淡漠、精神不振、道德行为不端等问题整改规范自身言行，是否在实践中对标党章党规自觉“看齐”，将治国理政的新理念、新思想、新战略当作干事创业的指引，用行动去落实、向实践要成效，做到“有品行”“有作为”。

知为行之始，行为知之成。一名党员同志，只有真正做到了“知行合一”，思想和行动步调一致、互为印证，方可称为“合格党员”，才算不辜负党和人民的重托和期盼。

（摘编自中国文明网2016年3月2日，作者：曾昭璇）

王文斌：忠诚　干净　担当
做一名合格的共产党人

忠诚就是心中有党、心中有国、心中有人民；就是要对党忠诚、对国家忠诚、对人民忠诚。保持了忠诚，关键时刻才能靠得住，党和人民才能赋予我们重担。党章明确规定，对党忠诚老实是党员必须履行的义务。怎么样才能做到忠诚，对我们共产党人来说，就是要按照“三严三实”的要求，严以修身，加强党性修养，忠诚于马克思主义的信仰，忠诚于社会主义和共产主义的信念，坚定中国特色社会主义道路自信、理论自信、制度自信；严以用权，忠诚于党和人民赋予的权力，按规则、按制度行使权力；严以律己，忠诚党纪国法，珍惜自己的声誉，慎独慎微、勤于自省，守住做人底线。对党忠诚不是抽象的而是具体的，最直接的体现就是对党的所有的纪律、规矩都要不折不扣、老老实实地执行，做到光明磊落、行为有矩、诚实做人。

干净就是清清白白做人、干干净净干事、坦坦荡荡为官。欲望的背后是陷阱，贪婪的尽头是毁灭，一定要算明白廉政这本账，一旦背上了违法违纪的负债，辛辛苦苦赚来的工作业绩这个资产一夜之间就将归零。怎么样才能做到干净？同样要按照“三严三实”的要求，严以修身，提升道德境界，追求高尚情操，自觉远离低级趣味，自觉抵制歪风邪气；严以用权，坚持为民用权、秉公用权、依法用权、廉洁用权，不能用手中权力给自己谋私利；严以律己，心存敬畏、手握戒尺，遵守党纪国法，做到为政清廉。一个人能否做到干净，最大的诱惑是自己，最难战胜的敌人也是自己，一定要常思律己之益、常思放纵之害，管住自己，战胜自己。

担当就是要守土有责、守土尽责。只有每一个人都多一份责任、多一份辛劳、多一份担当，我们的工作一定会发光出彩。如果只想当官不想干事，只想揽权不想担责，只想出彩不想出力，结果只能是无官、无权、无彩。不仅是我们的党组织有这样的要求，任何一个组织也都不会让一个只想清闲不愿干事、没有担当精神的人在组织内存在。敢于担当，就要强化问题意识、勇于直面矛盾。怎么样才能做到担当？还是要按照“三严三实”的要求，谋事要实，从实际出发谋划事业和工作，使点子、政策、方案符合实际情况、符合客观规律、不好高骛远，不脱离实际；创业要实，脚踏实地、真抓实干，敢于担当责任，勇于直面矛盾，善于解决问题；做人要实，做老实人、说老实话、干老实事，襟怀坦白，公道正派。

（摘编自人民网－中国共产党新闻网 2015 年 11 月 24 日，作者：王文斌）

【视野拓展】

罗伯特·劳伦斯·库恩：理解中国共产党才能真正理解中国

在对中国的所有误解中，有关中国共产党的问题列为首位。许多人不了解中国共产党，特别是不了解中国共产党从一个“革命党”到“执政党”的角色转变过程。现在，世界对中国的兴趣正不断增加，只有理解了中国共产党，才能真正理解中国。

对世界而言，要解读中国共产党，核心问题在于理解为何在现有国情下，中国共产党领导的多党合作和政治协商制度最适宜中国。在中国共产党领导下，中国发展取得了巨大成功，这显示了中国政党制度的益处远远大于成本。对长期处于发展不平衡阶段的中国而言，该制度的好处在于重要政策能够得到快速执行。如在 2008 年国际金融危机之时，中国的一揽子刺激政策使得中国免于被最严重的全球经济衰退波及。另外，需要长期奉行的战略也能确保长期贯彻实施，西部大开发战略就是一个显例。

有人认为多党竞争制度会使中国更加稳定，但这完全脱离了中国的实际，纯属一厢情愿、痴心妄想。从现实生活的几乎所有方面来看，今日中国人民已经享有其历史上从未有过的个人自由。我总是在说经济成功只是当代中国共产党第二重要的成就。第一位的成就应是让中国人民精神得以解放，即“解放思想”。

有人说，一个基于 19 世纪政治哲学形成的政党是不现代化的，这是因为他们没有了解到中国共产党的“学习型”特质。中国共产党是一个鼓励其成员扩展包括科学、经济和文化在内各领域知识的“学习型”政党。中国共产党中央政治局便是很好的例证，其学习内容包括信息技术、电子商务、农业、金融、环境、法律、全球贸易、宗教、国际关系及领导力建设等。通过塑造“学习型”政党，中国共产党为当代执政党提供了示范。

在新政策的制定和推行中，中国共产党强调在实践中检验——在小范围实验中获得成功的政策，才能大规模推广运用。这有效避免了很多错误的产生。中国共产党有严格的干部选拔机制，其领导人须受过良好教育，有着长期基层工作经验和广泛而丰富的经历。中国共产党的干部队伍是世界上最为能干的群体之一。

中国共产党日益展示了对外开放的胸怀，也致力于加强国际沟通。这释放了一个积极信息，也构成了一种平衡力量。为了更好地让世界理解，中国共产党正自信主动地走向世界。最近，“今日中国”丛书“解读中国共产党”系列的出版就是一个例证。

中国共产党肩负着历史性的使命。千年之后，当人们编纂悠久的政治制度编年史时，今日中国可能成为一个建设繁荣民主社会的成功案例。

（摘编自《人民日报》2015 年 7 月 1 日第 21 版，作者：罗伯特·劳伦斯·库恩，美国中国问题专家）

附录

关于在全体党员中开展“学党章党规、学系列讲话，做合格党员”学习教育方案

中共中央办公厅

为深入学习贯彻习近平总书记系列重要讲话精神，推动全面从严治党向基层延伸，巩固拓展党的群众路线教育实践活动和“三严三实”专题教育成果，进一步解决党员队伍在思想、组织、作风、纪律等方面存在的问题，保持发展党的先进性和纯洁性，党中央决定，2016 年在全体党员中开展“学党章党规、学系列讲话，做合格党员”学习教育（以下简称“两学一做”学习教育）。现提出如下方案。

一、总体要求

开展“两学一做”学习教育，是落实党章关于加强党员教育管理要求、面向全体党员深化党内教育的重要实践，是推动党内教育从“关键少数”向广大党员拓展、从集中性教育向经常性教育延伸的重要举措，是加强党的思想政治建设的重要部署。“两学一做”学习教育不是一次活动，要突出正常教育，区分层次，有针对性地解决问题，用心用力，抓细抓实，真正把党的思想政治建设抓在日常、严在经常。

开展“两学一做”学习教育，基础在学，关键在做。要把党的思想建设放在首位，以尊崇党章、遵守党规为基本要求，以用习近平总书记系列重要讲话精神武装全党为根本任务，教育引导党员自觉按照党员标准规范言行，进一步坚定理想信念，提高党性觉悟；进一步增

强政治意识、大局意识、核心意识、看齐意识，坚定正确政治方向；进一步树立清风正气，严守政治纪律政治规矩；进一步强化宗旨观念，勇于担当作为，在生产、工作、学习和社会生活中起先锋模范作用，为党在思想上政治上行动上的团结统一夯实基础，为协调推进“四个全面”战略布局、贯彻落实五大发展理念提供坚强组织保证。

开展“两学一做”学习教育，要增强针对性，“学”要带着问题学，“做”要针对问题改。着力解决一些党员理想信念模糊动摇的问题，主要是对共产主义缺乏信仰，对中国特色社会主义缺乏信心，精神空虚，推崇西方价值观念，热衷于组织、参加封建迷信活动等；着力解决一些党员党的意识淡化的问题，主要是看齐意识不强，不守政治纪律政治规矩，在党不言党、不爱党、不护党、不为党，组织纪律散漫，不按规定参加党的组织生活，不按时交纳党费，不完成党组织分配的任务，不按党的组织原则办事等；着力解决一些党员宗旨观念淡薄的问题，主要是利己主义严重，漠视群众疾苦、与民争利、执法不公、吃拿卡要、假公济私、损害群众利益，在人民群众生命财产安全受到威胁时临危退缩等；着力解决一些党员精神不振的问题，主要是工作消极懈怠，不作为、不会为、不善为，逃避责任，不起先锋模范作用等；着力解决一些党员道德行为不端的问题，主要是违反社会公德、职业道德、家庭美德，不注意个人品德，贪图享受、奢侈浪费等。要持之以恒纠正“四风”，抓好不严不实突出问题整改，推动党的作风不断好转。

开展“两学一做”学习教育，要坚持正面教育为主，用科学理论武装头脑；坚持学用结合，知行合一；坚持问题导向，注重实效；坚持领导带头，以上率下；坚持从实际出发，分类指导。要以党支部为基本单位，以“三会一课”等党的组织生活为基本形式，以落实党员教育管理制度为基本依托，针对领导机关、领导班子和党员干部、普通党员的不同情况作出安排。要给基层党组织结合实际开展学习教育留出空间，发挥党支部自我净化、自我提高的主动性，防止大而化之，力戒形式主义。

二、学习教育内容

1．学党章党规。着眼明确基本标准、树立行为规范，逐条逐句通读党章，全面理解党的纲领，牢记入党誓词，牢记党的宗旨，牢记党员义务和权利，引导党员尊崇党章、遵守党章、维护党章，坚定理想信念，对党绝对忠诚。认真学习《中国共产党廉洁自律准则》、《中国共产党纪律处分条例》等党内法规，学习党的历史，学习革命先辈和先进典型，从周永康、薄熙来、徐才厚、郭伯雄、令计划等违纪违法案件中汲取教训，肃清恶劣影响，发挥正面典型的激励作用和反面典型的警示作用，引导党员牢记党规党纪，牢记党的优良传统和作风，树立崇高道德追求，养成纪律自觉，守住为人、做事的基准和底线。

2．学系列讲话。着眼加强理论武装、统一思想行动，认真学习习近平总书记关于改革发展稳定、内政外交国防、治党治国治军的重要思想，认真学习以习近平同志为总书记的党中央治国理政新理念新思想新战略，引导党员深入领会系列重要讲话的丰富内涵和核心要义，深入领会贯穿其中的马克思主义立场观点方法。学习习近平总书记系列重要讲话要同学习马克思列宁主义、毛泽东思想、邓小平理论、“三个代表”重要思想、科学发展观结合起来，深刻理解党的科学理论既一脉相承又与时俱进的内在联系，坚定中国特色社会主义道路自信、理论自信、制度自信。要区别普通党员和党员领导干部，确定学习的重点内容。

3．做合格党员。着眼党和国家事业的新发展对党员的新要求，坚持以知促行，做讲政治、有信念，讲规矩、有纪律，讲道德、有品行，讲奉献、有作为的合格党员。引导党员强化政治意识，保持政治本色，把理想信念时时处处体现为行动的力量；坚定自觉地在思想上政治上行动上同以习近平同志为总书记的党中央保持高度一致，经常主动向党中央看齐，向党的理论和路线方针政策看齐，做政治上的明白人；践行党的宗旨，保持公仆情怀，牢记共产党员永远是劳动人民的普通一员，密切联系群众，全心全意为人民服务；加强党性锻炼和道德修养，心存敬畏、手握戒尺，廉洁从政、从严治家，筑牢拒腐防变的防线；始终保持干事创业、开拓进取的精气神，平常时候看得出来，关键时刻冲得上去，在“十三五”规划开局起步、决胜全面建成小康社会、实现第一个百年奋斗目标中奋发有为、建功立业。

三、主要措施

1．围绕专题学习讨论。把个人自学与集中学习结合起来，明确自学要求，引导党员搞好自学。按照“三会一课”制度，党小组要定期组织党员集中学习；不设党小组的，以党支部为单位集中学习。党支部每季度召开一次全体党员会议，每次围绕一个专题组织讨论。学习讨论要紧密结合现实，联系个人思想工作生活实际，看自己在新任务新考验面前，能否坚守共产党人信仰信念宗旨，能否正确处理公与私、义与利、个人与组织、个人与群众的关系，能否努力追求高尚道德、带头践行社会主义核心价值观、保持积极健康生活方式，能否自觉做到党规党纪面前知敬畏守规矩，能否保持良好精神状态、积极为党的事业担当作为。通过学习讨论，真正提高认识，找到差距，明确努力方向。

2．创新方式讲党课。讲党课一般在党支部范围内进行。党支部要结合专题学习讨论，对党课内容、时间和方式等作出安排。党员领导干部要在所在党支部讲党课，到农村、社区、企业、学校等基层单位党支部讲党课。组织党校教师、讲师团成员、先进模范到基层一线党支部讲党课。要鼓励和指导基层党组织书记、普通党员联系实际讲党课。注重运用身边事例、现身说法，强化互动交流、答疑释惑，增强党课的吸引力和感染力。“七一”前后，党支部要结合开展纪念建党 95 周年活动，集中安排一次党课。

3．召开党支部专题组织生活会。年底前，党支部召开专题组织生活会。支部班子及其成员对照职能职责，进行党性分析，查摆在思想、组织、作风、纪律等方面存在的问题。要面向党员和群众广泛征求意见，严肃认真开展批评和自我批评，针对突出问题和薄弱环节提出整改措施。组织全体党员对支部班子的工作、作风等进行评议。党小组可参照党支部要求，召开专题组织生活会。

4．开展民主评议党员。以党支部为单位召开全体党员会议，组织党员开展民主评议。对照党员标准，按照个人自评、党员互评、民主测评、组织评定的程序，对党员进行评议。党员人数较多的党支部，个人自评和党员互评可分党小组进行。结合民主评议，支部班子成员要与每名党员谈心谈话。党支部综合民主评议情况和党员日常表现，确定评议等次，对优秀党员予以表扬；对有不合格表现的党员，按照党章和党内有关规定，区别不同情况，稳妥慎重给予组织处置。

5．立足岗位作贡献。针对不同群体党员实际情况，提出党员发挥作用的具体要求，教育引导党员在任何岗位、任何地方、任何时候、任何情况下都铭记党员身份，积极为党工作。结合不同领域不同行业实际，组织引导党员立足岗位、履职尽责。在农村、社区，重点落实党员设岗定责和承诺践诺制度；在国有企业和非公有制企业、社会组织，重点落实党员示范岗和党员责任区制度；在窗口单位和服务行业，重点落实党员挂牌上岗、亮明身份制度；在机关事业单位，促进党员模范履行岗位职责，落实党员到社区报到、直接联系服务群众制度；在学校，重点要求党员增强党的意识，自觉爱党护党为党，敬业修德，奉献社会。在纪念建党95周年活动中，评选表彰优秀共产党员、优秀党务工作者、先进基层党组织。

6．领导机关领导干部作表率。党员领导干部要在“两学一做”学习教育中走在前面、深学一层，严格执行双重组织生活制度，以普通党员身份参加所在支部的组织生活，与党员一起学习讨论、一起查摆解决问题、一起接受教育、一起参加党员民主评议。要召开党委（党组）会，专题学习党章党规和习近平总书记系列重要讲话；要以党委（党组）中心组等形式组织集中研讨，深化学习效果。年度民主生活会要以“两学一做”为主题，领导班子和领导干部把自己摆进去，查找存在的问题。

四、组织领导

“两学一做”学习教育在中央政治局常委会领导下进行，由中央组织部牵头组织实施，中央纪委机关、中央宣传部、中央党校配合做好相关工作。

1．层层落实责任。各级党委（党组）要把开展“两学一做”学习教育作为一项重大政治任务，尽好责、抓到位、见实效。省（自治区、直辖市）和部门（系统）党委（党组）要结合实际作出部署安排，加强具体指导。县级党委要发挥关键作用，制定具体实施方案，保障工作力量，加强督促指导把关。基层党委要对所辖党支部进行全覆盖、全过程的现场指导，帮助党支部制定学习教育计划，派员参加党支部各项活动。各级党组织书记要承担起主体责任，不仅要管好干部、带好班子，还要管好党员、带好队伍，层层传导压力，从严从实抓好学习教育。

2．强化组织保障。加大整顿软弱涣散基层党组织工作力度，配齐配强班子特别是带头人，健全工作制度，确保“两学一做”学习教育有人抓、有人管。开展党员组织关系集中排查，摸清“口袋”党员、长期与党组织失去联系党员情况，理顺党员组织关系，努力使每名党员都纳入党组织有效管理，参加学习教育。要对基层党组织书记、组织委员、组织员等党务骨干普遍进行培训，帮助他们掌握工作方法，明确工作要求。

3．注重分类指导。县（市、区）党委和企业、学校等基层党委要根据不同领域、不同行业、不同单位特点，对学习教育的内容安排、组织方式等提出具体要求。对非公有制企业和社会组织，可因企制宜、因岗制宜，灵活安排；对党员人数少、党员流动性强的党组织，可依托区域化党员服务中心，利用开放式组织生活等方式，组织党员参加学习教育。对流动党员，流入地、流出地党组织要加强协调配合，按照流入地为主的原则，把流动党员编入一个支部，就近就便参加学习教育。对离退休干部职工党员及年老体弱党员，既要体现从严要求，又要考虑实际情况，以适当方式组织他们参加学习教育。

4. 发挥媒体作用。针对党员多样化学习需求，充分利用共产党员网、手机报、电视栏目、微信易信和远程教育平台等，开发制作形象直观、丰富多样的学习资源，及时推送学习内容。引导党员利用网络自主学习、互动交流，扩大学习教育覆盖面。注重运用各类媒体，宣传“两学一做”学习教育的做法和成效，加强舆论引导，营造良好氛围。

（新华社北京2月28日电）

后 记

为了深刻理解和准确把握“两学一做”学习教育，充分认识“两学一做”的理论意义与实践价值，我们编写了《“两学一做”若干重要问题深度解析要》一书。本书主编由冯国权、林瑞华担任，副主编刘军民、孙永胜、潘子友、旷文斌。

本书各章撰稿人依次为：第一章林瑞华；第二章、第三章陈汉理；第四章袁佩球；第五章刘军民；第六章曾永家；第七章饶尚立；第八章李孝攀；第九章吴晓燕；第十章杨波；第十一章潘子友；第十二章李超生；第十三章过萍；第十四章旷文斌；第十五章兰萌；第十六章孙永胜；第十七章孙津津；第十八章廖婷。冯国权、林瑞华对全书进行了统编、修改和定稿。

在本书撰写过程中，参考了诸多领导、专家、学者的文章及学术成果，在此深表感谢！由于水平有限，本书肯定有不当乃至谬误之处，恳望读者不吝指正。

编 者